U0930142

2016

北京区域统计年鉴

北京市统计局 国家统计局北京调查总队◎编

中国统计出版社
China Statistics Press

图书在版编目（CIP）数据

北京区域统计年鉴. 2016 / 北京市统计局，国家统计局北京调查总队编.
—北京 ：中国统计出版社，2016. 12
ISBN 978-7-5037-8052-3

Ⅰ. ①北… Ⅱ. ①北… ②国… Ⅲ. ①统计资料—北京—2016—年鉴
Ⅳ. ①C832. 1-54

中国版本图书馆CIP数据核字(2016)第305611号

北京区域统计年鉴–2016

作　　者：北京市统计局　国家统计局北京调查总队
责任编辑：佘竞雄
出版发行：中国统计出版社
地　　址：北京市丰台区西三环南路甲6号　邮政编码/100073
电　　话：邮购（010）63376909　书店（010）68783171
网　　址：http://www.zgtjcbs.com
印　　刷：北京力信诚印刷有限公司
经　　销：新华书店
开　　本：880mm×1230mm　1/16
字　　数：500千字
印　　张：19　彩页2.25
版　　别：2016年12月第1版
版　　次：2016年12月第1次印刷
定　　价：180.00元

本书附同版本CD-ROM一张，光盘内容以书面文字为准。

北京市行政区划示意图

怀柔区
延庆区
密云区
昌平区
平谷区
顺义区
海淀区
门头沟区
石景山区
西城区
东城区
朝阳区
丰台区
通州区
房山区
大兴区

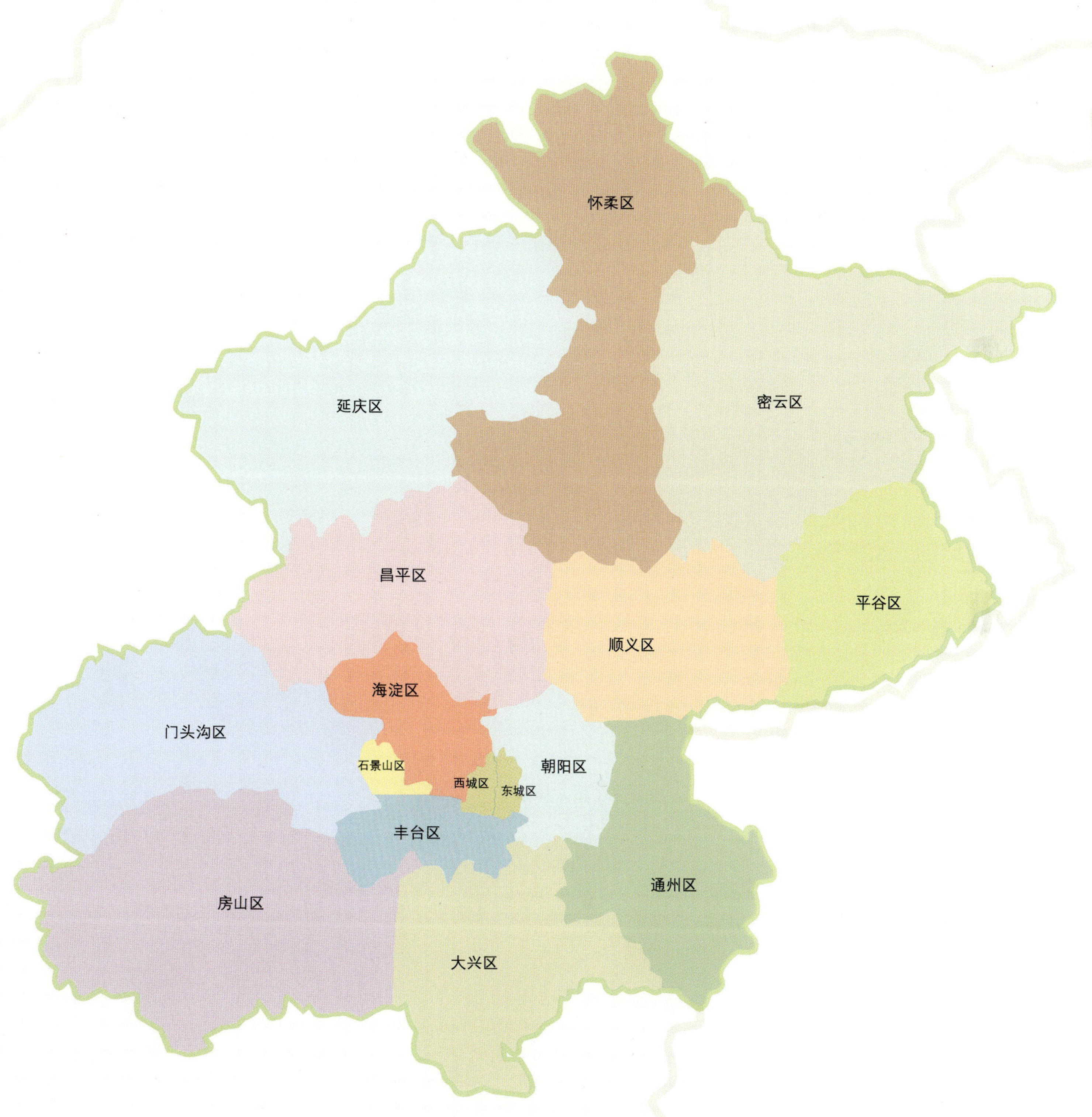

东城区

加快建设“国际一流的和谐宜居之区”

经济

地区生产总值
1857.8亿元

社会消费品零售总额
985.9亿元

地方财政收入
168.7亿元

全社会固定资产投资
235.2亿元

常住人口
90.5万人

教育科技

专利授权量
6612件

普通中学及小学学校数
106所

人民生活

城镇居民人均可支配收入
61764元

卫生

卫生技术人员数
25449人

医院实有床位数
10888张

社会保障

参加基本医疗保险职工人数
123.5万人

参加基本养老保险职工人数
111.1万人

地区生产总值（单位：亿元）

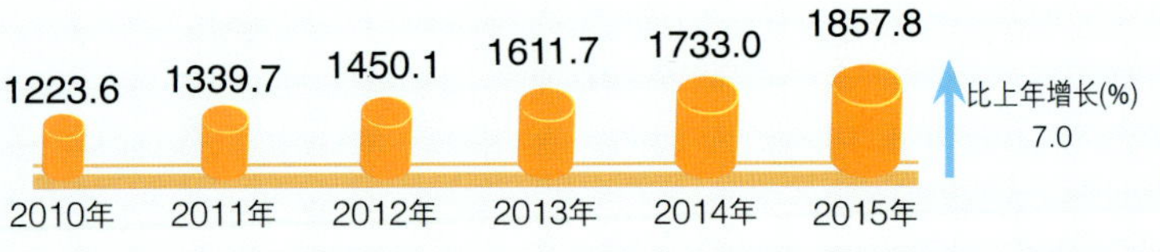

2010年	2011年	2012年	2013年	2014年	2015年
1223.6	1339.7	1450.1	1611.7	1733.0	1857.8

比上年增长(%) 7.0

一般公共预算收入（单位：亿元）

2010年	2011年	2012年	2013年	2014年	2015年
102.8	122.3	134.8	147.1	156.0	164.6

比上年增长 5.5

注：从2015年开始，原指标“地方公共财政预算收入”调整为“一般公共预算收入”（下同）。

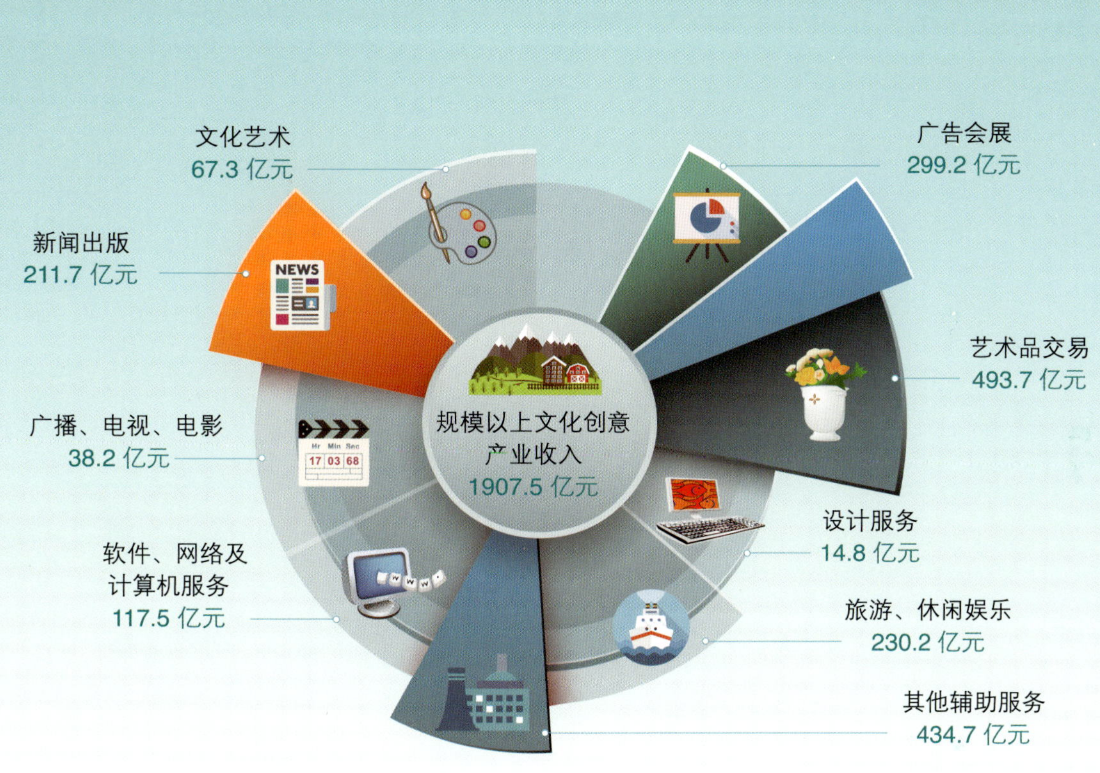

社会消费品零售总额（单位：亿元）

比上年增长(%)
7.9

城镇居民人均可支配收入（单位：元）

2010年	2011年	2012年	2013年	2014年	2015年
30684	34626	38559	41676	45052	61764

比上年增长(%)
7.6

注：按照国家统计局要求，自 2015 年起北京按照改革后新口径发布全市和分城乡的居民收支数据，增长速度为同口径增速（下同）。

西城区

稳增长 促改革 调结构 惠民生

经济

地区生产总值
3270.4亿元

社会消费品零售总额
912.6亿元

地方财政收入
453.8亿元

全社会固定资产投资
246.0亿元

常住人口
129.8万人

教育科技

专利授权量
14917件

普通中学及小学学校数
103所

人民生活

城镇居民人均可支配收入
67492元

卫生

卫生技术人员数
34824人

医院实有床位数
15547张

社会保障

参加基本医疗保险职工人数
157.7万人

参加基本养老保险职工人数
148.4万人

地区生产总值（单位：亿元）

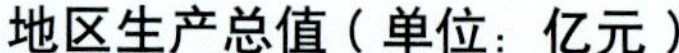

年份	2010年	2011年	2012年	2013年	2014年	2015年
地区生产总值	2057.7	2360.8	2593.5	2835.7	3052.3	3270.4

比上年增长(%) 8.0

一般公共预算收入（单位：亿元）

年份	2010年	2011年	2012年	2013年	2014年	2015年
一般公共预算收入	213.6	279.8	309.1	341.9	372.8	451.4

比上年增长(%) 21.1

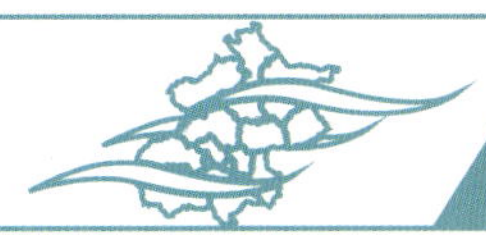

2015

中关村国家自主创新示范区
西城园高新技术企业总收入
2575.2 亿元

金融业增加值
1520.2 亿元

生产性服务业
收入
15403.4 亿元

旅游综合收入
444.6 亿元

社会消费品零售总额（单位：亿元）

2010年	2011年	2012年	2013年	2014年	2015年	比上年增长(%)
608.0	701.5	762.5	817.4	862.6	912.6	5.8

城镇居民人均可支配收入（单位：元）

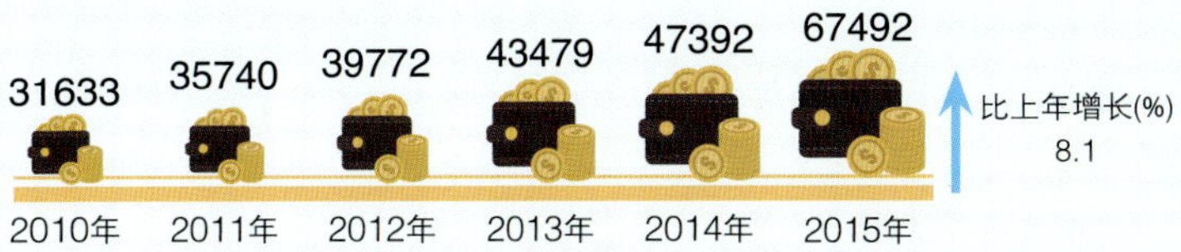

2010年	2011年	2012年	2013年	2014年	2015年	比上年增长(%)
31633	35740	39772	43479	47392	67492	8.1

朝阳区

国际商务中心区 文化创新实验区 和谐宜居模范区

经济

地区生产总值
4640.2亿元

地方财政收入
682.8亿元

社会消费品零售总额
2514.9亿元

全社会固定资产投资
1238.7亿元

教育科技

专利授权量
16101件

普通中学及小学学校数
177所

常住人口
395.5万人

人民生活

城镇居民人均可支配收入
55450元

卫生

卫生技术人员数
45244人

医院实有床位数
19382张

社会保障

参加基本医疗保险职工人数
267.1万人

参加基本养老保险职工人数
256.7万人

地区生产总值（单位：亿元）

2010年	2011年	2012年	2013年	2014年	2015年	比上年增长(%)
2804.2	3272.2	3632.1	4030.6	4337.3	4640.2	7.3

一般公共预算收入（单位：亿元）

2010年	2011年	2012年	2013年	2014年	2015年	比上年增长(%)
231.3	312.8	345.2	376.5	411.8	448.0	8.8

实际利用外商直接投资额（单位：亿美元）

2010年	2011年	2012年	2013年	2014年	2015年	比上年增长(%)
24.0	26.5	32.0	34.2	39.0	93.4	139.5

城镇居民人均可支配收入（单位：元）

2010年	2011年	2012年	2013年	2014年	2015年	比上年增长(%)
30134	34044	37883	41035	44646	55450	8.3

丰台区

丰收的沃土 成功的舞台

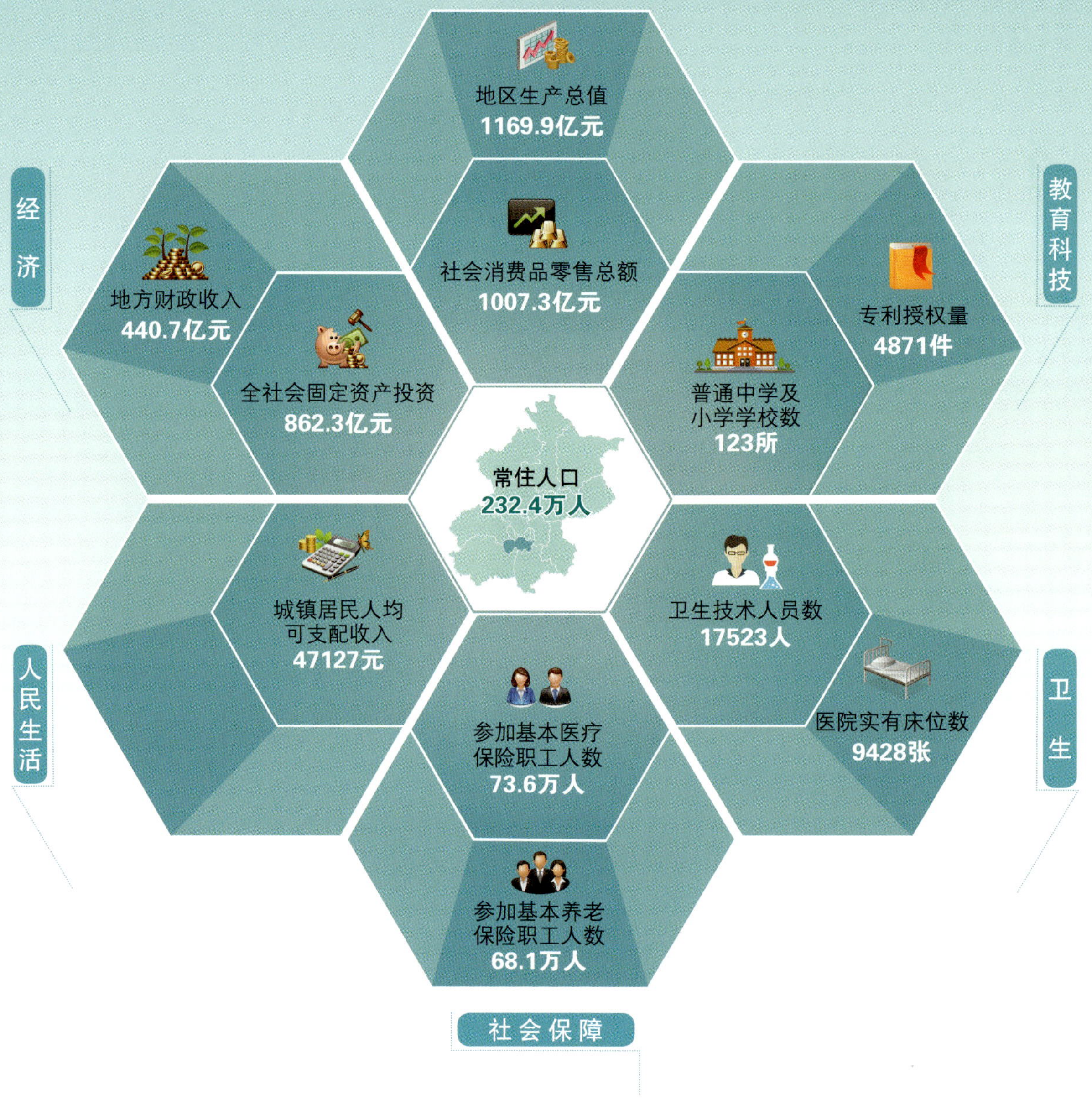

经济

地区生产总值
1169.9亿元

社会消费品零售总额
1007.3亿元

地方财政收入
440.7亿元

全社会固定资产投资
862.3亿元

常住人口
232.4万人

教育科技

专利授权量
4871件

普通中学及小学学校数
123所

人民生活

城镇居民人均可支配收入
47127元

卫生

卫生技术人员数
17523人

医院实有床位数
9428张

社会保障

参加基本医疗保险职工人数
73.6万人

参加基本养老保险职工人数
68.1万人

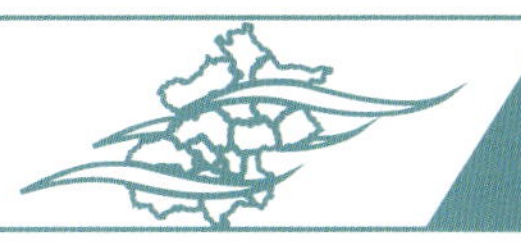

2015

项目	收入	比上年增长
中关村科技园丰台园总收入	4004.2 亿元	↑8.2%
海洋工程技术	0.2 亿元	持平
新材料和应用技术	791.3 亿元	↓21.6%
先进制造技术	202.7 亿元	↓15.7%
环境保护技术	61.3 亿元	↓17.9%
航空航天技术	208.1 亿元	↑47.3%
核应用技术	1.0 亿元	持平
电子与信息	461.2 亿元	↑18.7%
新能源与高效节能技术	85.7 亿元	↓7.8%
生物工程和新医药	280.8 亿元	↑13.8%
其他	1868.6 亿元	↑26.2%
现代农业技术动植物优良新品种	43.3 亿元	↑79.7%

规模以上工业总产值（单位：亿元）

城镇居民人均可支配收入（单位：元）

年份	规模以上工业总产值（亿元）	城镇居民人均可支配收入（元）
2010年	433.5	27081
2011年	407.8	30682
2012年	386.4	34200
2013年	418.6	37886
2014年	434.2	41334
2015年	452.5	47127
比上年增长(%)	4.2	8.4

石景山区

融合山水谋发展 建设首都西大门

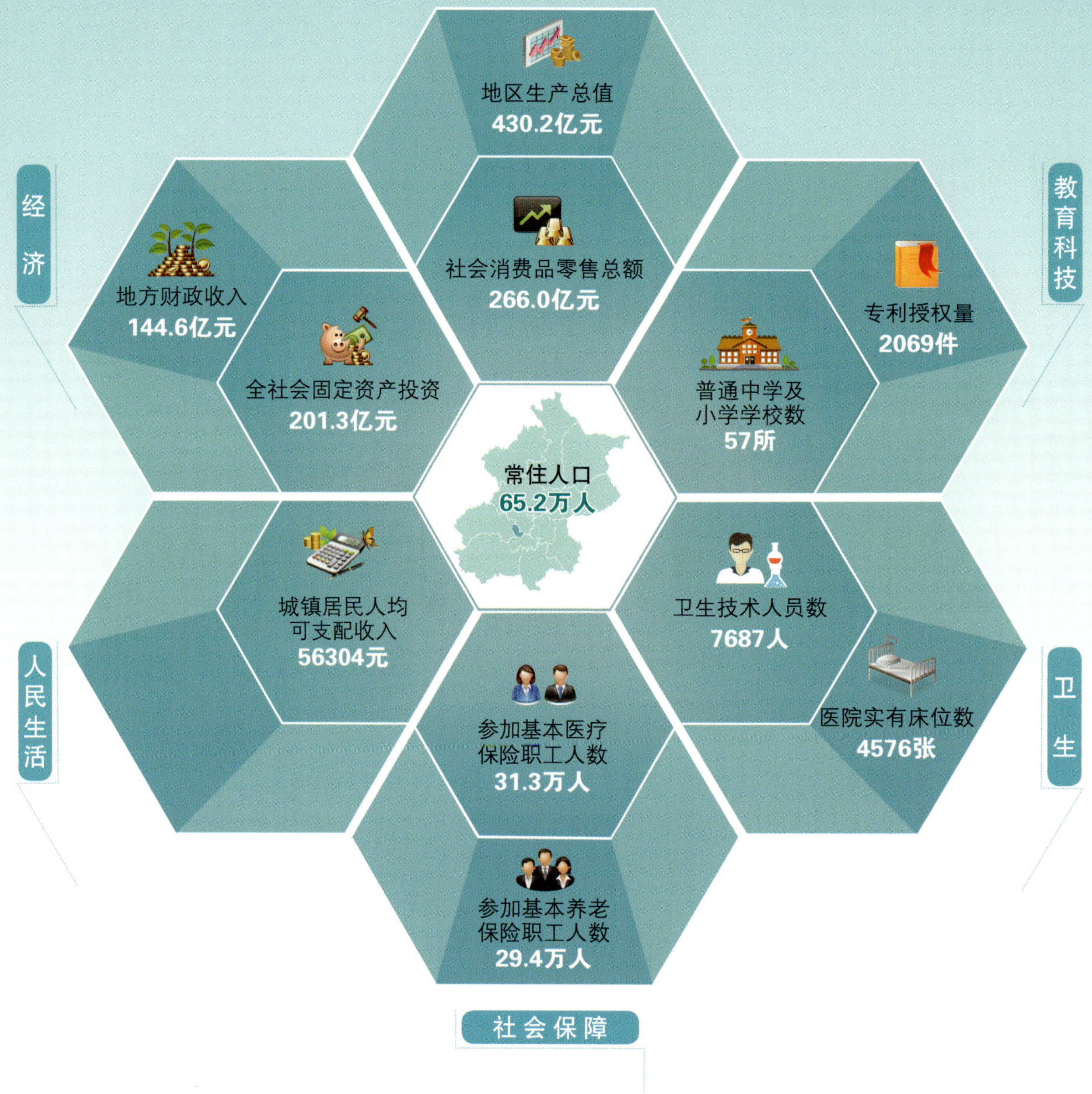
地区生产总值
430.2亿元
社会消费品零售总额
266.0亿元
地方财政收入
144.6亿元
全社会固定资产投资
201.3亿元
经济
专利授权量
2069件
普通中学及
小学学校数
57所
教育科技
常住人口
65.2万人
城镇居民人均
可支配收入
56304元
人民生活
卫生技术人员数
7687人
医院实有床位数
4576张
卫生
参加基本医疗
保险职工人数
31.3万人
参加基本养老
保险职工人数
29.4万人
社会保障

地区生产总值（单位：亿元）

295.5
320.7
338.2
373.8
400.9
430.2
2010年
2011年
2012年
2013年
2014年
2015年
比上年增长(%)
8.9

第三产业增加值（单位：亿元）

168.3
198.9
210.4
240.2
264.8
288.2
2010年
2011年
2012年
2013年
2014年
2015年
比上年增长(%)
8.9

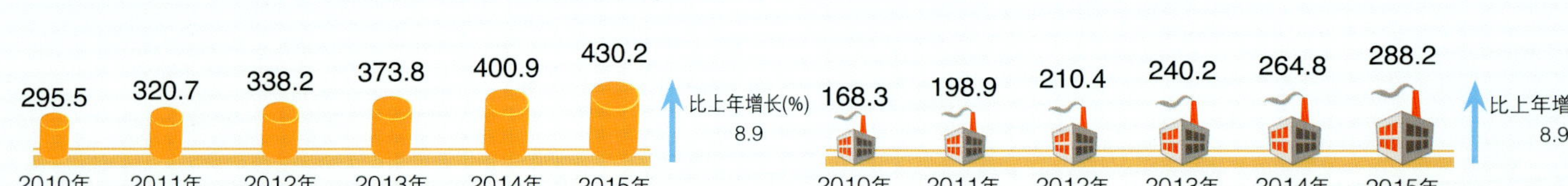

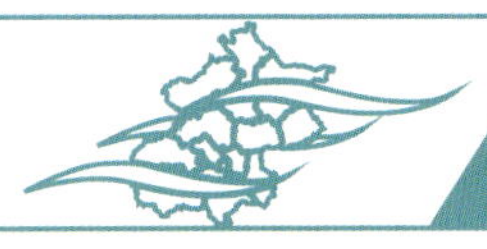

2015

2015 年信息传输、软件和信息技术服务业收入
236.9 亿元

2015 年商务服务业收入
123.4 亿元

2015 年金融业收入
308.8 亿元

2015 年中关村国家自主创新示范区石景山园总收入
1632.5 亿元

规模以上文化创意产业收入（单位：亿元）

2010年	2011年	2012年	2013年	2014年	2015年	比上年增长(%)
166.0	205.2	231.7	272.0	333.5	342.6	2.7

城镇居民人均可支配收入（单位：元）

2010年	2011年	2012年	2013年	2014年	2015年	比上年增长(%)
28051	31936	35420	38657	41943	56304	8.3

海淀区

科技创新浩海 繁荣创业生态
承载历史积淀 科教文化策源

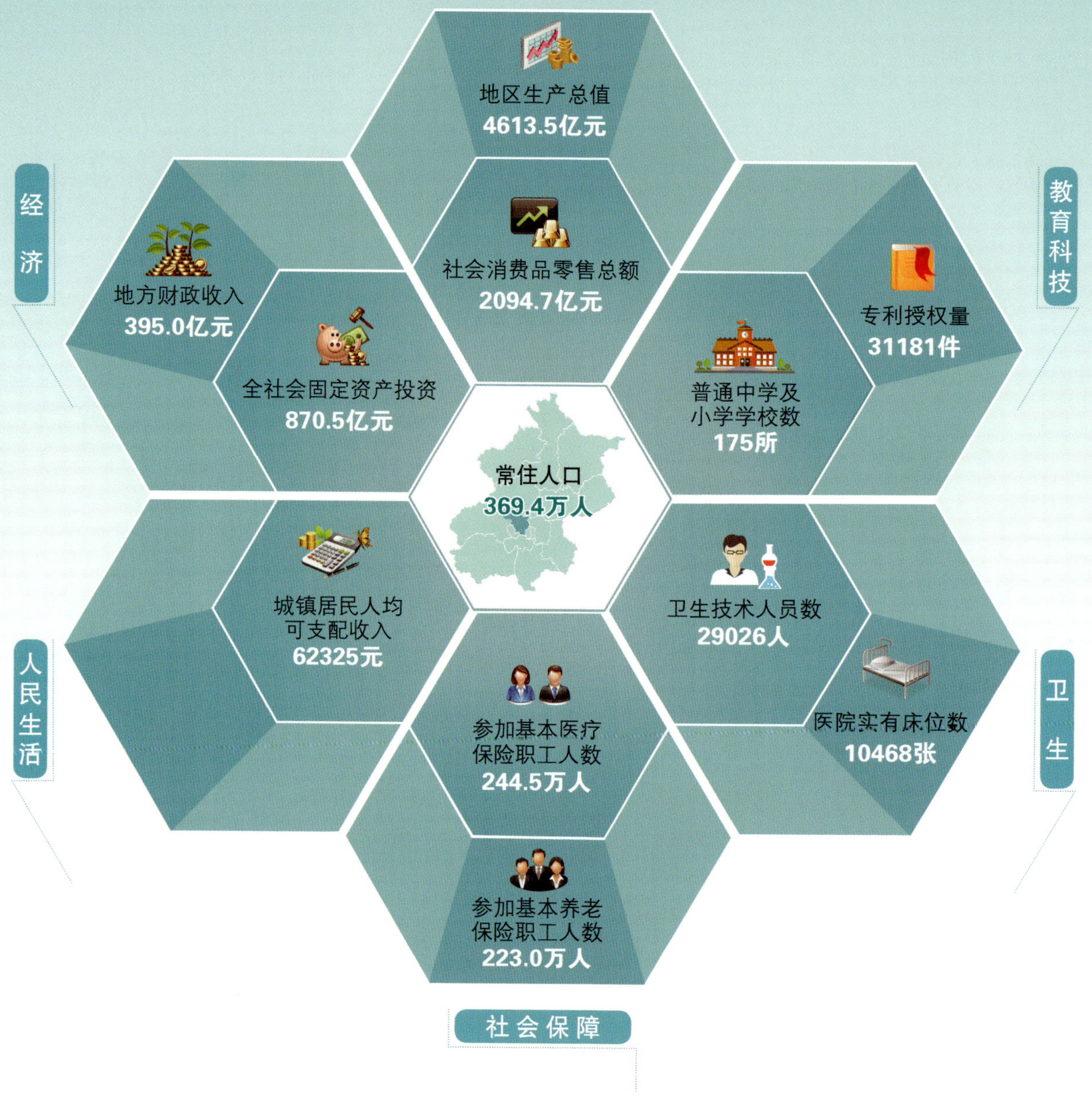

常住人口
369.4万人

经济

地区生产总值
4613.5亿元

社会消费品零售总额
2094.7亿元

地方财政收入
395.0亿元

全社会固定资产投资
870.5亿元

教育科技

专利授权量
31181件

普通中学及小学学校数
175所

卫生

卫生技术人员数
29026人

医院实有床位数
10468张

人民生活

城镇居民人均可支配收入
62325元

社会保障

参加基本医疗保险职工人数
244.5万人

参加基本养老保险职工人数
223.0万人

地区生产总值（单位：亿元）

一般公共预算收入（单位：亿元）

中关村科技园区
海淀园总收入
16357.3 亿元
↑13.2%

海淀园企业内部的日常
研发经费支出
809.9 亿元
↑28.6 %

技术合同成交总额
1436.8 亿元
↑5.1%

文化创意产业收入
5699.0 亿元
↑18.9%

文化艺术	新闻出版	广播、电视、电影	软件、网络及计算机服务	广告会展
43.4 亿元	176.8 亿元	536.3 亿元	3971.9 亿元	410.9 亿元
↑5.6%	↑0.9%	↑1.9%	↑20.6%	↑80.4%
艺术品交易	**设计服务**	**旅游、休闲娱乐**	**其他辅助服务**	
15.2 亿元	132.5 亿元	133.7 亿元	278.3 亿元	
↑31.0%	↓3.2%	↑8.5%	↑7.6 %	

技术合同成交总额（单位：亿元）

城镇居民人均可支配收入（单位：元）

房山区

建设生态宜居示范区 打造中关村南部创新城

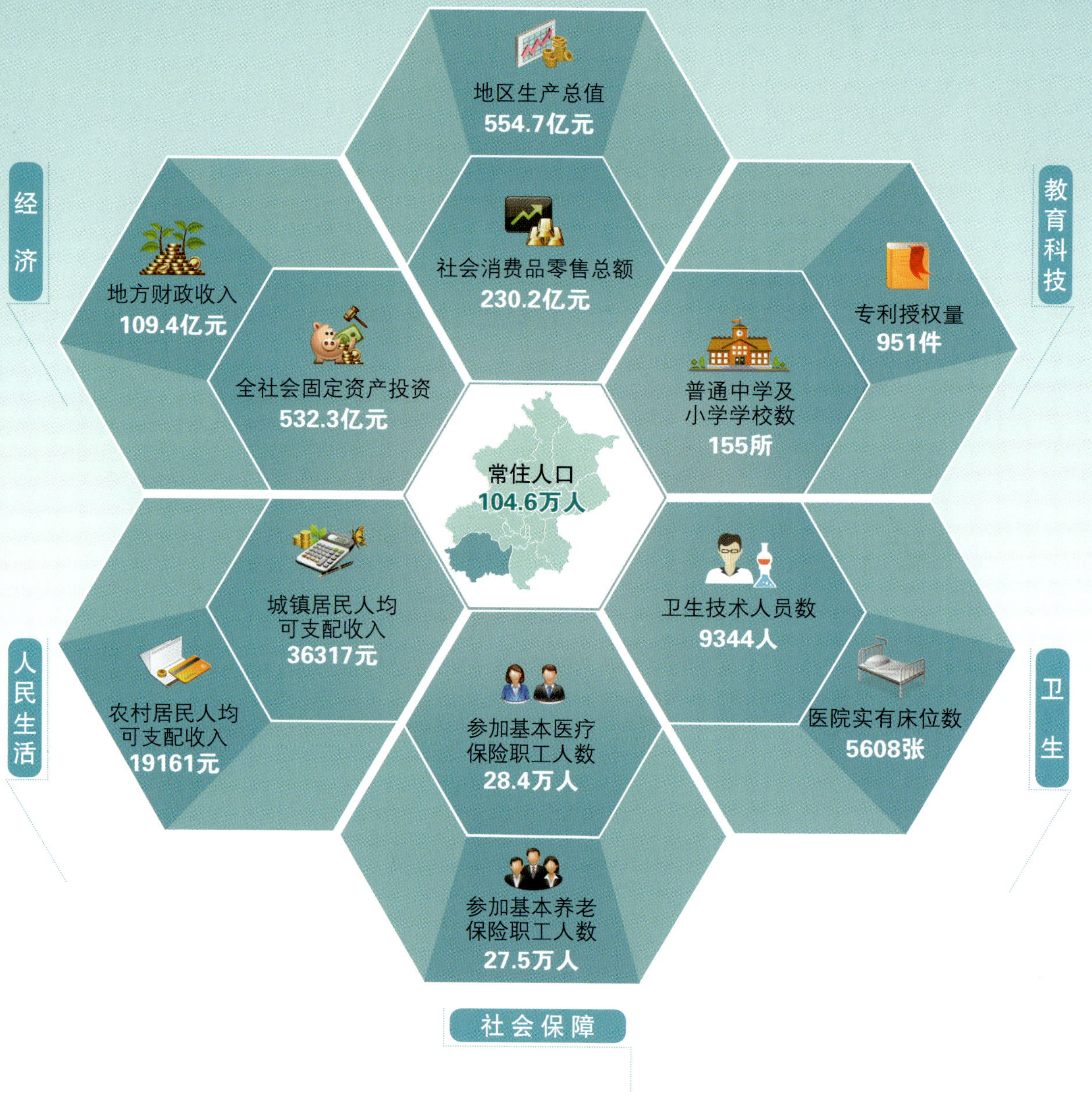

经济

地区生产总值
554.7亿元

社会消费品零售总额
230.2亿元

地方财政收入
109.4亿元

全社会固定资产投资
532.3亿元

教育科技

专利授权量
951件

普通中学及小学学校数
155所

常住人口
104.6万人

人民生活

城镇居民人均可支配收入
36317元

农村居民人均可支配收入
19161元

卫生

卫生技术人员数
9344人

医院实有床位数
5608张

社会保障

参加基本医疗保险职工人数
28.4万人

参加基本养老保险职工人数
27.5万人

地区生产总值（单位：亿元）

全社会固定资产投资（单位：亿元）

2015

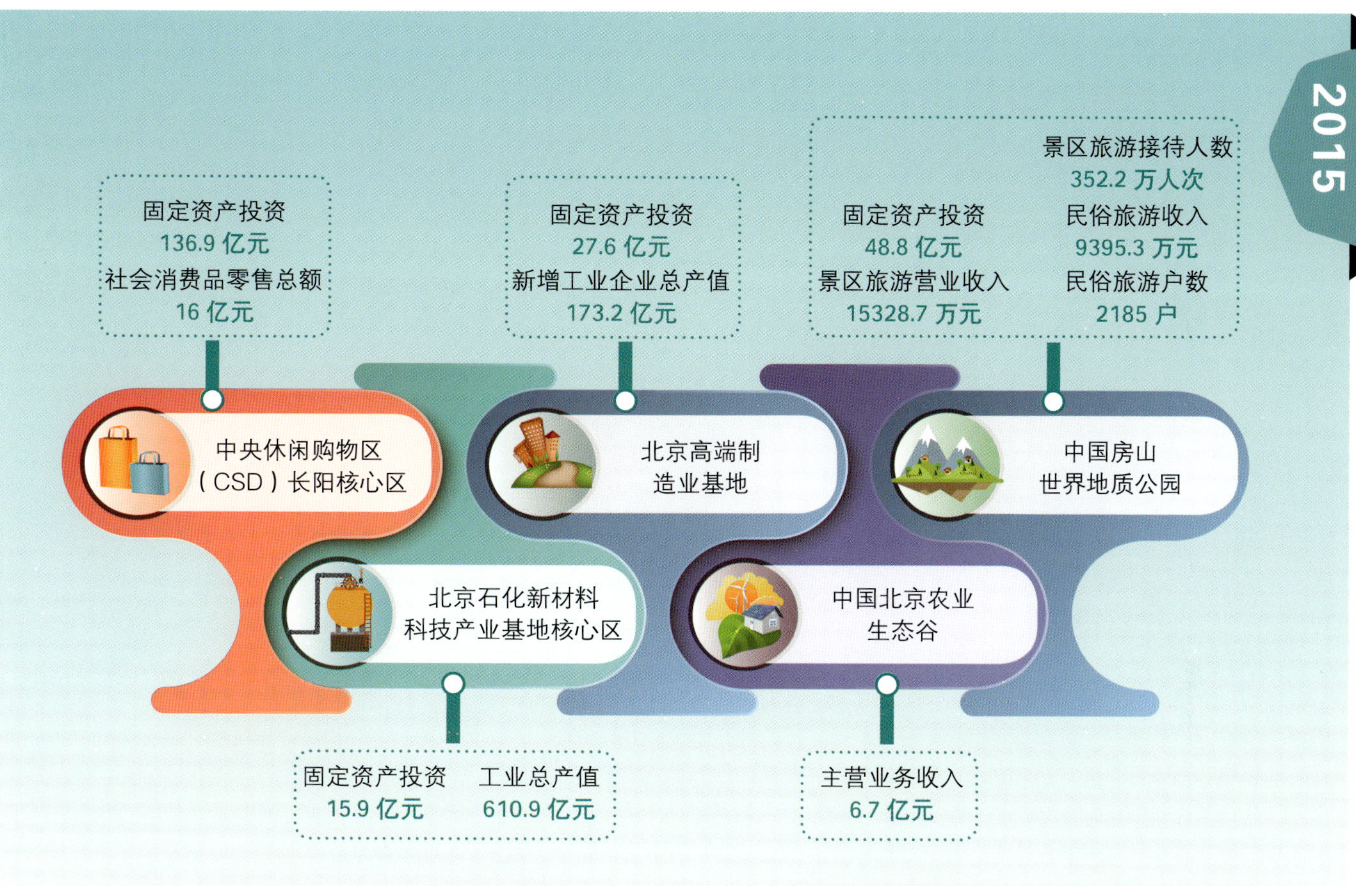

社会消费品零售总额（单位：亿元）

年份	2010年	2011年	2012年	2013年	2014年	2015年
社会消费品零售总额	124.8	146.6	170.2	190.7	211.8	230.2

比上年增长(%) 8.7

城乡居民收入（单位：元）

年份	2010年	2011年	2012年	2013年	2014年	2015年
城镇居民人均可支配收入	23769	26956	30025	32886	35912	36317
农村居民人均可支配收入	12492	13527	15192	16916	18809	19161

城镇居民人均可支配收入 比上年增长(%) 9.1

农村居民人均可支配收入 比上年增长(%) 9.2

通州区

打造功能完备的北京城市副中心

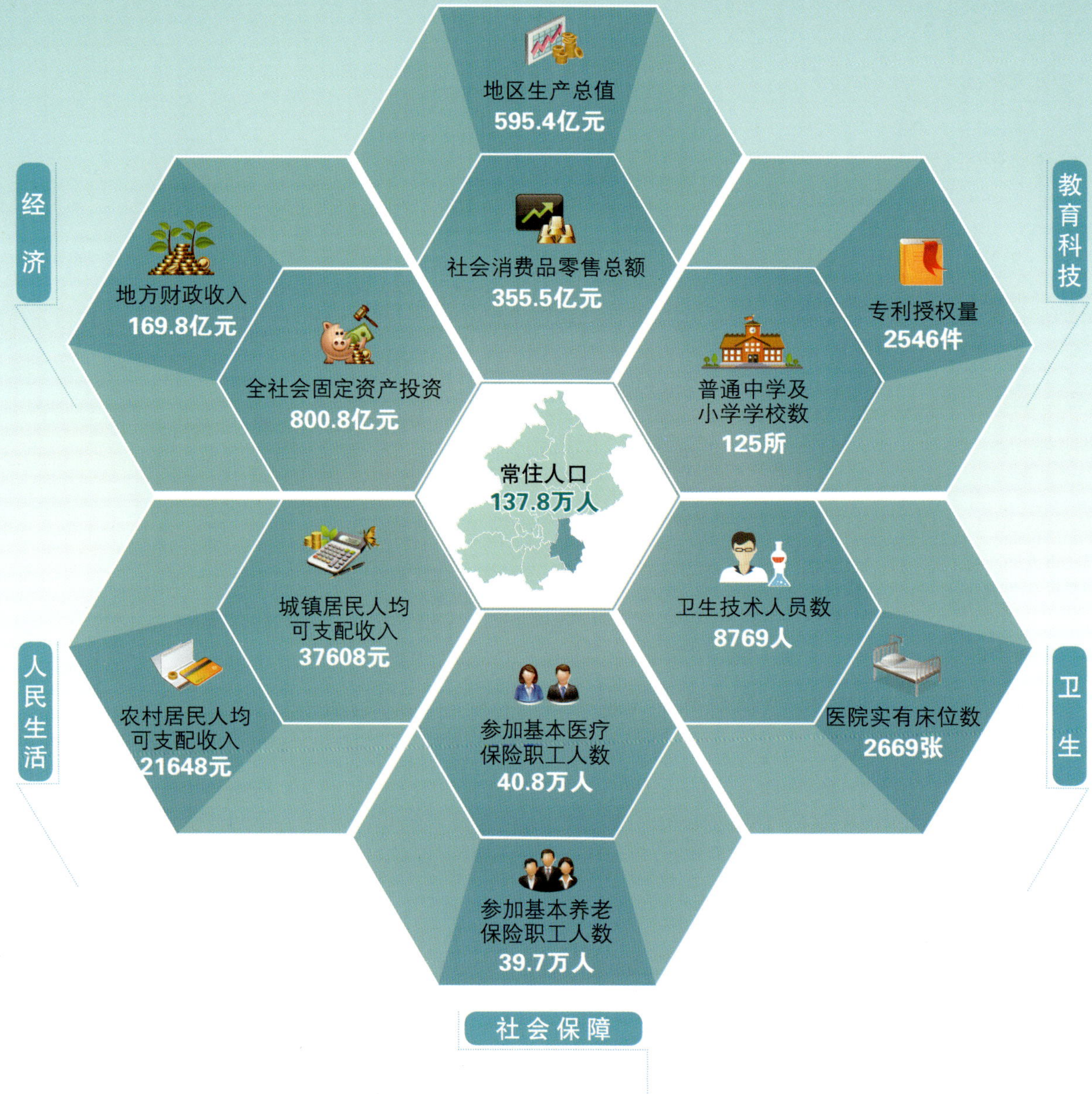

经济

地区生产总值
595.4亿元

社会消费品零售总额
355.5亿元

地方财政收入
169.8亿元

全社会固定资产投资
800.8亿元

教育科技

专利授权量
2546件

普通中学及小学学校数
125所

常住人口
137.8万人

人民生活

城镇居民人均可支配收入
37608元

农村居民人均可支配收入
21648元

卫生

卫生技术人员数
8769人

医院实有床位数
2669张

社会保障

参加基本医疗保险职工人数
40.8万人

参加基本养老保险职工人数
39.7万人

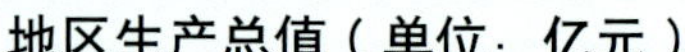

地区生产总值（单位：亿元）

一般公共预算收入（单位：亿元）

三次产业结构比
2015 年 3.2:46.7:50.1
2014 年 4 :50.4:45.6

第三产业对经济增长的贡献率（%）
102. 8

限额以上第三产业主要指标完成情况

指标	数值	增长
资产总计	4369.5 亿元	↑ 29.7%
收入合计	1427.7 亿元	↑ 22.8%
利润总额	90.0 亿元	↑ 103.0%
税金	77.0 亿元	↑ 65.4%
从业人员平均人数	9.2 万人	↑ 6.1%

房地产开发投资（单位：亿元）

2010年	2011年	2012年	2013年	2014年	2015年
274.6	268.1	296.4	360.9	446.8	603.4

比上年增长(%) 35.0

城乡居民收入（单位：元）

	2010年	2011年	2012年	2013年	2014年	2015年	比上年增长(%)
城镇居民人均可支配收入	24427	27713	30476	33662	37095	37608	9.2
农村居民人均可支配收入	12613	14273	15936	17925	20076	21648	9.0

顺义区

建设绿色国际港　打造航空中心核心区

常住人口 102.0万人

经济

地区生产总值 1440.9亿元

社会消费品零售总额 410.0亿元

地方财政收入 211.4亿元

全社会固定资产投资 465.2亿元

教育科技

专利授权量 2610件

普通中学及小学学校数 78所

人民生活

城镇居民人均可支配收入 33394元

农村居民人均可支配收入 22648元

卫生

卫生技术人员数 7441人

医院实有床位数 2569张

社会保障

参加基本医疗保险职工人数 49.7万人

参加基本养老保险职工人数 51.9万人

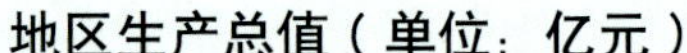

地区生产总值（单位：亿元）

2010年	2011年	2012年	2013年	2014年	2015年
867.9	1015.0	1103.2	1240.2	1339.7	1440.9

比上年增长(%) 14.5

一般公共预算收入（单位：亿元）

2010年	2011年	2012年	2013年	2014年	2015年
58.4	80.9	86.2	98.0	110.6	124.8

比上年增长(% 12.8

交通运输、仓储和邮政业

资产总计 2946.4 亿元 ↑6.1%
营业收入 1579.6 亿元 ↑3.9%
利润总额 142.7 亿元 ↑66.0%
从业人员 124710 人 ↑0.5%

仓储业

资产总计 40.3 亿元 ↑1.6%
营业收入 14.4 亿元 ↑26.2%
利润总额 0.3 亿元 ↓6.9%
从业人员 857 人 ↑22.8%

道路运输业

资产总计 100.1 亿元 ↑43.0%
营业收入 113.7 亿元 ↑15.0%
利润总额 5.5 千元 ↑25.3%
从业人员 14106 人 ↑24.8%

航空运输业

资产总计 2528.2 亿元 ↑5.6%
营业收入 1052.0 亿元 ↑3.6%
利润总额 100.7 亿元 ↑81.3%
从业人员 63126 人 ↑4.4%

装卸搬运和运输代理业

资产总计 222.3 亿元 ↑10.5%
营业收入 308.3 亿元 ↑6.1%
利润总额 28.8 亿元 ↑46.8%
从业人员 17270 人 ↑8.7%

邮政业

资产总计 55.5 亿元 ↓21.2%
营业收入 91.2 亿元 ↓12.3%
利润总额 7.4 亿元 ↑20.8%
从业人员 29351 人 ↓17.8%

规模以上工业总产值（单位：亿元） 城乡居民收入（单位：元）

昌平区

建设国际一流的科教新区

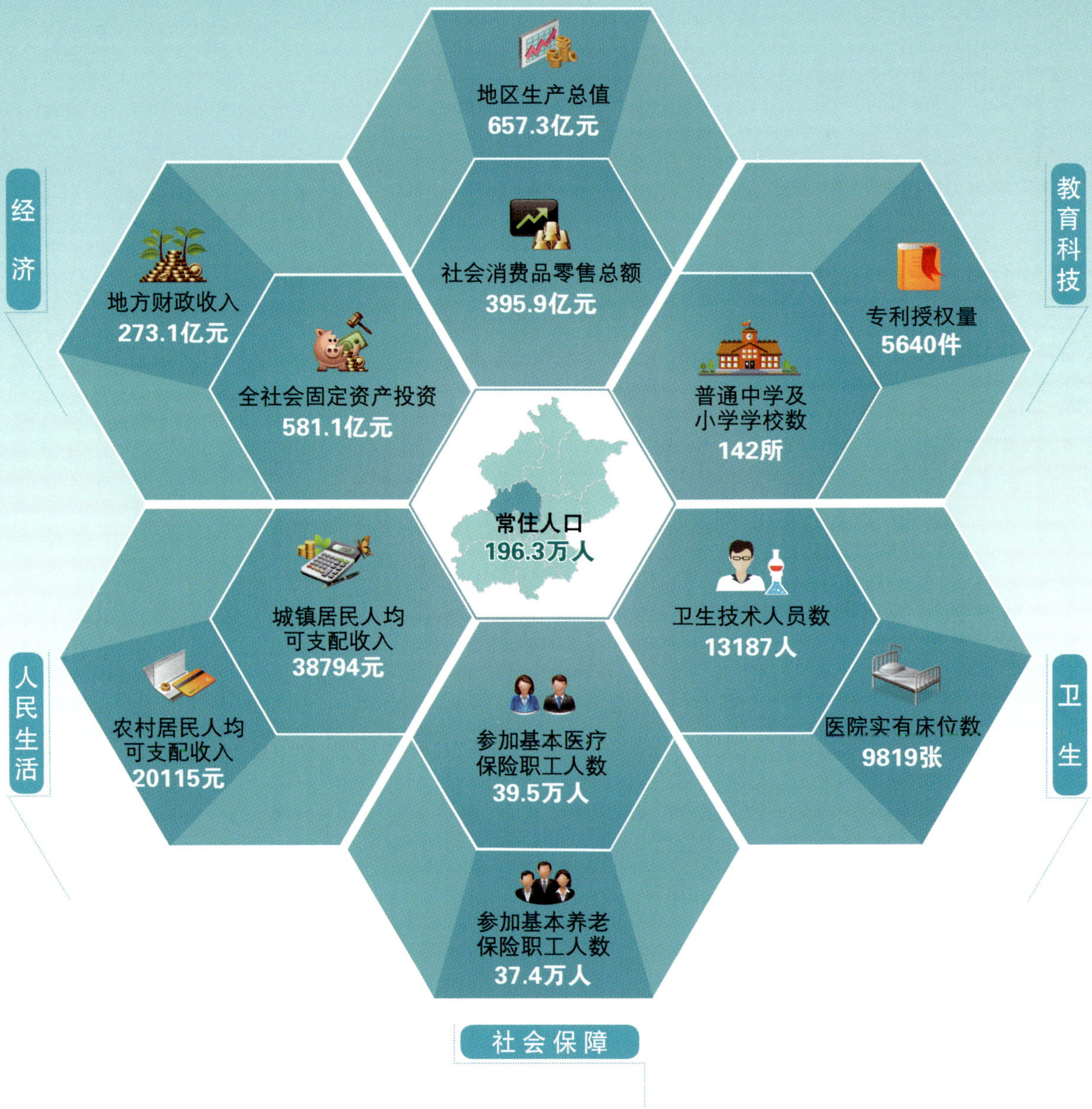
地区生产总值
657.3亿元
社会消费品零售总额
395.9亿元
地方财政收入
273.1亿元
全社会固定资产投资
581.1亿元
专利授权量
5640件
普通中学及
小学学校数
142所
常住人口
196.3万人
城镇居民人均
可支配收入
38794元
农村居民人均
可支配收入
20115元
卫生技术人员数
13187人
医院实有床位数
9819张
参加基本医疗
保险职工人数
39.5万人
参加基本养老
保险职工人数
37.4万人
经济
教育科技
人民生活
卫生
社会保障

地区生产总值（单位：亿元）

399.9
455.0
506.3
565.8
611.1
657.3
2010年
2011年
2012年
2013年
2014年
2015年
比上年增长(%)
15.2

一般公共预算收入（单位：亿元）

35.6
45.4
52.2
60.1
66.3
73.1
2010年
2011年
2012年
2013年
2014年
2015年
比上年增长(%
10.2

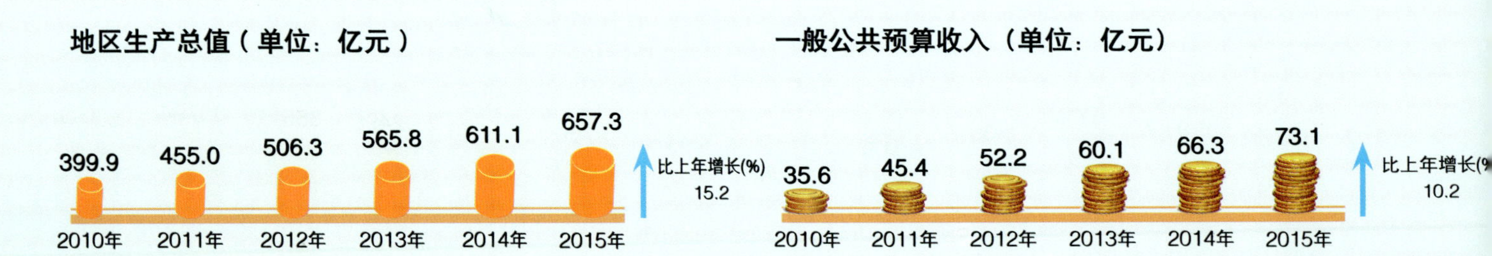

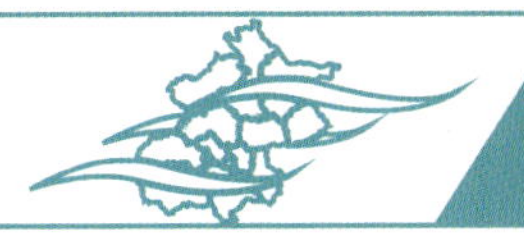

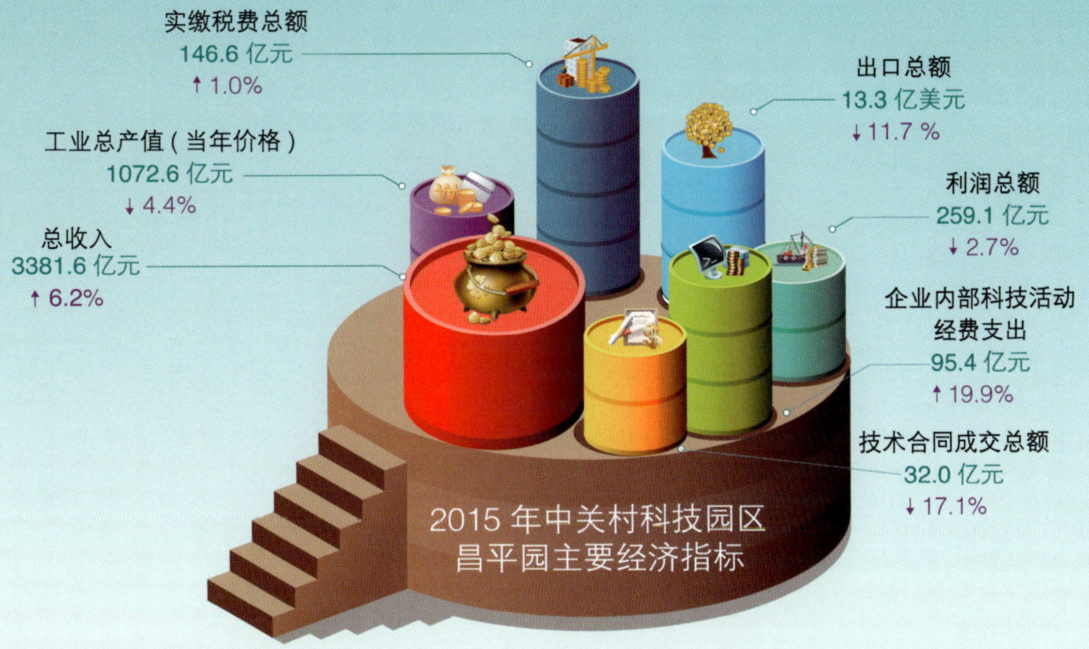

2015 年中关村科技园区昌平园主要经济指标

指标	数值	比上年增长
实缴税费总额	146.6 亿元	↑ 1.0%
工业总产值（当年价格）	1072.6 亿元	↓ 4.4%
总收入	3381.6 亿元	↑ 6.2%
出口总额	13.3 亿美元	↓ 11.7 %
利润总额	259.1 亿元	↓ 2.7%
企业内部科技活动经费支出	95.4 亿元	↑ 19.9%
技术合同成交总额	32.0 亿元	↓ 17.1%

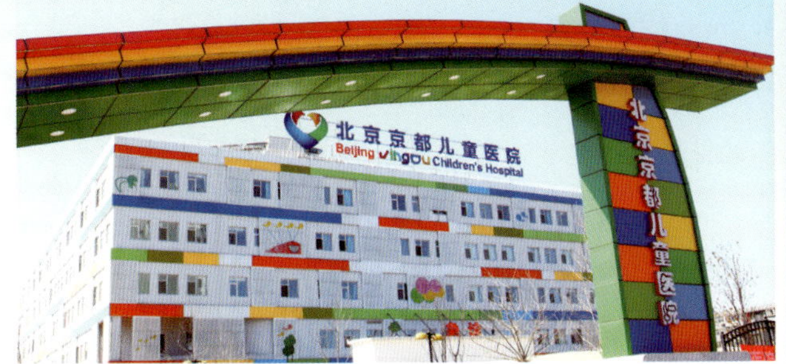

规模以上工业总产值（单位：亿元）

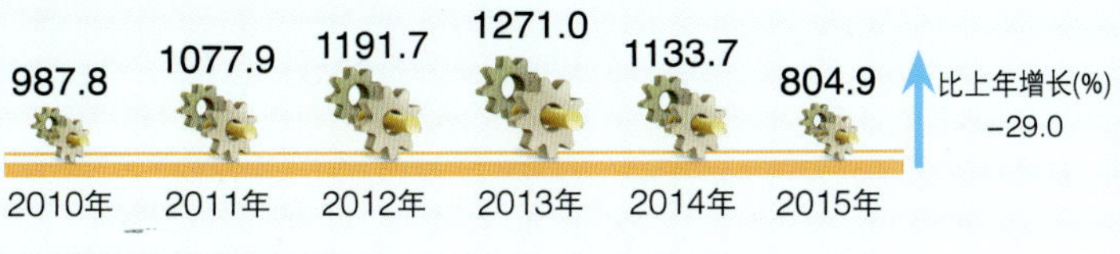

2010年	2011年	2012年	2013年	2014年	2015年	比上年增长(%)
987.8	1077.9	1191.7	1271.0	1133.7	804.9	−29.0

城乡居民收入（单位：元）

	2010年	2011年	2012年	2013年	2014年	2015年	比上年增长(%)
城镇居民人均可支配收入	24428	27669	29950	32495	35517	38794	9.1
农村居民人均可支配收入	12548	13441	14971	16756	18689	20115	9.1

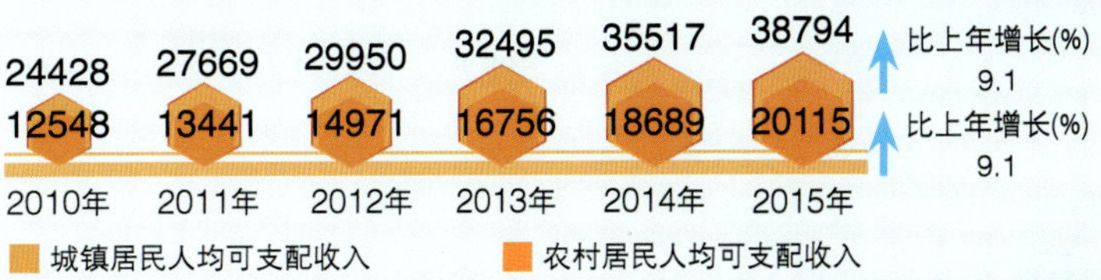

大兴区

科技创新中心区 高端产业引领区 区域协同前沿区 国际交往门户区 深化改革先行区

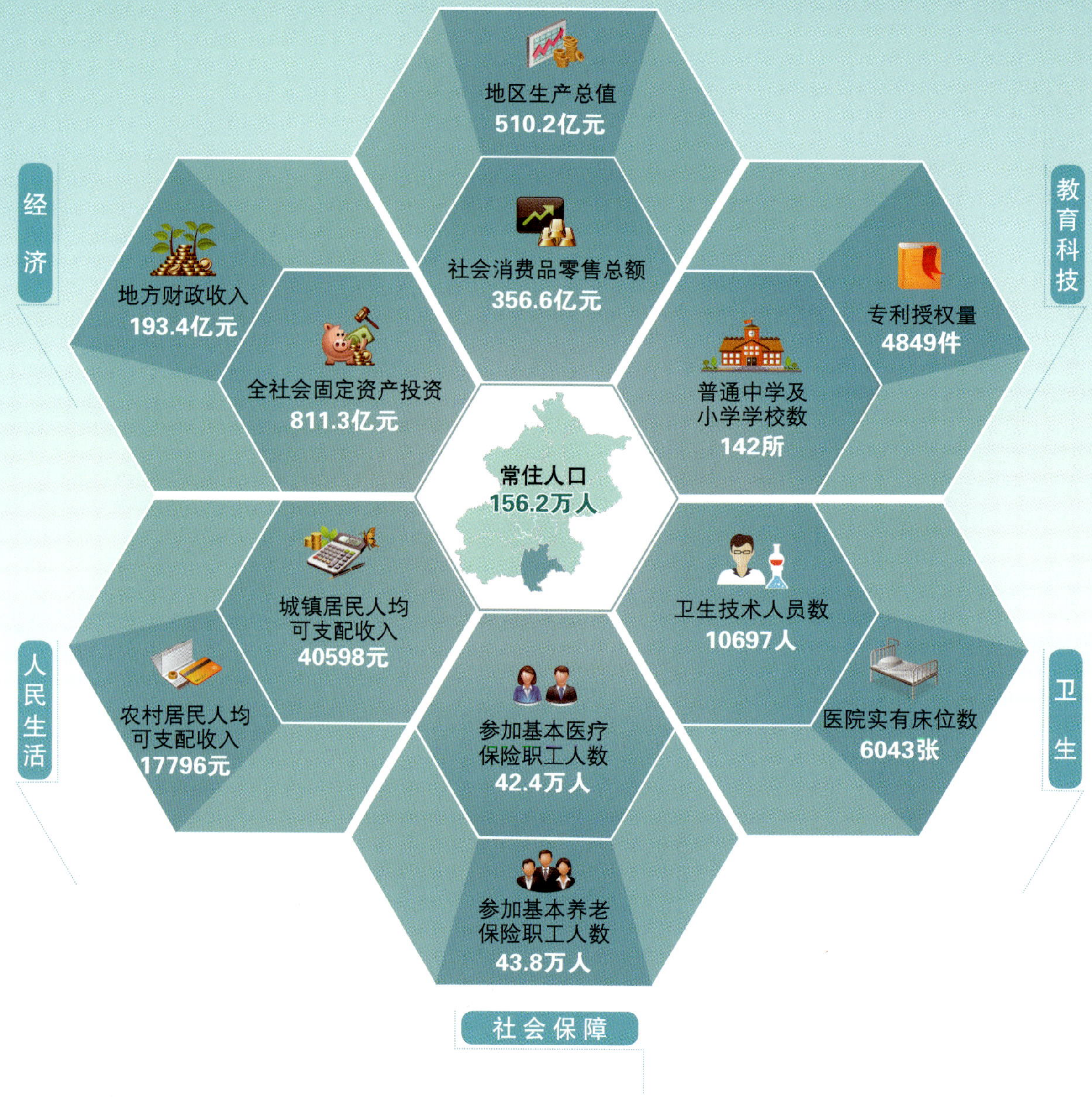

经济

地区生产总值
510.2亿元

社会消费品零售总额
356.6亿元

地方财政收入
193.4亿元

全社会固定资产投资
811.3亿元

教育科技

专利授权量
4849件

普通中学及小学学校数
142所

常住人口
156.2万人

人民生活

城镇居民人均可支配收入
40598元

农村居民人均可支配收入
17796元

卫生

卫生技术人员数
10697人

医院实有床位数
6043张

社会保障

参加基本医疗保险职工人数
42.4万人

参加基本养老保险职工人数
43.8万人

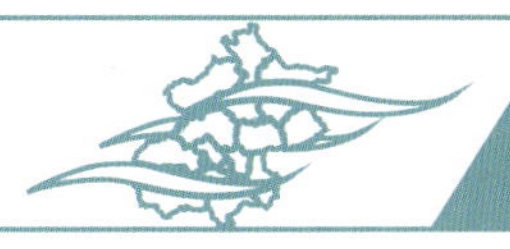

2015

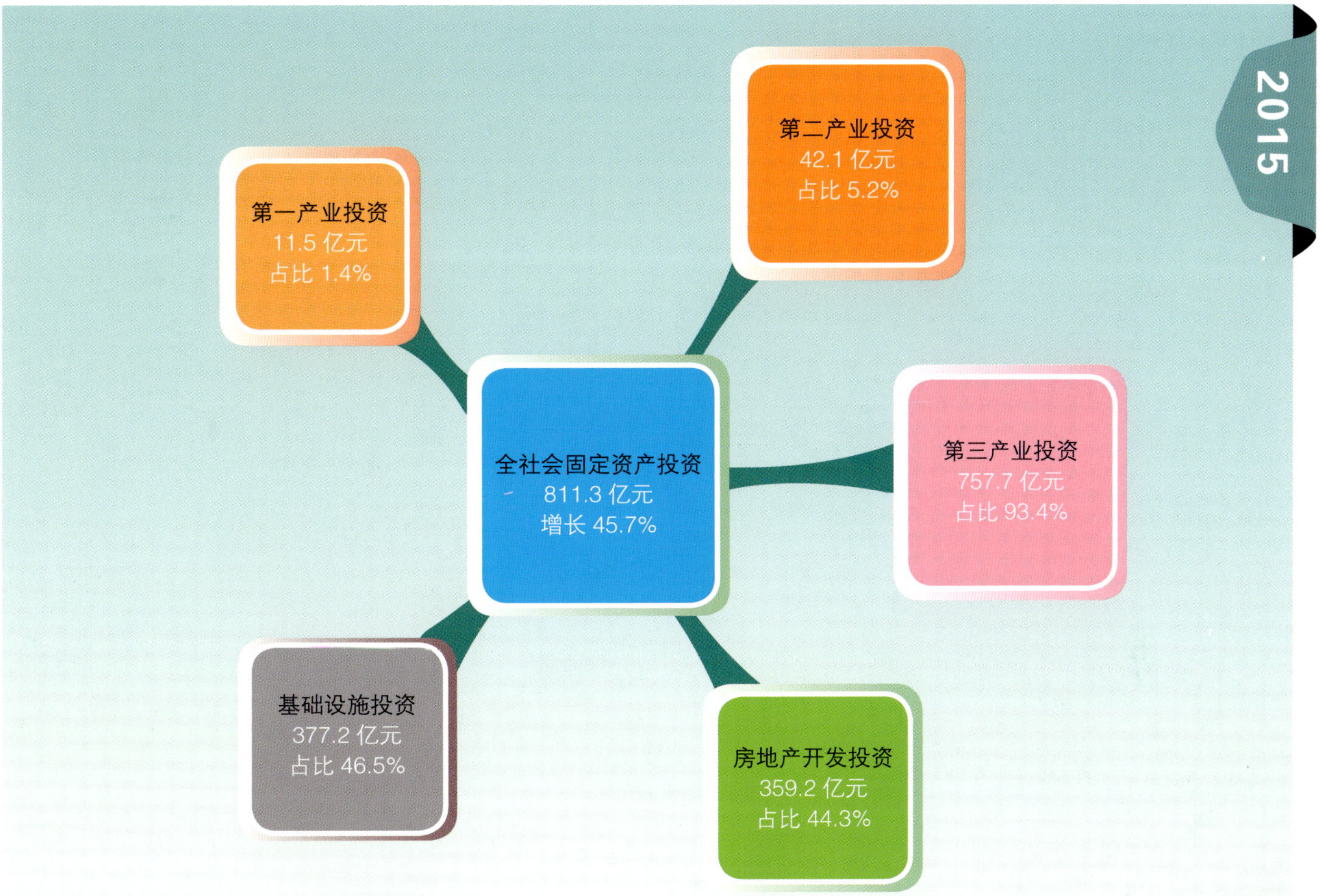

全社会固定资产投资
811.3 亿元
增长 45.7%

第一产业投资
11.5 亿元
占比 1.4%

第二产业投资
42.1 亿元
占比 5.2%

第三产业投资
757.7 亿元
占比 93.4%

基础设施投资
377.2 亿元
占比 46.5%

房地产开发投资
359.2 亿元
占比 44.3%

全社会固定资产投资（单位：亿元）

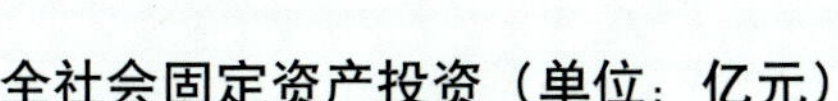

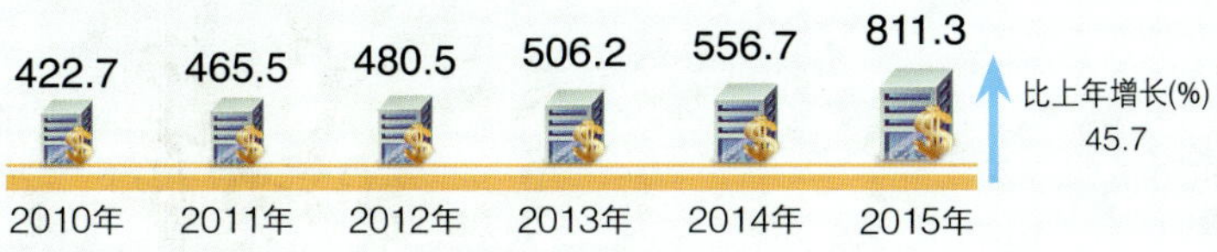

2010年	2011年	2012年	2013年	2014年	2015年
422.7	465.5	480.5	506.2	556.7	811.3

比上年增长(%)
45.7

城乡居民收入（单位：元）

	2010年	2011年	2012年	2013年	2014年	2015年	比上年增长(%)
城镇居民人均可支配收入	24368	27786	31004	34128	37131	40598	8.1
农村居民人均可支配收入	12335	13723	15329	17044	18824	17796	8.8

门头沟区

和谐宜居滨水山城 全域景区化百里画廊

经济

地区生产总值
144.1亿元

社会消费品零售总额
57.5亿元

地方财政收入
107.3亿元

全社会固定资产投资
292.1亿元

常住人口
30.8万人

教育科技

专利授权量
235件

普通中学及小学学校数
38所

人民生活

城镇居民人均可支配收入
42350元

农村居民人均可支配收入
20167元

卫生

卫生技术人员数
3376人

医院实有床位数
2413张

社会保障

参加基本医疗保险职工人数
14.7万人

参加基本养老保险职工人数
15.3万人

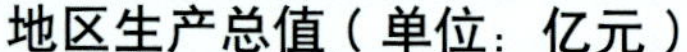

地区生产总值（单位：亿元）

2010年	2011年	2012年	2013年	2014年	2015年	比上年增长(%)
86.4	103.7	117.0	124.2	133.8	144.1	14.0

一般公共预算收入（单位：亿元）

2010年	2011年	2012年	2013年	2014年	2015年	比上年增长(%)
10.7	16.9	19.1	20.7	22	26.1	18.3

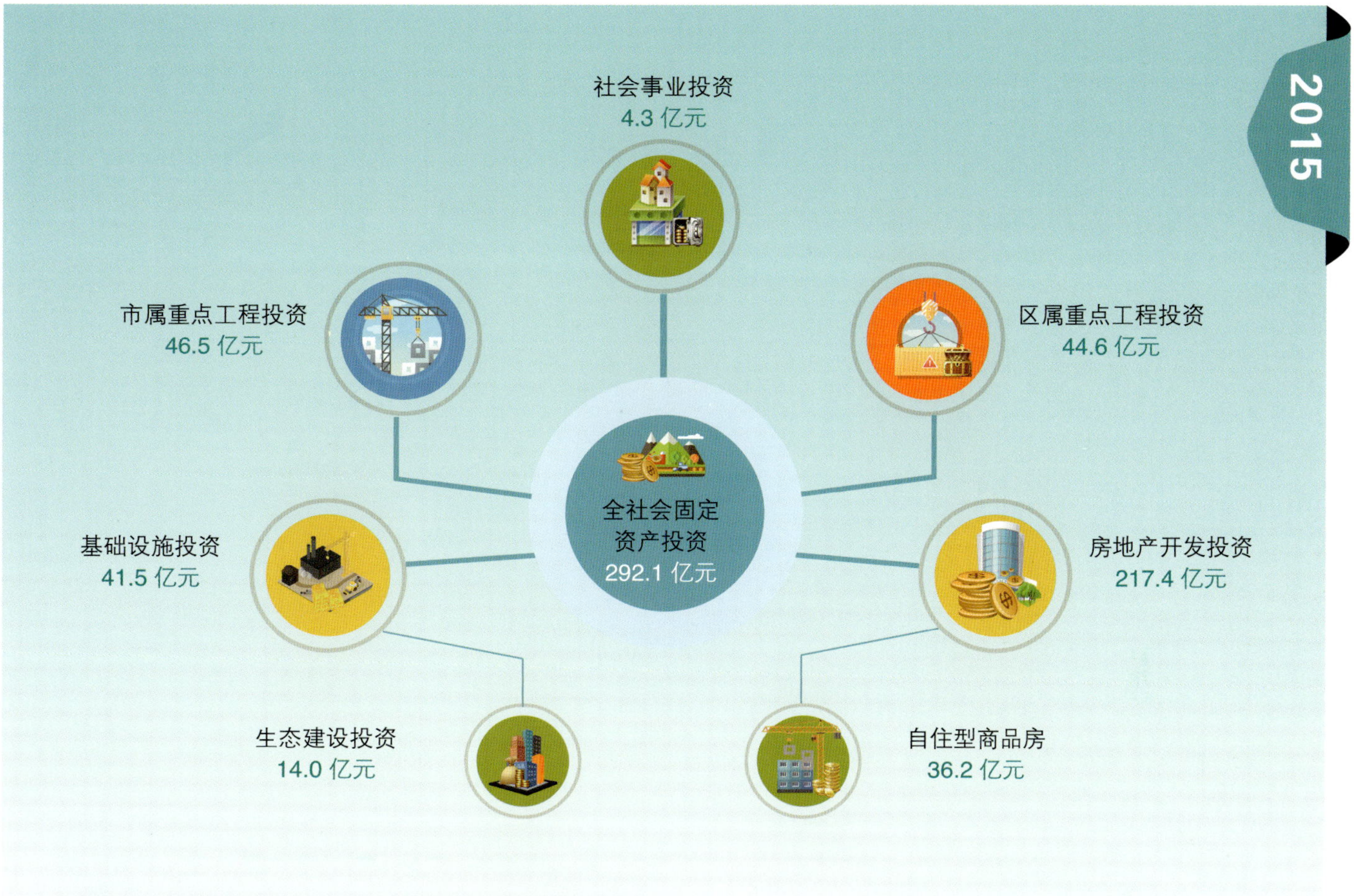

社会事业投资
4.3 亿元
市属重点工程投资
46.5 亿元
区属重点工程投资
44.6 亿元
全社会固定资产投资
292.1 亿元
基础设施投资
41.5 亿元
房地产开发投资
217.4 亿元
生态建设投资
14.0 亿元
自住型商品房
36.2 亿元

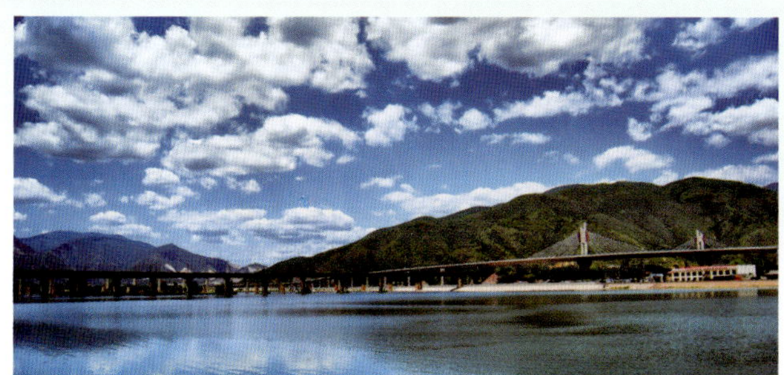

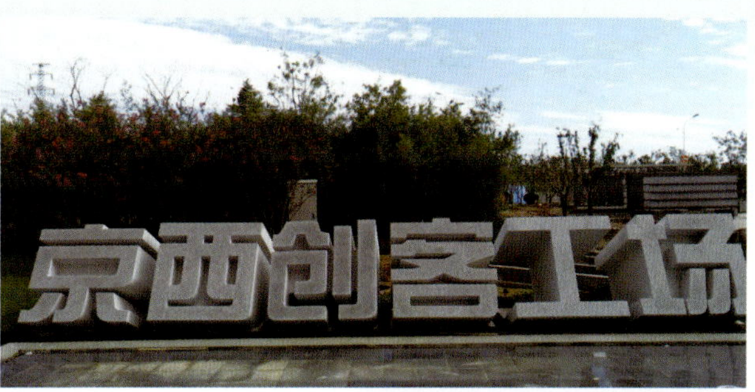

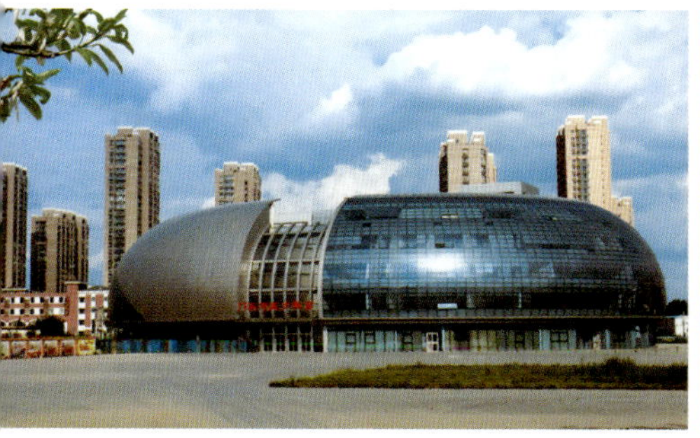

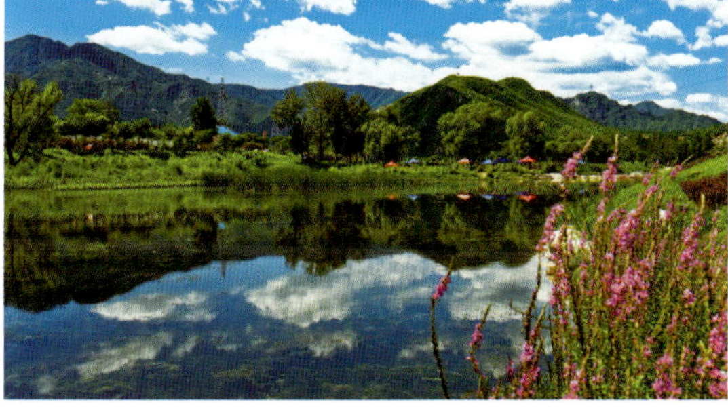

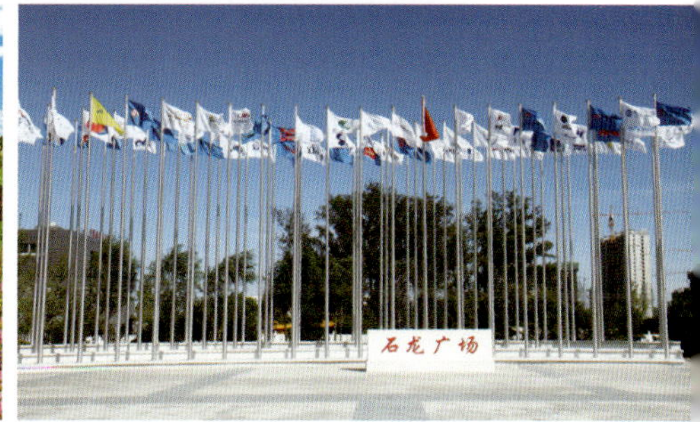

京西创客工场

石龙广场

林木绿化率（单位：%）

57.5
58.2
60.1
62.5
64.3
65.9
2010年
2011年
2012年
2013年
2014年
2015年

城乡居民收入（单位：元）

25313
29172
32369
35141
38023
42350
12672
14031
15715
17408
18861
20167
比上年增长(%)
7.5
比上年增长(%)
8.2
2010年
2011年
2012年
2013年
2014年
2015年
城镇居民人均可支配收入
农村居民人均可支配收入

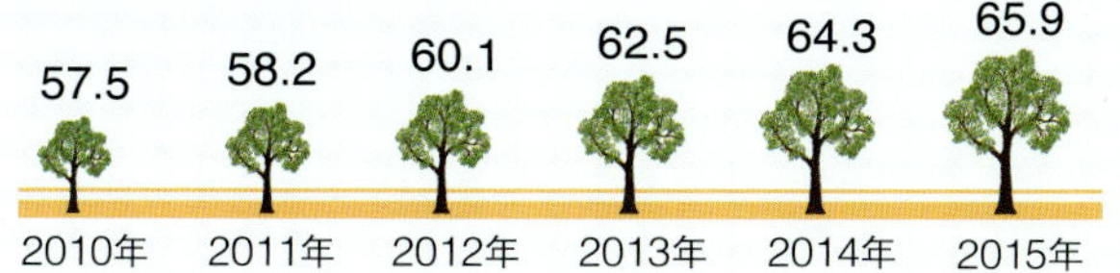

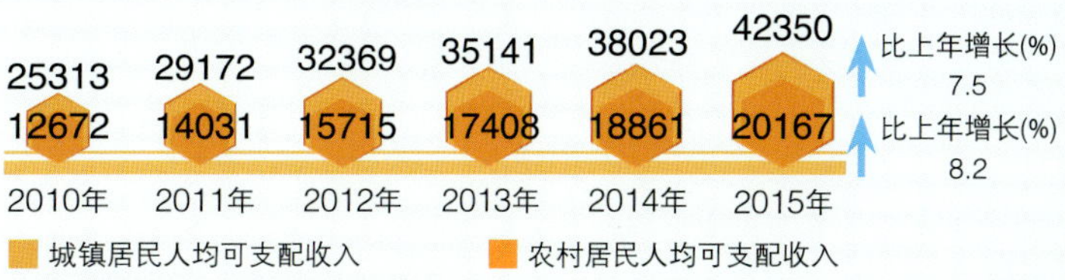

怀柔区

坚定绿色发展理念 经济民生和谐共进

常住人口
38.4万人

经济

地区生产总值
234.2亿元

社会消费品零售总额
102.9亿元

地方财政收入
39.6亿元

全社会固定资产投资
130.9亿元

教育科技

专利授权量
558件

普通中学及小学学校数
47所

人民生活

城镇居民人均可支配收入
33247元

农村居民人均可支配收入
19937元

卫生

卫生技术人员数
3291人

医院实有床位数
1456张

社会保障

参加基本医疗保险职工人数
18.4万人

参加基本养老保险职工人数
18.5万人

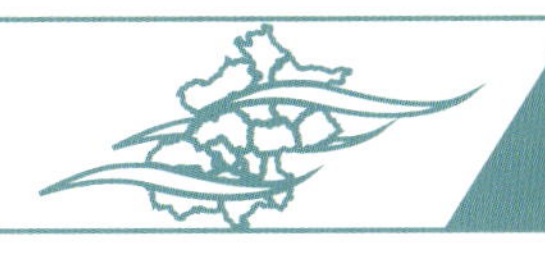

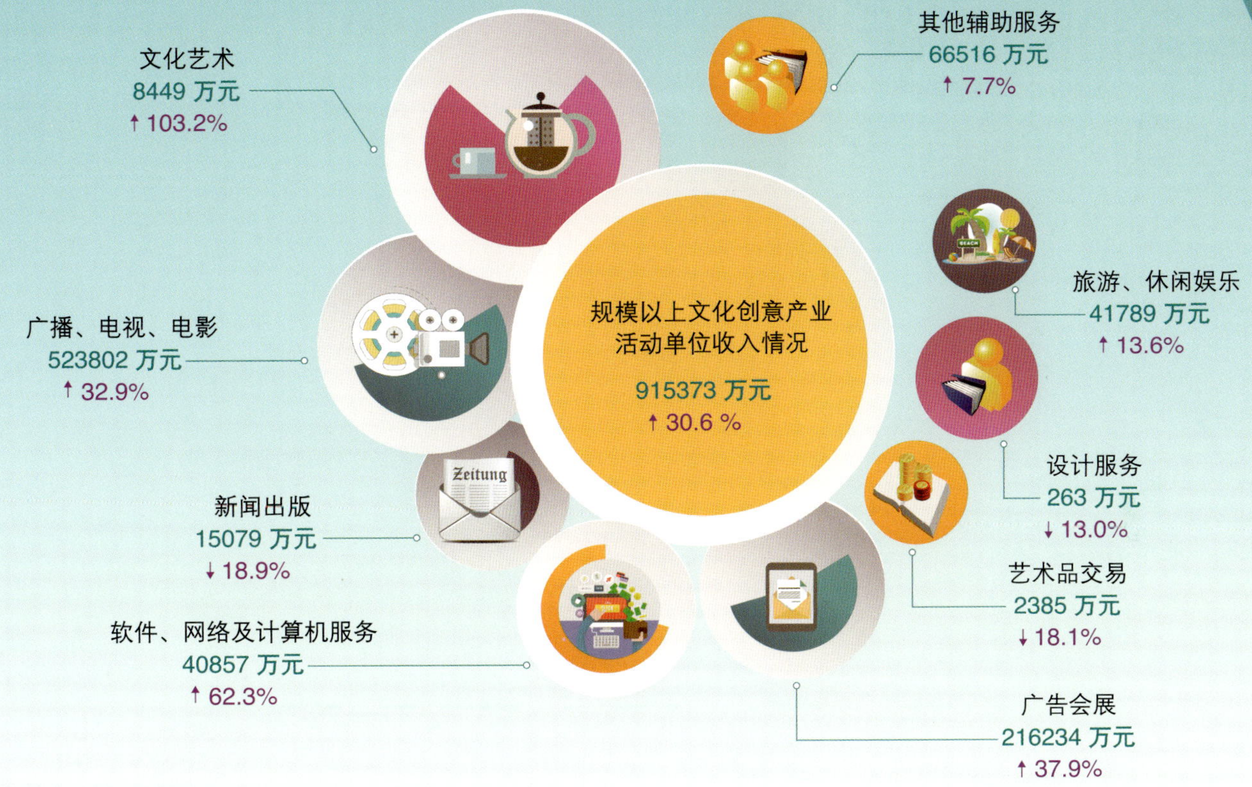

2015

规模以上文化创意产业活动单位收入情况
915373 万元
↑30.6 %

文化艺术
8449 万元
↑103.2%

其他辅助服务
66516 万元
↑7.7%

广播、电视、电影
523802 万元
↑32.9%

旅游、休闲娱乐
41789 万元
↑13.6%

新闻出版
15079 万元
↓18.9%

设计服务
263 万元
↓13.0%

软件、网络及计算机服务
40857 万元
↑62.3%

艺术品交易
2385 万元
↓18.1%

广告会展
216234 万元
↑37.9%

规模以上文化创意产业收入（单位：亿元）

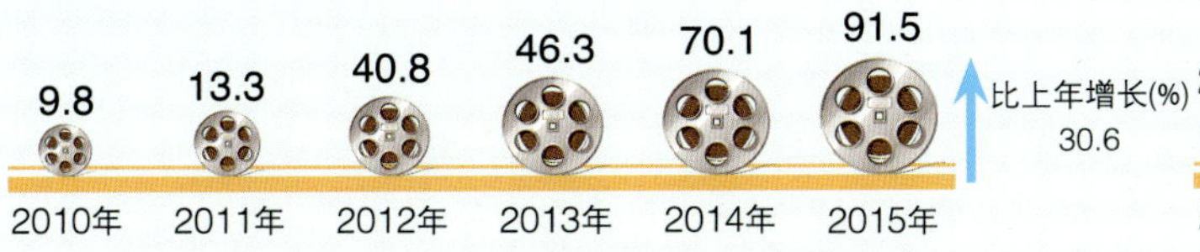

2010年	2011年	2012年	2013年	2014年	2015年
9.8	13.3	40.8	46.3	70.1	91.5

比上年增长(%) 30.6

城乡居民收入（单位：元）

	2010年	2011年	2012年	2013年	2014年	2015年	比上年增长(%)
城镇居民人均可支配收入	23428	26647	29562	32519	35771	33247	9.3
农村居民人均纯收入	12256	12991	14585	16356	18196	19937	8.5

平谷区

生态绿谷 京津商谷 绿能新谷 中国乐谷 幸福平谷

经济

地区生产总值 197.1亿元

社会消费品零售总额 92.3亿元

地方财政收入 53.1亿元

全社会固定资产投资 146.9亿元

常住人口 42.3万人

教育科技

专利授权量 335件

普通中学及小学学校数 62所

卫生

卫生技术人员数 3678人

医院实有床位数 1700张

人民生活

城镇居民人均可支配收入 35117元

农村居民人均可支配收入 20147元

社会保障

参加基本医疗保险职工人数 16.7万人

参加基本养老保险职工人数 16.2万人

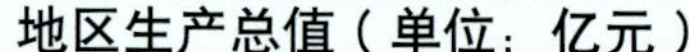

地区生产总值（单位：亿元）

2010年	2011年	2012年	2013年	2014年	2015年	比上年增长(%)
117.9	136.6	153.2	168.7	183.4	197.1	15.7

设施农业总收入（单位：亿元）

2010年	2011年	2012年	2013年	2014年	2015年	比上年增长(%)
2.5	2.9	3.1	3.6	3.3	3.3	0.3

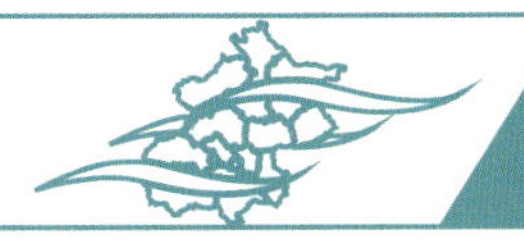

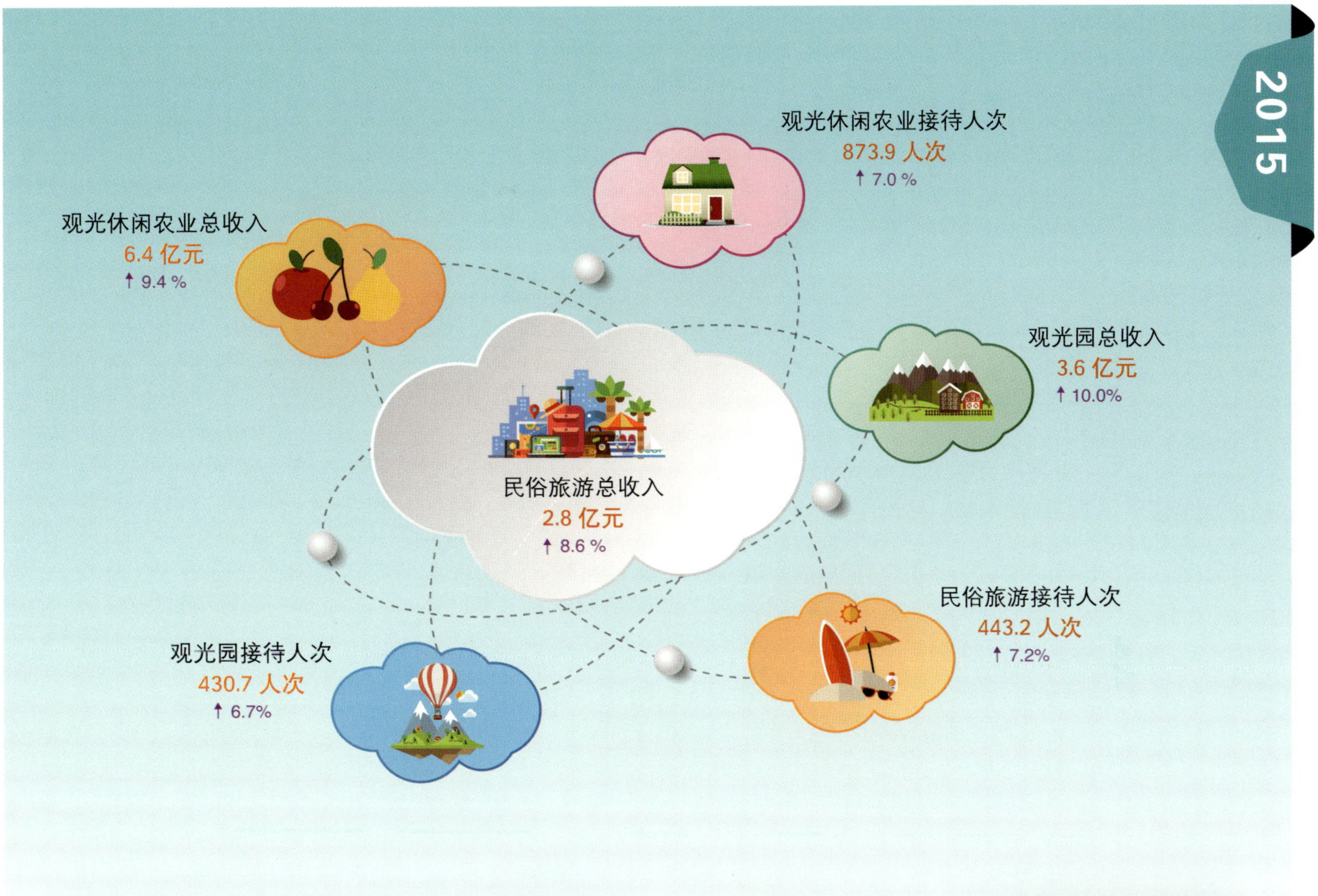

2015

观光休闲农业接待人次
873.9 人次
↑ 7.0 %

观光休闲农业总收入
6.4 亿元
↑ 9.4 %

观光园总收入
3.6 亿元
↑ 10.0%

民俗旅游总收入
2.8 亿元
↑ 8.6 %

民俗旅游接待人次
443.2 人次
↑ 7.2%

观光园接待人次
430.7 人次
↑ 6.7%

观光、民俗旅游收入（单位：亿元）

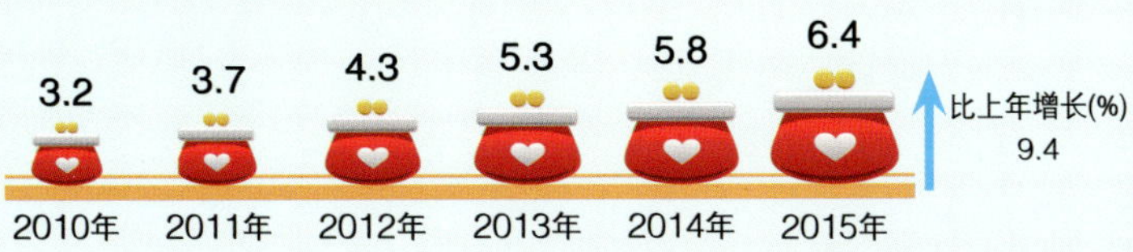

2010年	2011年	2012年	2013年	2014年	2015年
3.2	3.7	4.3	5.3	5.8	6.4

比上年增长(%) 9.4

城乡居民收入（单位：元）

	2010年	2011年	2012年	2013年	2014年	2015年	比上年增长(%)
城镇居民人均可支配收入	23606	26842	29850	32933	36226	35117	8.5
农村居民人均可支配收入	12036	13387	15067	16865	18785	20147	8.5

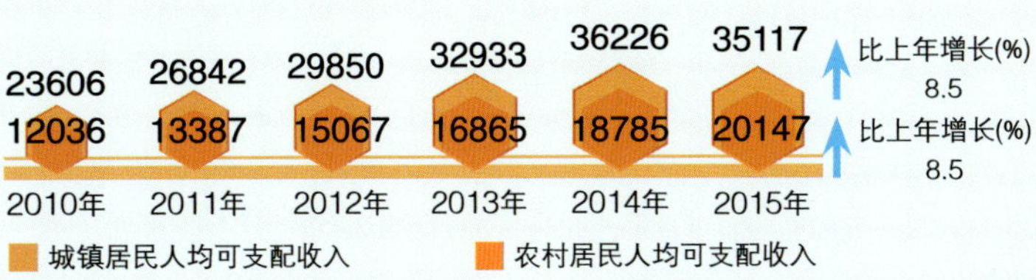

密云区

北京·密云 绿色国际休闲之都

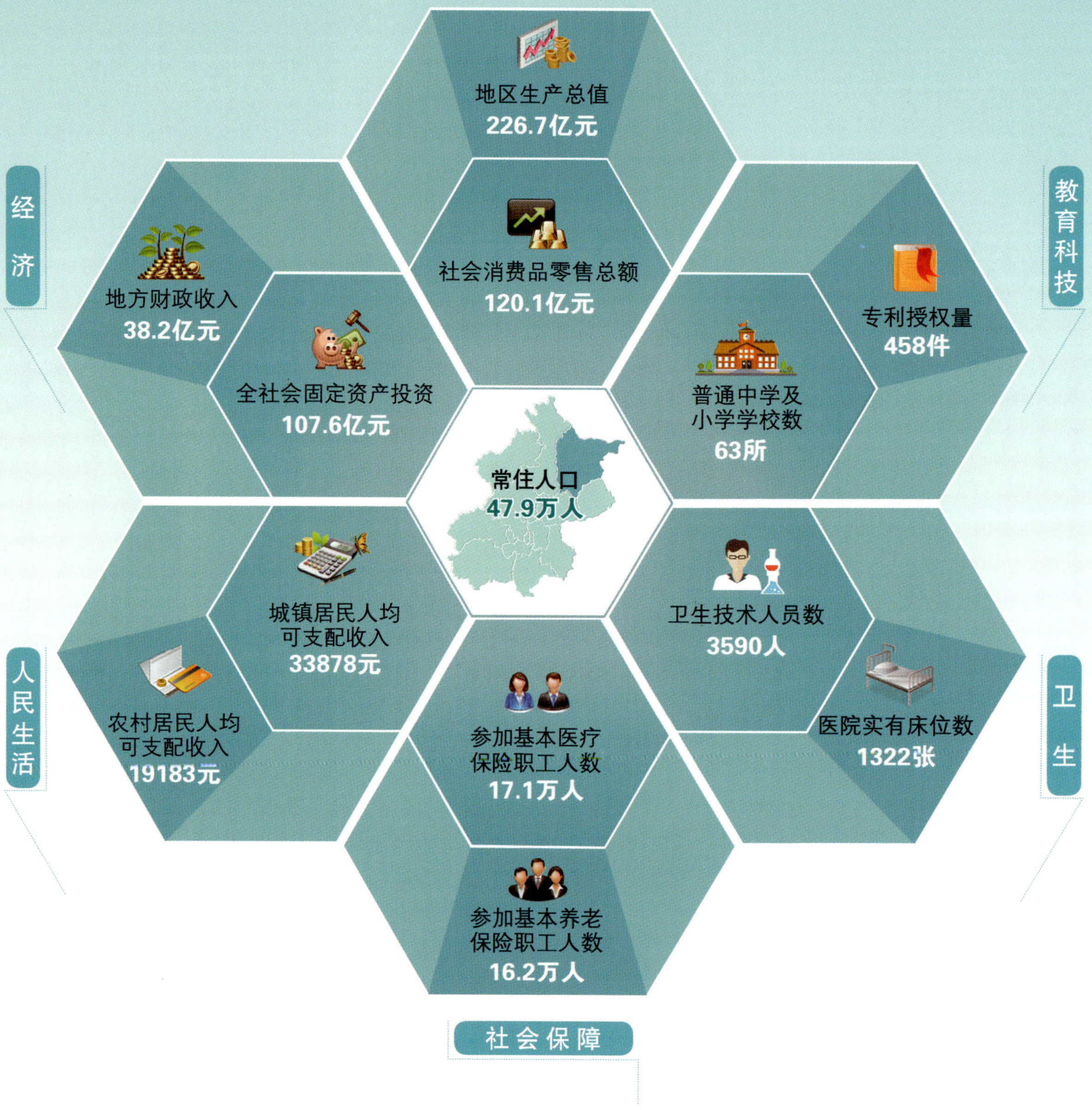
经济
地区生产总值
226.7亿元
社会消费品零售总额
120.1亿元
地方财政收入
38.2亿元
全社会固定资产投资
107.6亿元
教育科技
专利授权量
458件
普通中学及
小学学校数
63所
常住人口
47.9万人
人民生活
城镇居民人均
可支配收入
33878元
农村居民人均
可支配收入
19183元
卫生
卫生技术人员数
3590人
医院实有床位数
1322张
参加基本医疗
保险职工人数
17.1万人
参加基本养老
保险职工人数
16.2万人
社会保障

地区生产总值（单位：亿元）

141.5
162.0
178.6
197.0
211.9
226.7
2010年
2011年
2012年
2013年
2014年
2015年
比上年增长(%)
14.2

林木覆盖率（单位：%）

64.8
65.5
66.7
69.3
72.2
72.5
2010年
2011年
2012年
2013年
2014年
2015年

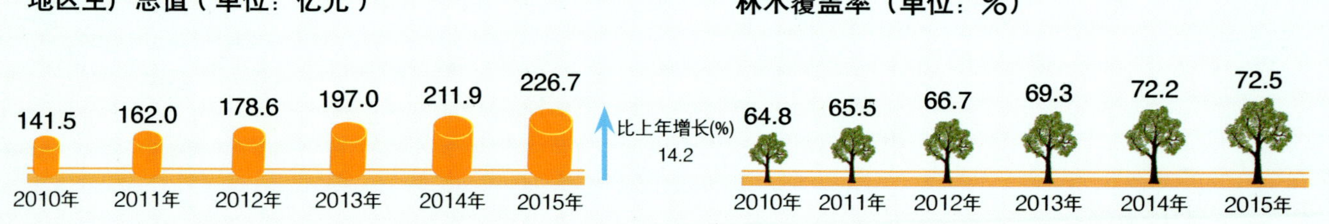

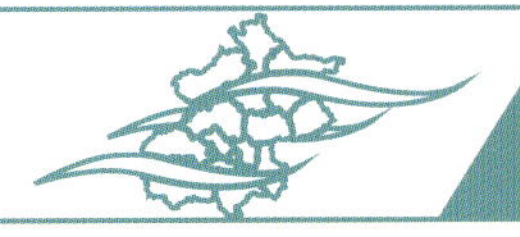

2015

第三产业增加值
109.5 亿元
↑ 14.2%

旅游业综合收入
49.2 亿元
↑ 25.1%

乡村旅游营业收入
7.7 亿元
↑ 10.6%

旅游业接待人次
1171.6 万人次
↑ 11.9%

旅游区（点）
营业收入
8.2 亿元
↑ 117.5%

观光、民俗旅游收入（单位：亿元）

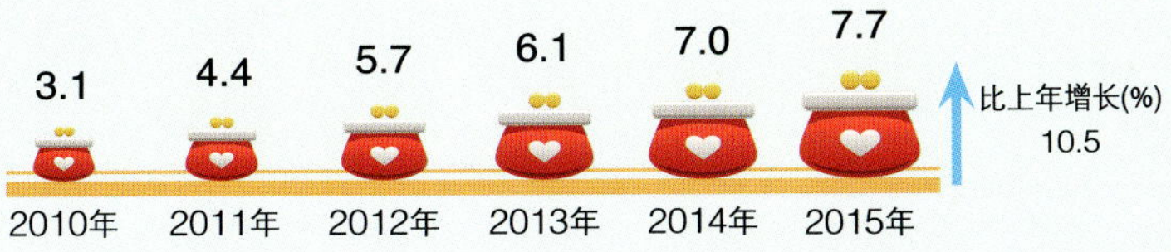

2010年	2011年	2012年	2013年	2014年	2015年
3.1	4.4	5.7	6.1	7.0	7.7

比上年增长(%) 10.5

城乡居民收入（单位：元）

	2010年	2011年	2012年	2013年	2014年	2015年	比上年增长(%)
城镇居民人均可支配收入	23438	26652	29551	32538	35499	33878	8.1
农村居民人均可支配收入	11858	12924	14590	16202	17855	19183	9.2

延庆区

建设国际一流的生态文明示范区

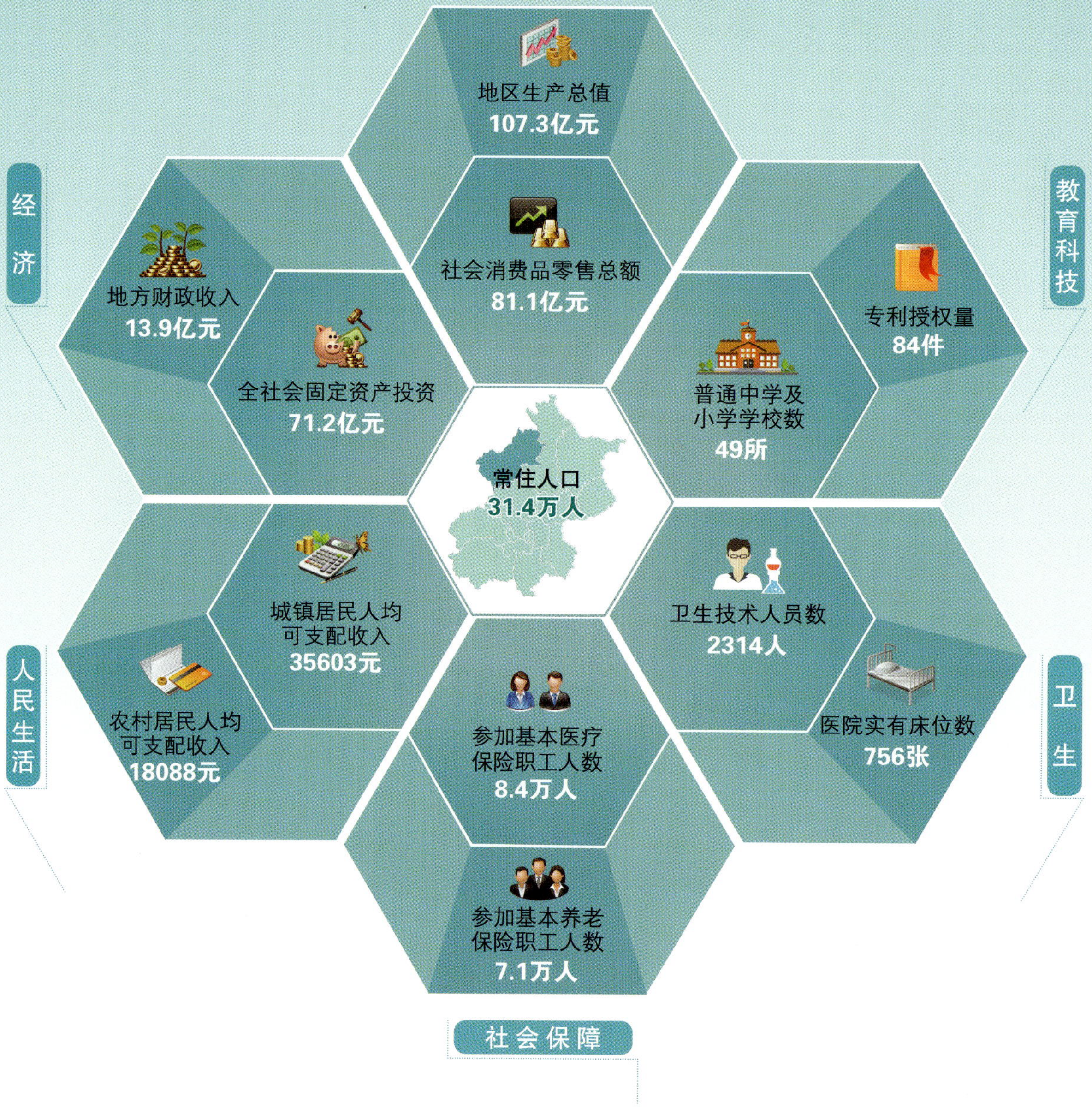

经济

地区生产总值
107.3亿元

地方财政收入
13.9亿元

社会消费品零售总额
81.1亿元

全社会固定资产投资
71.2亿元

教育科技

专利授权量
84件

普通中学及小学学校数
49所

常住人口
31.4万人

人民生活

城镇居民人均可支配收入
35603元

农村居民人均可支配收入
18088元

卫生

卫生技术人员数
2314人

医院实有床位数
756张

社会保障

参加基本医疗保险职工人数
8.4万人

参加基本养老保险职工人数
7.1万人

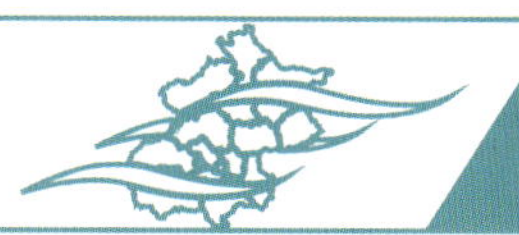

2015

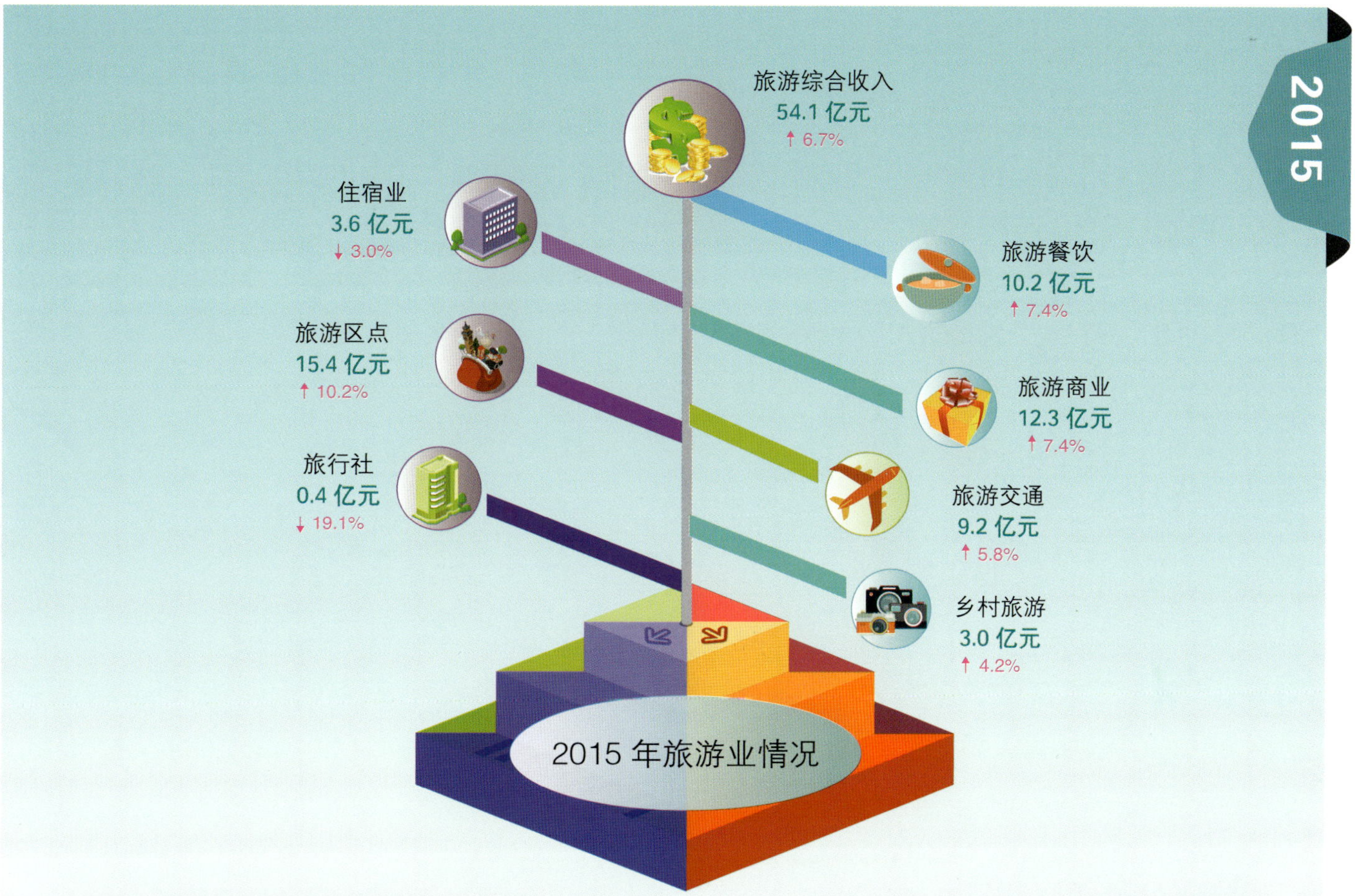

旅游综合收入
54.1 亿元
↑ 6.7%
住宿业
3.6 亿元
↓ 3.0%
旅游餐饮
10.2 亿元
↑ 7.4%
旅游区点
15.4 亿元
↑ 10.2%
旅游商业
12.3 亿元
↑ 7.4%
旅行社
0.4 亿元
↓ 19.1%
旅游交通
9.2 亿元
↑ 5.8%
乡村旅游
3.0 亿元
↑ 4.2%
2015 年旅游业情况

www.beijing2022.cn
从长城发出的邀请

林木绿化率（单位：%）

65.3
65.8
66.1
68.1
69.2
70.0
2010年
2011年
2012年
2013年
2014年
2015年

城乡居民收入（单位：元）

23329
26080
28644
31132
33778
35603
11531
12761
14078
15504
17017
18088
比上年增长(%)
8.2
比上年增长(%)
9.1
2010年
2011年
2012年
2013年
2014年
2015年
城镇居民人均可支配收入
农村居民人均可支配收入

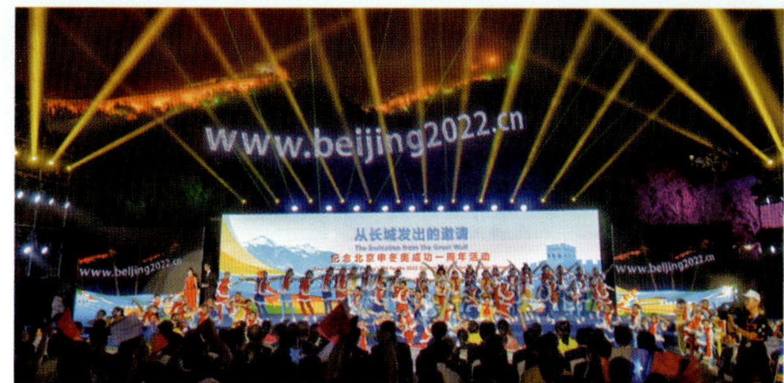

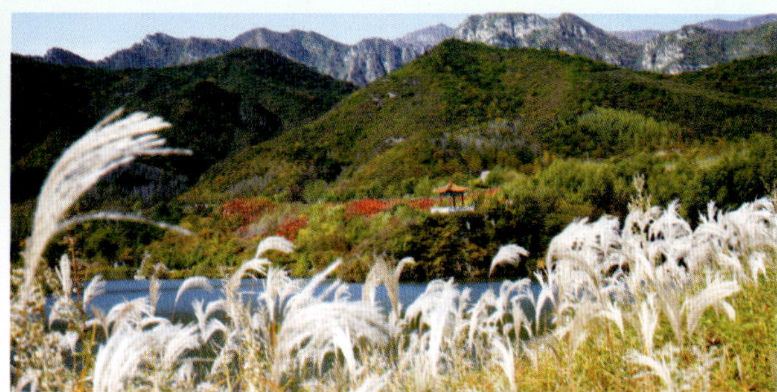

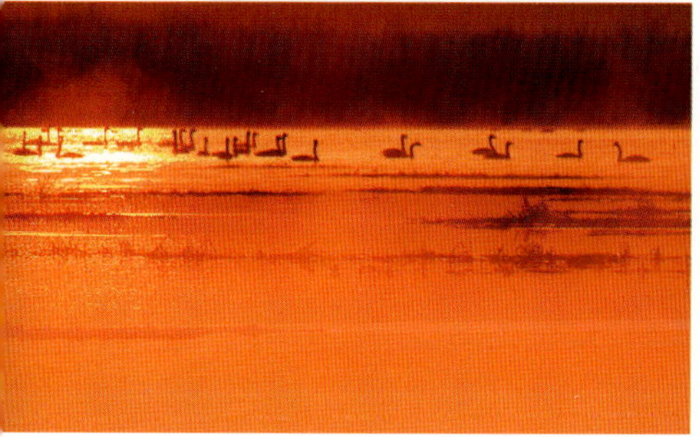

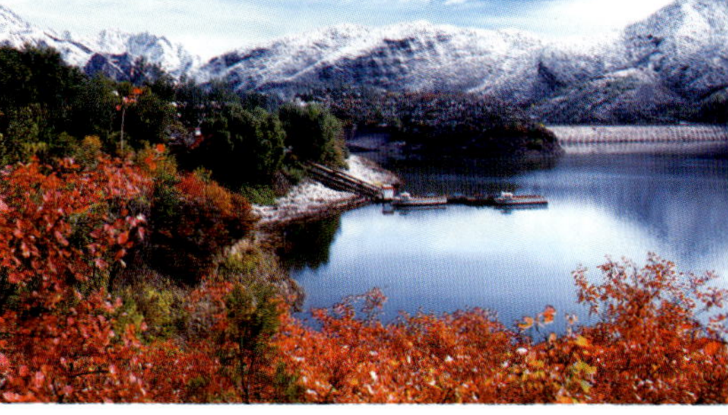

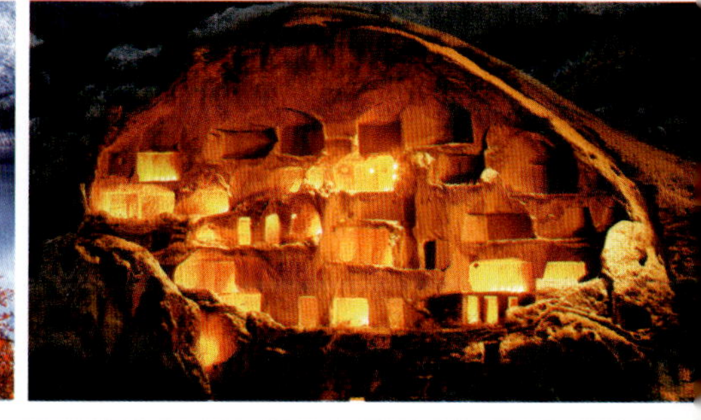

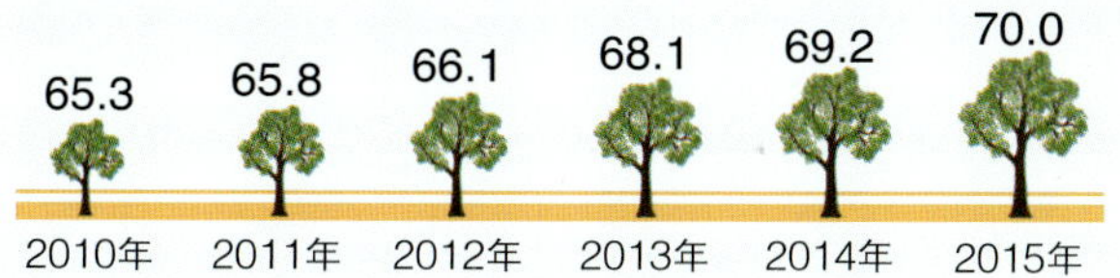

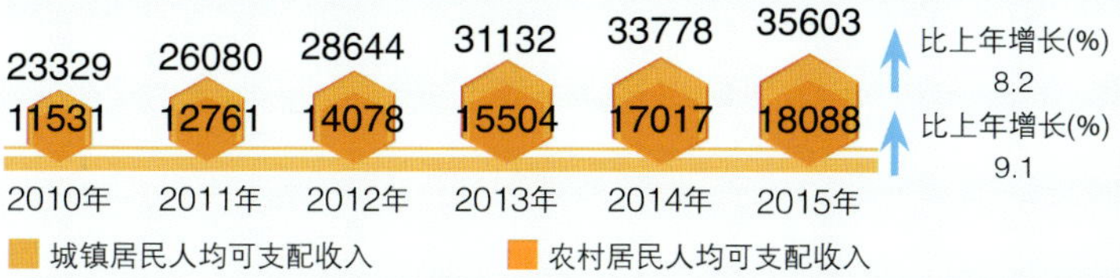

《北京区域统计年鉴 2016》编辑委员会

编 辑 说 明

《北京区域统计年鉴 2016》是一部全面、系统反映北京市各区 2015 年经济社会发展状况的资料性年刊，同时收录了四大直辖市、全国主要经济区域2015年经济社会发展状况数据资料。

1. 全书共包括 10 个部分，分别为：北京概览、分区历史数据、北京各区概览、山区平原概览、开发区、六大高端产业功能区、四大功能区、四大直辖市经济社会发展比较、全国主要经济区域、北京与全国对比。

2. 自 2011 年开始，企业规模划分标准执行《国家统计局关于印发统计上大中小微企业划分办法的通知》（国统字[2011]75 号）；分区资料，除特殊说明外，全部为“在地”（即：法人经营地）口径，资料年度为 2015 年；受口径和资料来源不同等因素影响，书内所列分区数据可能与区统计部门编印的统计资料所载数据不同，请读者在使用时加以注意；分区资料中若未单独列出北京经济技术开发区，则其数据已包括在大兴区中；2015 年经国务院批准，北京市撤销密云县、延庆县，设立密云区、延庆区，同时以原密云县的行政区域为密云区行政区域，以延庆县的行政区域为延庆区行政区域。本书对“撤县设区”称谓进行了统一规范使用。

3. 书中的分区数据，均由北京市统计局、国家统计局北京调查总队提供；部门数据均在表下注有资料来源；全国及外省市统计资料摘自《中国统计年鉴》及相关省市统计年鉴，具体数据来源请参阅各章简要说明。

4. 书中使用的符号说明：“…”表示数据不足本表最小单位；“空格”表示该项指标数据不详或没有数据；“#”表示其中项目；“‖”表示不在同一分组类中的其中项。

5. 本书配有电子光盘，具有数据加工等功能。

编辑说明

目　录

第一章　北京概览

第二章　分区历史数据

第三章　北京各区概览

第四章　山区平原概览

第五章　开发区

第六章　六大高端产业功能区

第七章　四大功能区

第八章 四大直辖市经济社会发展比较

第九章 全国主要经济区域

第十章 北京与全国对比

附录 指标解释

2016
北京区域统计年鉴

BEIJING AREA
STATISTICAL YEARBOOK

北京概览

简要说明

一、本章资料的主要内容

本章主要包括反映北京市社会经济发展的主要总量、速度、结构、效益指标及“十二五”时期监测指标等。

二、本章资料的数据来源

北京市社会经济主要指标及“十二五”时期主要监测指标资料由北京市统计局、国家统计局北京调查总队根据相关资料整理取得。

三、有关统计标准变化和数据调整的说明

为更好地反映我国三次产业的发展情况，满足国民经济核算、服务业统计及其他统计调查对三次产业划分的需求，根据《国民经济行业分类》（GB/T 4754—2011），国家统计局对2003年《三次产业划分规定》进行了修订。

按照国家统计局要求，自2015年起北京按照改革后新口径发布全市和分城乡的居民收支数据，增长速度为同口径增速。

1-1 “十二五”时期全市经济社会发展主要监测指标

单位：%

项　　目	“十二五”时期监测发展目标	2011	2012	2013	2014	2015
地区生产总值比上年增长	年均增长7.5%	8.1	7.7	7.7	7.3	6.9
第三产业占地区生产总值比重	达到78%以上	76.6	77.0	77.5	77.9	79.7
最终消费率	达到60%	58.4	59.6	61.4	62.5	63.0
一般公共预算收入比上年增长	年均增长9%	27.7	10.3	10.4	10.0	17.3
城镇居民人均可支配收入实际增长	年均实际增长8%	7.2	7.3	7.1	7.2	7.0
农村居民人均可支配收入实际增长	年均实际增长8%	7.6	8.2	7.7	8.6	7.1
城镇登记失业率	控制在3.5%以内	1.39	1.27	1.21	1.31	1.39
重点食品安全监测抽检合格率	达到98%		95.29	96.94	98.39	98.42
药品抽验合格率	达到98%及以上	99.3	99.7	99.9	99.88	99.71
全社会研究与试验发展经费支出相当于地区生产总值的比例	达到5.5%以上	5.76	5.95	5.98	5.95	6.01
万元地区生产总值能耗降幅	累计降低17%	6.95	4.75	4.88	5.29	6.13
万元地区生产总值水耗降幅	累计降低15%	5.49	7.38	5.87	3.93	4.65
林木绿化率	达到57%	54.0	55.5	57.4	58.4	59.0

注：1.从2015年开始，原指标地方公共财政预算收入调整为一般公共预算收入（下同）。

2.2015年根据国家统计局要求对居民收支指标口径进行了调整，将农村居民人均纯收入统一改为农村居民人均可支配收入（下同）。

1–2 主要年份全市国民经济和社会发展总量与速度指标

项　　目		总量指标				
		1990	1995	2000	2005	2010
人口与就业						
人　口						
年末全市常住人口	(万人)	1086.0	1251.1	1363.6	1538.0	1961.9
按性别分						
男性人口	(万人)	545.0	627.0	710.9	778.7	1013.0
女性人口	(万人)	541.0	624.1	652.7	759.3	948.9
按城乡分						
城镇人口	(万人)	798.0	946.2	1057.4	1286.1	1686.4
乡村人口	(万人)	288.0	304.9	306.2	251.9	275.5
年末户籍人口	(万人)	1032.2	1070.3	1107.5	1180.7	1257.8
就　业						
从业人员年末人数	(万人)	627.1	665.3	619.3	878.0	1031.6
#城镇单位在岗职工人数	(万人)	454.9	470.9	434.2	448.4	587.7
年末实有城镇登记失业人员	(万人)	1.7	2.2	3.3	10.6	7.7
宏观经济						
国民经济核算						
地区生产总值	(亿元)	500.8	1507.7	3161.7	6969.5	14113.6
第一产业	(亿元)	43.7	72.2	77.3	86.2	122.7
第二产业	(亿元)	262.0	643.6	1029.3	2017.2	3325.7
第三产业	(亿元)	195.1	791.9	2055.1	4866.1	10665.2
人均地区生产总值	(元/人)	4635	12690	24127	45993	73856
固定资产投资						
全社会固定资产投资	(亿元)	179.2	841.5	1297.4	2827.2	5493.5
#房地产开发投资	(亿元)	22.5	352.8	522.1	1525.0	2901.1
#国有单位	(亿元)	154.2	514.2	765.8	897.7	1907.3
全社会房屋施工面积	(万平方米)	2864.9	5524.3	6995.9	14096.2	15572.1
全社会房屋竣工面积	(万平方米)	1081.2	1530.2	2358.2	4679.2	3908.4
财　政						
地方财政收入	(亿元)	74.0	115.3	398.4	1007.4	3810.9
#一般公共预算收入	(亿元)			345.0	919.2	2353.9
地方财政支出	(亿元)	66.5	154.4	490.3	1137.3	4065.0
#一般公共预算支出	(亿元)			443.0	1058.3	2717.3
价格指数(上年=100)						
居民消费价格指数	(%)	105.4	117.3	103.5	101.5	102.4
商品零售价格指数	(%)	104.1	112.6	98.9	99.7	100.4
农产品生产价格指数	(%)	101.9	130.6	95.0	102.9	106.5
工业生产者出厂价格指数	(%)	107.9	107.3	102.5	101.3	102.2
工业生产者购进价格指数	(%)	114.8	106.7	100.0	111.4	110.5
固定资产投资价格指数	(%)		113.9	101.0	100.7	102.5
能源消费总量	(万吨标准煤)	**2709.7**	**3533.3**	**4144.0**	**5521.9**	**6954.1**
产　业						
农村经济						
耕地面积	(万公顷)	41.3	39.4	32.9	23.3	22.4
农林牧渔业总产值(现价)	(亿元)	70.2	164.4	188.6	239.3	328.0
主要农产品产量	(万吨)					
粮　食	(万吨)	264.6	259.8	144.2	94.9	115.7
蔬菜及食用菌	(万吨)	356.1	397.3	466.3	373.1	303.0
禽　蛋	(万吨)	25.8	28.5	16.0	16.0	15.1
牛　奶	(万吨)	21.7	20.6	30.3	64.2	64.1
肉　类	(万吨)	26.8	39.8	50.5	53.3	46.3

注：1.地区生产总值绝对值按现价计算，发展速度按可比价格计算；2006-2010年人均地区生产总值根据第六次人口普查数据进行修正。自2013年开始，地区生产总值三次产业分组口径根据国家统计局规定调整,并对2012年以前三次产业数据进行相应调整。

2.从2011年起，根据国家统计局相关规定，固定资产投资起点由50万元调整至500万元。

3.从2015年开始，原指标“地方公共财政预算支出”调整为“一般公共预算支出”。

1-2 续表1

2014	2015	速度指标（%）					
		指数（2015年为以下各年）					
		1990	1995	2000	2005	2010	2014
2151.6	2170.5	199.9	173.5	159.2	141.1	110.6	100.9
1106.5	1113.4	204.3	177.6	156.6	143.0	109.9	100.6
1045.1	1057.1	195.4	169.4	162.0	139.2	111.4	101.1
1859.0	1877.7	235.3	198.4	177.6	146.0	111.3	101.0
292.6	292.8	101.7	96.0	95.6	116.2	106.3	100.1
1333.4	1345.2	130.3	125.7	121.5	113.9	106.9	100.9
1156.7	1186.1	189.1	178.3	191.5	135.1	115.0	102.5
708.8	724.8	159.3	153.9	166.9	161.6	123.3	102.3
8.8	9.2	548.5	418.3	275.9	86.7	118.5	104.4
21330.8	23014.6	1244.9	711.7	436.8	246.8	143.8	106.9
159.0	140.2	117.6	112.6	105.1	102.4	95.7	89.2
4544.8	4542.6	971.8	580.2	369.6	215.8	136.9	103.3
16627.0	18331.7	1696.9	845.1	478.9	262.0	146.7	108.1
99995	106497	621.1	390.7	264.7	173.0	132.8	105.5
7562.3	7990.9						
3911.3	4226.3						
2389.5	2529.2						
21677.7	20009.1	698.4	362.2	286.0	141.9	128.5	92.3
4967.5	4170.2	385.7	272.5	176.8	89.1	106.7	83.9
7214.5	6813.8	9206.6	5911.7	1710.3	676.4	178.8	94.4
4027.2	4723.9			1369.2	513.9	200.7	117.3
7147.7	8080.7	12147.8	5233.6	1648.0	710.5	198.8	113.1
4524.7	5737.7			1295.2	542.2	211.2	126.8
101.6	101.8						
99.1	98.5						
99.7	99.8						
99.1	96.9						
99.8	93.7						
100.0	97.6						
6831.2	6852.6	252.9	193.9	165.4	124.1	98.5	100.3
22.0							
420.1	368.2	524.6	224.0	195.2	153.9	112.3	87.7
63.9	62.6	23.7	24.1	43.4	66.0	54.1	98.0
236.2	205.1	57.6	51.6	44.0	55.0	67.7	86.9
19.7	19.6	75.9	68.7	122.4	122.4	129.7	99.6
59.5	57.2	263.4	277.7	188.8	89.1	89.3	96.2
39.3	36.4	135.8	91.6	72.1	68.3	78.7	92.6

1-2 续表2

项目		总量指标				
		1990	1995	2000	2005	2010
工 业						
工业增加值(现价, 规模以上)	(亿元)		473.1	776.0	1627.0	2751.7
工业总产值(现价，规模以上)	(亿元)	625.9	1493.3	2842.0	6946.2	13699.8
轻工业	(亿元)	262.2	472.2	719.3	1164.9	2000.0
重工业	(亿元)	363.7	1021.1	2122.7	5781.3	11699.8
工业企业主要经济指标(规模以上)						
资产总计	(亿元)	498.3	2582.6	4612.7	12829.8	22750.6
负债总额	(亿元)		1528.8	2676.4	4706.7	11548.1
主营业务收入	(亿元)	610.5	1590.4	2821.4	7279.1	14807.1
利润总额	(亿元)	48.9	85.3	127.1	413.5	1028.3
建 筑						
建筑业施工企业总产值	(亿元)	94.7	426.6	812.5	1894.0	5196.0
建筑业施工企业年末从业人员	(万人)	60.2	82.6	56.6	67.2	59.9
运 输						
货物周转量	(亿吨公里)	268.8	323.1	299.6	457.7	513.7
铁　路	(亿吨公里)	206.7	239.3	200.2	310.8	257.5
公　路	(亿吨公里)	57.5	76.2	82.6	85.5	101.6
民　航	(亿吨公里)	4.5	7.5	16.8	28.2	48.2
管　道	(亿吨公里)	0.2	0.1	0.04	33.3	106.4
旅客周转量	(亿人公里)	119.8	207.7	314.0	838.1	1399.5
邮 电						
邮电业务总量	(亿元)	11.9	56.1	214.7	413.0	1108.9
固定电话用户	(万户)	33.3	150.5	451.2	943.5	885.6
固定电话主线普及率	(线/百人)	3.1	12.0	33.1	61.3	45.1
移动电话用户	(万户)	0.3	16.9	347.2	1459.8	2129.8
移动电话普及率	(户/百人)	0.03	1.4	25.5	94.9	108.6
商 业						
社会消费品零售总额	(亿元)	345.1	950.4	1658.7	2911.7	6340.3
对外经济贸易和旅游						
北京地区进出口总值	(亿美元)	236.4	370.4	494.0	1255.1	3016.6
进口值	(亿美元)	192.3	267.9	374.3	946.4	2462.2
出口值	(亿美元)	44.1	102.5	119.7	308.7	554.4
实际利用外商直接投资额	(亿美元)	2.8	14.0	24.6	35.3	63.6
接待入境旅游者人数	(万人次)	100.0	207.0	282.1	362.9	490.1
旅游外汇收入	(亿美元)	6.6	21.8	27.7	36.2	50.4
金融保险						
金融机构(含外资)本外币存款余额	(亿元)			11526.0	28969.9	66584.6
金融机构(含外资)本外币贷款余额	(亿元)			6407.9	15335.5	36479.6
原保险保费收入	(亿元)			93.4	498.2	966.5

注：1.工业增加值按生产法计算。

2. 邮电业务总量2000年及以前按1990年不变价格计算，2010年及以前按2000年不变价格计算,从2011年开始按2010年不变价格计算。

3. 社会消费品零售总额2010年数据根据第三次全国经济普查数据进行了修订。

1-2 续表3

2014	2015	速度指标(%)					
		指 数(2015年为以下各年)					
		1990	1995	2000	2005	2010	2014
3612.0	3676.6						
18452.9	17449.6	2787.9	1168.5	614.0	251.2	127.4	94.6
2568.0	2610.8	995.7	552.9	363.0	224.1	130.5	101.7
15884.9	14838.8	4080.0	1453.2	699.1	256.7	126.8	93.4
33557.0	38609.8	7748.3	1495.0	837.0	300.9	169.7	115.1
17137.6	18102.4		1184.1	676.4	384.6	156.8	105.6
19776.7	18864.9	3090.3	1186.2	668.6	259.2	127.4	95.4
1515.8	1597.7	3264.9	1873.2	1257.2	386.4	155.4	105.4
8209.8	8436.7	8908.9	1977.7	1038.4	445.4	162.4	102.8
51.0	59.0	98.1	71.5	104.3	87.8	98.5	115.7
672.8	623.7	232.0	193.0	208.1	136.3	121.4	92.7
284.4	224.8	108.7	93.9	112.3	72.3	87.3	79.0
165.2	156.4	272.1	205.2	189.2	182.9	153.9	94.7
55.4	63.7	1426.3	850.0	379.9	226.2	132.0	115.1
167.9	178.9				537.8	168.2	106.5
1602.7	1747.7	1458.8	841.4	556.6	208.5	124.9	109.0
751.1	991.2						132.0
831.1	784.7	2356.8	521.3	173.9	83.2	88.6	94.4
38.6	36.2						
4076.2	4051.6			1166.9	277.5	190.2	99.4
189.4	186.7						
9638.0	10338.0	2995.7	1087.8	623.3	355.1	163.1	107.3
4155.4	3194.2	1350.9	862.5	646.6	254.5	105.9	76.9
3532.0	2647.5	1376.7	988.4	707.3	279.7	107.5	75.0
623.4	546.7	1238.6	533.3	456.7	177.1	98.6	87.7
90.4	130.0	4692.6	926.5	528.7	368.5	204.2	143.8
427.5	420.0	420.0	202.9	148.9	115.7	85.7	98.3
46.1	46.1	700.8	211.0	166.4	127.2	91.3	99.9
100095.5	128573.0			1115.5	443.8	193.1	128.5
53650.6	58559.4			913.9	381.9	160.5	109.1
1207.2	1403.9			1502.4	281.8	145.3	116.3

1-2 续表4

项目		总量指标				
		1990	1995	2000	2005	2010
教育、文化、科技、卫生						
教 育						
在校学生数	（万人）		238.0	229.9	226.4	330.0
专任教师数	（万人）		17.7	16.7	17.5	20.7
文 化						
公共图书馆总藏数	（万册、万件）	2205	2629	3020	3626	4613
科 技						
研究与试验发展经费内部支出	（亿元）			155.7	379.5	821.8
技术合同成交总额	（亿元）	20.3	41.2	140.3	434.4	1579.5
专利授权量	（件）	2268	4025	5905	10100	33511
卫 生						
卫生机构个数	（个）	4953	4955	6176	4818	6539
卫生机构病床数	（万张）	5.9	6.7	7.1	7.9	9.3
卫生技术人员数	（万人）	11.2	11.6	11.6	12.0	17.1
#执业(助理)医师	（万人）	5.1	5.4	5.2	5.1	6.6
注册护师(士)	（万人）	3.5	3.7	4.0	4.3	6.7
生活与环境						
婚 姻						
登记结婚对数	（万对）	9.30	8.55	8.02	9.66	13.81
离婚对数	（万对）	1.47	2.02	2.66	3.42	4.40
居 住						
城镇居民人均住房建筑面积	（平方米）				22.03	28.94
农村居民人均住房面积	（平方米）	20.62	24.74	28.91	36.94	40.62
生 活						
城镇居民人均可支配收入	（元）	1787	5868	10350	17653	29073
农村居民人均可支配收入	（元）	1297	3209	4687	7860	13262
工 资						
城镇单位在岗职工工资总额	（亿元）	118.9	382.0	695.5	1520.1	3789.1
城镇单位在岗职工平均工资	（元）	2653	8144	15726	34191	65683
市政建设						
全社会用电量	（亿千瓦时）	150.5	222.6	384.4	570.5	809.9
自来水销售总量	（亿立方米）	5.3	6.8	7.5	7.2	8.9
居民燃气用户	（万户）	176.1	219.8	291.9	462.6	634.2
城市公共交通客运量	（亿人次）	33.5	37.2	40.7	51.8	69.0
环 境						
城市绿化覆盖率	(%)	28.0	32.7	36.5	42.0	45.0
污水处理率	(%)	7.3	19.4	39.4	62.4	81.0

注：1. 北京地区用电量来源于北京市电力公司，2000年以前工业用电量不包含输配损失和发电企业自产自用电量。
2. 从2001年开始，有关职工的指标调整为在岗职工的指标。2007年及以前城镇单位在岗职工工资包括乡及乡以上独立核算法人单位，不包括乡镇企业、私营单位和个体工商户；2008年及以后包括乡镇企业。
3. 离婚对数包括在民政部门登记的对数和经法院调离和判离的对数。
4. 2010年及以前，本表中卫生机构数据都不包含村卫生室及驻京部队医院情况。2011年开始，包含村卫生室情况。2012年开始，卫生机构数、卫生技术人员数据中包含驻京部队医院，床位数不包含。

1-2 续表5

2014	2015	速度指标(%) 指 数(2015年为以下各年) 1990	1995	2000	2005	2010	2014
377.5	373.4		156.9	162.4	164.9	113.2	98.9
22.5	22.6		128.0	135.3	129.5	109.4	100.4
5601	5943	269.5	226.1	196.8	163.9	128.8	106.1
1268.8	1384.0			888.9	364.7	168.4	109.1
3136.0	3452.6	17032.9	8386.1	2461.0	794.8	218.6	110.1
74661	94031	4146.0	2336.2	1592.4	931.0	280.6	125.9
10265	10425	210.5	210.4	168.8	216.4	159.4	101.6
11.0	11.2	189.0	166.7	156.6	141.1	120.1	101.6
24.3	25.7	229.8	221.2	222.1	214.0	149.9	105.6
9.0	9.6	189.4	178.2	187.0	190.5	146.2	107.7
10.6	11.4	330.7	311.3	286.5	266.4	169.8	107.7
17.00	16.60	178.5	194.1	207.0	171.9	120.2	97.6
6.56	8.22	557.3	407.7	308.8	240.0	186.9	125.2
31.54	31.69						
52.42	43.03						
43910	52859						108.9
20226	20569						109.0
7293.3	8225.2	6917.7	2153.2	1182.6	541.1	217.1	112.8
103400	113073	4262.1	1388.4	719.0	330.7	172.1	109.4
937.0	952.7	633.1	428.0	247.8	167.0	117.6	101.7
10.3	10.4	197.2	153.1	137.9	145.2	116.6	100.5
846.0	885.7	503.0	403.0	303.4	191.5	139.7	104.7
81.6	73.8	220.6	198.7	181.6	142.6	107.0	90.5
47.4	48.4						
86.1	87.9						

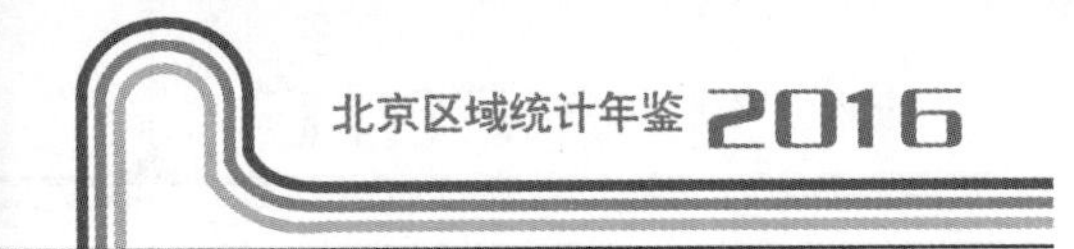

1-3 主要年份全市国民经济和社会发展结构指标

单位：%

项　　目	1990	1995	2000	2005	2010	2014	2015
人口与就业							
常住人口							
按性别分							
男	50.2	50.1	52.1	50.6	51.6	51.4	51.3
女	49.8	49.9	47.9	49.4	48.4	48.6	48.7
按城乡分							
城　镇	73.5	75.6	77.5	83.6	86.0	86.4	86.5
乡　村	26.5	24.4	22.5	16.4	14.0	13.6	13.5
就　业							
从业人员年末人数							
第一产业	14.5	10.6	11.8	7.1	6.0	4.5	4.2
第二产业	44.9	40.7	33.6	26.3	19.6	18.2	17.0
第三产业	40.6	48.7	54.6	66.6	74.4	77.3	78.8
宏观经济							
国民经济核算							
地区生产总值							
第一产业	8.7	4.8	2.4	1.2	0.9	0.7	0.6
第二产业	52.3	42.7	32.6	28.9	23.6	21.4	19.7
第三产业	39.0	52.5	65.0	69.9	75.5	77.9	79.7
投　资							
全社会固定资产投资							
城　镇	88.2	94.4	91.9	91.8	91.1	91.6	90.9
农　村	9.7	4.8	6.5	8.2	8.9	8.4	9.1
资金来源结构							
国家预算内资金	25.3	7.7	7.4	2.8	1.2	1.6	1.7
国内贷款	16.7	13.4	26.0	23.2	26.6	27.8	22.2
利用外资	11.2	20.5	3.6	1.6	0.5	0.3	0.1
债券、自筹和其他资金	46.8	58.4	63.0	72.4	71.6	70.3	76.0
财　政							
地方一般公共预算							
收入主要税种							
#增值税			13.3	10.6	8.9	16.1	15.2
营业税			43.2	41.7	38.0	26.5	25.1
个人所得税			16.3	9.2	102.5	9.5	10.1
企业所得税			16.8	17.9	60.0	22.7	21.7
能源消费总量							
第一产业	3.9	3.4	2.5	1.6	1.4	1.3	1.2
第二产业	63.5	65.9	58.5	48.9	39.2	29.3	27.8
第三产业	19.0	17.9	26.1	34.8	41.7	47.4	48.3
生活消费	13.6	12.8	12.9	14.7	17.7	22.0	22.7

注：1.自2012年开始，从业人员年末人数和能源消费总量三次产业分组口径根据国家统计局规定进行了调整。
2.自2013年开始，地区生产总值三次产业分组口径根据国家统计局规定调整,并对2012年以前三次产业数据进行相应调整。

1-3 续表1

单位：%

项　　目	1990	1995	2000	2005	2010	2014	2015
产 业							
农 业							
农林牧渔业产值							
农　业	55.6	52.8	46.7	38.0	47.0	36.9	42.0
林　业	1.3	1.7	2.8	5.2	5.1	21.6	15.6
牧　业	39.8	41.8	46.4	50.5	42.6	36.3	36.9
渔　业	3.3	3.7	4.1	3.6	3.5	3.2	3.2
农林牧渔服务业				2.7	1.8	2.0	2.3
工 业							
规模以上工业增加值							
#医药制造业		1.6	3.6	3.0	5.6	7.8	8.2
汽车制造业		9.4	3.7	8.7	16.6	20.1	21.8
计算机、通信和其他							
电子设备制造业		9.9	24.7	16.7	8.7	8.4	7.7
电力、热力的生产和供应业		7.0	6.4	11.8	14.9	18.9	18.0
建筑业							
建筑业总产值							
#国有企业	68.7	69.1	44.8	27.4	6.3	3.5	3.0
集体企业	31.3	26.4	21.7	4.7	2.0	1.6	1.2
港澳台商投资企业		1.4	1.4	1.2	1.8	0.8	0.7
外商投资企业		1.2	2.0	1.7	1.0	0.5	0.5
交通运输业							
货运量(按运输方式分)							
铁　路	11.4	9.2	8.5	6.1	6.6	3.8	4.3
公　路	87.5	90.4	91.2	92.4	85.1	86.1	82.0
民　航	0.04	0.05	0.1	0.2	0.5	0.5	0.7
管　道	1.0	0.3	0.2	1.2	7.7	9.6	13.0
客运量(按运输方式分)							
铁　路	50.4	45.1	24.2	9.5	6.3	17.6	18.3
公　路	46.7	47.7	70.7	85.3	89.7	73.0	71.4
民　航	2.9	7.2	5.1	5.2	4.0	9.4	10.3
国内贸易							
社会消费品零售总额							
吃类商品	39.6	42.7	28.4	25.8	21.4	19.3	19.0
穿类商品	13.2	14.6	12.0	9.7	8.8	8.1	7.2
用类商品	44.8	40.8	56.2	56.5	62.4	66.5	69.2
烧类商品	2.4	1.9	3.4	8.1	7.5	6.0	4.6
对外贸易							
出口商品							
#一般贸易		70.6	65.9	54.5	45.0	45.5	54.8
加工贸易		21.3	29.6	39.6	42.1	35.9	28.0
进口商品							
#一般贸易		84.4	87.3	85.2	88.7	86.4	85.7
加工贸易		5.2	3.5	8.2	5.9	7.1	7.7
国际旅游							
接待海外旅游人数							
外国人	63.7	80.5	84.4	85.9	86.0	85.5	85.1
港澳台同胞	34.6	17.6	15.6	14.1	14.0	14.5	14.9

1-3 续表2

单位：%

项　　目	1990	1995	2000	2005	2010	2014	2015
教育、科技、文化、卫生							
教 育							
在校学生							
#高等教育	8.3	9.0	14.0	46.2	49.5	51.1	50.7
中等教育	32.5	41.0	48.7	29.7	22.1	17.3	15.7
小学教育	59.0	49.6	36.8	16.9	19.8	21.8	22.8
专任教师							
#高等教育	24.6	22.7	22.2	32.7	35.9	31.6	30.3
中等教育	38.3	38.6	40.5	33.6	29.1	31.9	32.0
小学教育	36.7	37.9	36.8	25.3	23.9	22.0	22.1
科 技							
研究与试验发展(R&D)							
人员折合全时当量							
基础研究				12.9	15.2	15.9	16.8
应用研究				29.8	27.1	24.1	25.1
试验发展				57.3	57.7	60.0	58.1
研究与试验发展(R&D)							
经费内部支出							
基础研究				10.1	11.6	12.6	13.8
应用研究				27.8	26.4	21.7	23.0
试验发展				53.1	62.0	65.8	63.2
卫 生							
卫生技术人员							
#执业(助理)医师	45.6	46.7	44.6	42.2	38.5	36.9	37.6
注册护士	31.0	31.7	34.5	35.8	39.3	43.7	44.6
生活与环境							
生 活							
城镇居民消费							
#食品烟酒(恩格尔系数)	54.2	48.5	36.3	31.8	32.1	30.8	22.1
衣　着	14.8	15.1	8.9	8.9	10.4	10.4	7.2
医疗保健	1.4	2.9	6.9	9.8	6.7	6.6	6.5
交通和通信	1.5	4.7	7.1	14.7	17.2	15.7	13.3
教育文化娱乐服务	11.5	10.2	15.1	16.5	14.6	14.9	11.0
农村居民消费							
#食品烟酒(恩格尔系数)	50.7	49.6	36.7	32.8	30.9	34.7	27.7
衣　着	9.5	10.9	7.6	7.8	7.7	8.6	6.3
医疗保健	3.8	4.8	8.0	9.0	8.9	8.9	8.5
交通和通信	1.7	4.1	6.3	11.0	13.1	10.9	13.5
教育文化娱乐服务	6.6	10.6	14.4	15.1	9.7	10.0	7.2
环 境							
林木绿化率	28.3	36.3	42.0	50.5	53.0	58.4	59.0

1–4 全市国民经济和社会发展比例和效益指标

项目		2015	2014
人口与就业			
人 口			
常住人口出生率	(‰)	7.96	9.75
常住人口死亡率	(‰)	4.95	4.92
常住人口自然增长率	(‰)	3.01	4.83
就 业			
城镇登记失业率	(%)	1.39	1.31
宏观经济			
国民经济核算			
地区生产总值构成	(%)	100.0	100.0
第一产业	(%)	0.6	0.7
第二产业	(%)	19.7	21.4
第三产业	(%)	79.7	77.9
全社会劳动生产率	(元/人)	196471	185671
第一产业	(元/人)	27302	29494
第二产业	(元/人)	221220	216013
第三产业	(元/人)	200414	187973
固定资产投资			
全社会固定资产投资相当于			
地区生产总值比例	(%)	34.72	35.45
能源消费			
能源消费弹性系数		0.05	0.22
电力消费弹性系数		0.28	0.37
万元地区生产总值能耗(可比价)	(吨标准煤)	0.34	0.36
万元地区生产总值水耗(现价)	(立方米)	16.60	17.58
产 业			
规模以上工业企业效益			
综合效益指数	(%)	302.38	288.41
总资产贡献率	(%)	6.79	8.23
资产保值增值率	(%)	124.95	112.32

1-4 续表

项　　目		2015	2014
资产负债率	(%)	46.89	51.07
流动资产周转率	(次)	1.27	1.48
成本费用利润率	(%)	8.83	8.11
全员劳动生产率	(元/人)	332913	309326
产品销售率	(%)	99.02	98.78
建筑业			
产值竣工率	(%)	50.8	49.4
面积竣工率	(%)	16.5	16.4
邮电通信业			
移动电话普及率	(户/百人)	186.7	189.4
固定电话主线普及率	(线/百人)	36.2	38.6
国内贸易			
人均社会消费品零售总额	(元)	47838	45181
教育、科技、文化、卫生			
教 育			
学龄儿童入学率	(%)	100.0	100.0
平均每一专任教师负担学生数			
#普通中学	(人)	8.4	9.0
小学学校	(人)	14.3	14.4
科 技			
研究与试验发展经费内部支出			
相当于地区生产总值比例	(%)	6.01	5.95
文 化			
每万人拥有公共图书馆	(个)	0.01	0.01
每万人拥有博物馆	(个)	0.08	0.08
卫 生			
婴儿死亡率	(‰)	2.42	2.33
孕产妇死亡率	(1/10万)	8.69	7.19
平均每千人口拥有执业医师数(常住人口)	(人)	4.44	4.16
家庭、生活、环境、灾害			
家 庭			
少儿抚养比(常住人口)	(%)	12.67	12.34
老年抚养比(常住人口)	(%)	12.89	12.30
生 活			
城镇与农村居民收入比例(以农村居民收入为1)		2.57	2.17
城镇居民人均住房建筑面积	(平方米)	31.69	31.54
农村居民人均住房面积	(平方米)	43.03	52.42
环境、灾害			
人均公园绿地面积	(平方米)	16.0	15.9
平均每起火灾直接经济损失	(元)	16195	15311
平均每起交通事故直接经济损失	(元)	7918	9575
重点食品安全监测抽检合格率	(%)	98.42	98.39
药品抽验合格率	(%)	99.71	99.88

1-5 北京一日

项　　目		2015	2014
每天创造的财富			
地区生产总值	（万元）	630536.7	584406.3
第一产业	（万元）	3841.4	4355.9
第二产业	（万元）	124455.9	124515.1
第三产业	（万元）	502239.5	455535.3
#批发和零售业	（万元）	64447.7	66058.6
信息传输、软件和信息技术服务业	（万元）	65312.9	57038.4
金融业	（万元）	107275.4	91992.1
科学研究和技术服务业	（万元）	49880.3	45552.3
一般公共预算收入	（万元）	129420.8	110333.2
一般公共预算支出	（万元）	157197.3	123963.5
发电量	（万千瓦时）	11435.2	9275.9
汽车生产量	（辆）	6080	5937
移动电话机生产量	（台）	261392	492701
每天收入与消费量			
城镇居民人均可支配收入	（元）	144.8	120.3
城镇居民人均消费性支出	（元）	100.4	76.7
农村居民人均可支配收入	（元）	56.4	55.4
农村居民人均生活消费支出	（元）	43.3	39.8
城镇单位在岗职工平均工资	（元）	309.8	283.3
社会消费品零售总额	（万元）	283232.9	264054.8
机动车销售量	（辆）	3145	3493
居民生活用电量	（万千瓦时）	4787.9	4637.3
每天其他活动			
地区出口值	（万美元）	14976.9	17078.3
旅游外汇收入	（万美元）	1261.6	1262.4
国内旅游收入	（万元）	118356.2	109506.3
接待入境旅游人数	（人次）	11506	11711
接待国内旅游者人数	（人次）	735863	704717
市内公共交通客运量	（万人次）	2023.0	2235.2
每天人口和婚姻变动			
出生人口(常住人口)	（人）	471	570
死亡人口(常住人口)	（人）	293	288
登记结婚对数	（对）	455	466
离婚对数	（对）	225	180

注：离婚对数包括在民政部门登记的对数和经法院调离和判离的对数。

2016

北京区域统计年鉴

第二章

BEIJING AREA

STATISTICAL YEARBOOK

分区历史数据

简要说明

一、本章资料的主要内容

本章主要包括户籍人口、常住人口、地区生产总值、地方财政收支、全社会固定资产投资、社会消费品零售总额、农林牧渔业总产值、规模以上工业总产值、建筑业总产值、外商投资、入境旅游、城乡居民收支、在校学生和幼儿数、卫生机构等指标的分功能区和分区2005年以来的历史数据。

二、本章资料的数据来源

户籍人口数据来自北京市公安局；财政收支情况来自北京市财政局；外商投资情况来自北京市商务委员会；在校学生和幼儿数来自北京市教育委员会；卫生情况来自北京市卫生局；其他数据来自北京市统计局、国家统计局北京调查总队。

三、有关统计标准变化和调整的说明

从2011年起，根据国家统计局相关规定，固定资产投资统计起点由50万元调整至500万元。

2005—2008年社会消费品零售总额数据按法人在地原则核算，从2009年开始数据按产业在地原则核算。

规模以上工业总产值2005—2006年为全部国有及年主营业务收入在500万元及以上非国有工业口径；2007—2010年调整为年主营业务收入500万元及以上的全部工业法人企业；2011年及以后调整为年主营业务收入2000万元及以上的全部工业法人企业。

2012年开始，北京市卫生机构数中包含驻京部队医院，分区数据中不包含驻京部队医院，所以各区数据相加不等于全市合计。

按照国家统计局要求，自2015年起北京按照改革后新口径发布全市和分城乡的居民收支数据，增长速度为同口径增速。

四、本章中关于历史数据调整的问题

2005-2008年地区生产总值数据，按照国家统一规定，根据“北京市第二次全国经济普查”和“北京市第二次全国农业普查”的数据结果进行了修正。

社会消费品零售总额2005—2007年数据根据第二次全国经济普查数据进行了修订，2008年数据为第二次全国经济普查数据，2009-2012年数据根据第三次全国经济普查数据进行了修订，2013年数据为第三次全国经济普查数据。

农林牧渔业总产值2005年数据为根据第二次全国农业普查修订数据，2006年为与第二次全国农业普查衔接的数据。

2-1 主要年份户籍人口

单位：万人

各　区	2005	2010	2011	2012	2013	2014	2015
全　市	**1180.7**	**1257.8**	**1277.9**	**1297.5**	**1316.3**	**1333.4**	**1345.2**
首都功能核心区	**225.7**	**230.1**	**232.5**	**235.3**	**238.2**	**240.9**	**242.6**
东 城 区	97.0	95.6	96.1	96.8	97.4	98.0	97.4
西 城 区	128.7	134.5	136.4	138.5	140.8	142.9	145.2
城市功能拓展区	**495.3**	**550.7**	**563.3**	**574.9**	**585.4**	**593.4**	**598.8**
朝 阳 区	171.1	188.6	193.2	197.4	201.2	204.2	207.4
丰 台 区	97.4	106.3	108.1	109.7	111.4	112.8	113.7
石景山区	35.0	36.2	36.6	37.1	37.6	38.0	38.3
海 淀 区	191.8	219.6	225.5	230.7	235.3	238.5	239.5
城市发展新区	**299.0**	**314.6**	**319.2**	**323.9**	**328.8**	**334.5**	**339.0**
房 山 区	75.4	76.8	77.4	78.0	78.6	79.4	79.9
通 州 区	62.9	66.3	67.3	68.3	69.3	70.5	71.8
顺 义 区	55.9	58.2	58.8	59.4	60.1	60.9	61.5
昌 平 区	48.2	53.3	54.8	56.1	57.3	58.5	59.5
大 兴 区	56.6	59.9	61.0	62.2	63.6	65.1	66.3
生态涵养发展区	**160.7**	**162.4**	**162.9**	**163.4**	**163.9**	**164.6**	**164.7**
门头沟区	23.8	24.6	24.7	24.8	24.9	24.9	24.9
怀 柔 区	27.3	27.7	27.7	27.8	27.9	28.1	28.2
平 谷 区	39.5	39.5	39.6	39.8	39.9	40.1	40.1
密 云 区	42.5	42.8	42.9	43.0	43.1	43.3	43.3
延 庆 区	27.6	27.9	27.9	28.0	28.1	28.2	28.2

资料来源：北京市公安局。

2-2 主要年份常住人口

单位：万人

各区	2005	2010	2011	2012	2013	2014	2015
全市	**1538.0**	**1961.9**	**2018.6**	**2069.3**	**2114.8**	**2151.6**	**2170.5**
首都功能核心区	**205.2**	**216.2**	**215.0**	**219.5**	**221.2**	**221.3**	**220.3**
东城区	86.0	91.9	91.0	90.8	90.9	91.1	90.5
西城区	119.2	124.3	124.0	128.7	130.3	130.2	129.8
城市功能拓展区	**748.0**	**955.4**	**986.4**	**1008.2**	**1032.2**	**1055.0**	**1062.5**
朝阳区	280.2	354.5	365.8	374.5	384.1	392.2	395.5
丰台区	156.8	211.2	217.0	221.4	226.1	230.0	232.4
石景山区	52.4	61.6	63.4	63.9	64.4	65.0	65.2
海淀区	258.6	328.1	340.2	348.4	357.6	367.8	369.4
城市发展新区	**411.6**	**603.2**	**629.9**	**653.0**	**671.5**	**684.9**	**696.9**
房山区	87.0	94.5	96.7	98.6	101.0	103.6	104.6
通州区	86.7	118.4	125.0	129.1	132.6	135.6	137.8
顺义区	71.1	87.7	91.5	95.3	98.3	100.4	102.0
昌平区	78.2	166.1	173.8	183.0	188.9	190.8	196.3
大兴区	88.6	136.5	142.9	147.0	150.7	154.5	156.2
生态涵养发展区	**173.2**	**186.4**	**187.3**	**188.6**	**189.9**	**190.4**	**190.8**
门头沟区	27.7	29.0	29.4	29.8	30.3	30.6	30.8
怀柔区	32.2	37.3	37.1	37.7	38.2	38.1	38.4
平谷区	41.4	41.6	41.8	42.0	42.2	42.3	42.3
密云区	43.9	46.8	47.1	47.4	47.6	47.8	47.9
延庆区	28.0	31.7	31.9	31.7	31.6	31.6	31.4

注：1.2005年数据根据2005年1%人口抽样调查数据推算；2006—2009年数据根据人口变动情况抽样调查数据推算，并根据2010年人口普查数据进行了调整；2011—2015年数据根据人口抽样调查数据推算（下同）。

2.2010年全市常住人口是根据2010年人口普查结果推算的年末数，分功能区和分区的数据为2010年人口普查数据，普查标准时点为2010年11月1日零时(另：普查时点全市常住人口为1961.2万人)。

2-3 主要年份常住外来人口

单位：万人

各 区	2005	2010	2011	2012	2013	2014	2015
全 市	**357.3**	**704.7**	**742.2**	**773.8**	**802.7**	**818.7**	**822.6**
首都功能核心区	**36.4**	**54.7**	**53.4**	**54.5**	**55.4**	**54.0**	**51.7**
东 城 区	15.3	22.0	21.4	21.2	21.0	21.2	20.7
西 城 区	21.1	32.7	32.0	33.3	34.4	32.8	31.0
城市功能拓展区	**209.2**	**379.1**	**400.0**	**413.0**	**426.0**	**436.4**	**437.4**
朝 阳 区	84.0	151.5	160.9	169.5	176.1	179.8	184.0
丰 台 区	36.6	81.3	84.3	83.7	85.0	85.1	83.8
石景山区	14.9	20.7	21.3	21.4	21.4	21.2	21.0
海 淀 区	73.7	125.6	133.5	138.4	143.5	150.3	148.6
城市发展新区	**94.4**	**240.0**	**257.7**	**275.1**	**289.6**	**296.9**	**302.2**
房 山 区	11.9	19.5	21.4	22.8	24.6	26.7	27.4
通 州 区	19.7	43.5	47.7	50.7	53.6	55.5	55.9
顺 义 区	15.6	27.9	31.3	34.5	37.3	38.9	40.2
昌 平 区	21.9	84.7	89.6	95.7	100.6	100.2	102.6
大 兴 区	25.3	64.4	67.7	71.4	73.5	75.6	76.1
生态涵养发展区	**17.3**	**30.7**	**31.1**	**31.2**	**31.7**	**31.4**	**31.3**
门头沟区	4.1	4.7	4.8	4.9	5.0	4.9	4.8
怀 柔 区	5.3	10.3	10.2	10.3	10.6	10.4	10.5
平 谷 区	2.4	4.9	5.1	5.2	5.3	5.3	5.3
密 云 区	3.5	6.9	7.0	7.1	7.2	7.2	7.1
延 庆 区	2.0	3.9	4.0	3.7	3.6	3.6	3.6

注：2010年全市常住外来人口是根据2010年人口普查结果推算的年末数，分功能区和分区的数据为2010年人口普查数据，普查标准时点为2010年11月1日零时(另：普查时点全市常住外来人口为704.5万人)。

2–4 主要年份地区生产总值

单位：亿元

各　区	2005	2010	2011	2012	2013	2014	2015
全　市	**6969.5**	**14113.6**	**16251.9**	**17879.4**	**19800.8**	**21330.8**	**23014.6**
首都功能核心区	**1703.8**	**3281.3**	**3700.5**	**4043.6**	**4447.3**	**4785.3**	**5128.2**
东城区	641.3	1223.6	1339.7	1450.1	1611.7	1733.0	1857.8
西城区	1062.6	2057.7	2360.8	2593.5	2835.7	3052.3	3270.4
城市功能拓展区	**3249.0**	**6606.0**	**7615.3**	**8408.8**	**9362.2**	**10119.9**	**10853.7**
朝阳区	1301.7	2804.2	3272.2	3632.1	4030.6	4337.3	4640.2
丰台区	379.6	734.8	842.7	923.8	1007.8	1091.6	1169.9
石景山区	206.3	295.5	320.7	338.2	373.8	400.9	430.2
海淀区	1361.5	2771.6	3179.8	3514.8	3950.0	4290.0	4613.5
城市发展新区	**1206.4**	**2994.5**	**3419.5**	**3728.8**	**4143.6**	**4491.6**	**4839.8**
房山区	209.3	371.5	416.0	449.3	481.8	519.3	554.7
通州区	143.2	344.8	400.2	450.5	505.2	548.9	595.4
顺义区	258.3	867.9	1015.0	1103.2	1240.2	1339.7	1440.9
昌平区	193.1	399.9	455.0	506.3	565.8	611.1	657.3
大兴区	153.5	311.9	350.8	391.7	437.2	475.0	510.2
北京经济技术开发区	249.0	698.6	782.5	827.7	913.5	997.4	1081.4
生态涵养发展区	**305.2**	**561.5**	**647.0**	**714.7**	**785.6**	**848.3**	**909.4**
门头沟区	46.0	86.4	103.7	117.0	124.2	133.8	144.1
怀柔区	83.1	148.0	168.8	182.0	203.4	219.3	234.2
平谷区	57.1	117.9	136.6	153.2	168.7	183.4	197.1
密云区	78.7	141.5	162.0	178.6	197.0	211.9	226.7
延庆区	40.2	67.7	75.8	83.8	92.3	99.8	107.3

注：1.表内数据按现价计算。

2.2005年数据根据第二次全国农业普查和第二次全国经济普查结果进行了修订，2013年数据为第三次全国经济普查数据。

3.地区生产总值各区合计数不等于全市是由于各区中扣除了划归市一级核算的部分。

4.部分数据合计数由于计量单位取舍不同而产生的计算误差，均未作机械调整。

2–5 主要年份地方财政收入

单位：亿元

各　区	2005	2010	2011	2012	2013	2014	2015
全　市	**1007.35**	**3810.91**	**4359.10**	**4573.72**	**5566.08**	**7214.54**	**6813.84**
首都功能核心区	**120.44**	**318.84**	**405.01**	**509.58**	**501.05**	**562.51**	**622.44**
东 城 区	49.20	103.81	123.56	146.26	155.55	158.23	168.69
西 城 区	71.24	215.03	281.45	363.32	345.50	404.28	453.75
城市功能拓展区	**184.66**	**491.55**	**643.96**	**934.93**	**1080.14**	**1412.78**	**1663.14**
朝 阳 区	85.30	234.26	316.83	472.54	521.46	640.50	682.81
丰 台 区	18.03	47.28	62.36	153.83	154.95	261.43	440.72
石景山区	10.27	19.07	23.00	25.90	67.54	135.38	144.60
海 淀 区	71.06	190.94	241.76	282.65	336.19	375.47	395.00
城市发展新区	**66.95**	**888.88**	**649.74**	**550.25**	**923.92**	**1401.42**	**957.21**
房 山 区	13.35	168.58	117.46	74.80	192.34	135.22	109.38
通 州 区	11.63	174.67	122.36	110.53	219.56	424.22	169.85
顺 义 区	16.85	145.70	117.62	130.01	163.91	308.64	211.40
昌 平 区	14.03	140.28	96.61	81.45	154.70	224.29	273.14
大 兴 区	11.09	259.65	195.69	153.46	193.41	309.05	193.45
生态涵养发展区	**30.42**	**122.78**	**153.59**	**133.49**	**219.28**	**395.59**	**252.17**
门头沟区	7.08	25.31	43.81	33.69	68.98	202.02	107.33
怀 柔 区	7.46	23.39	32.40	33.02	51.60	87.15	39.64
平 谷 区	5.48	40.14	34.92	26.81	35.27	46.80	53.09
密 云 区	7.59	24.02	31.07	29.58	49.52	45.35	38.16
延 庆 区	2.81	9.92	11.39	10.38	13.91	14.27	13.94

注：1.分区财政收入为区级财政收入。

2.2012年开始，地方财政收入中增加国有资本经营预算收入。

资料来源：北京市财政局。

2-6　主要年份地方财政支出

单位：亿元

各　区	2005	2010	2011	2012	2013	2014	2015
全　市	**1137.28**	**4064.97**	**4574.94**	**4866.43**	**6039.42**	**7147.75**	**8080.71**
首都功能核心区	**123.73**	**376.96**	**409.23**	**481.15**	**480.37**	**564.58**	**750.54**
东 城 区	54.97	128.21	148.60	167.60	185.47	205.76	254.80
西 城 区	68.76	248.75	260.63	313.55	294.90	358.83	495.74
城市功能拓展区	**192.38**	**649.75**	**904.10**	**992.14**	**1232.02**	**1530.70**	**2077.15**
朝 阳 区	60.44	228.03	438.33	391.47	462.96	593.37	740.97
丰 台 区	33.02	101.69	140.91	218.91	224.42	310.39	593.65
石景山区	17.05	50.91	57.28	57.48	101.87	169.71	203.64
海 淀 区	81.87	269.12	267.58	324.27	442.77	457.23	538.89
城市发展新区	**143.81**	**1008.62**	**935.07**	**927.59**	**1297.49**	**1681.51**	**1761.58**
房 山 区	31.76	219.61	225.39	152.39	287.84	252.63	252.83
通 州 区	26.03	181.57	143.83	191.22	261.28	374.03	338.63
顺 义 区	31.95	161.55	194.83	196.71	228.99	354.19	304.35
昌 平 区	26.82	143.20	155.60	153.02	244.65	278.86	407.66
大 兴 区	27.26	302.69	215.42	234.26	274.73	421.79	458.12
生态涵养发展区	**105.08**	**356.71**	**401.07**	**432.03**	**586.09**	**706.44**	**674.96**
门头沟区	19.79	64.27	84.48	80.79	134.51	204.16	208.51
怀 柔 区	22.60	78.26	87.02	91.41	129.24	170.35	126.16
平 谷 区	21.00	80.32	86.21	90.20	104.10	114.92	133.46
密 云 区	24.41	78.81	83.22	97.65	126.66	129.21	119.61
延 庆 区	17.28	55.04	60.13	71.98	91.57	87.80	87.21

注：1.地方财政支出为决算数；分区财政支出为区级实际支出，含市级下拨部分。

2.2012年开始，地方财政支出中增加了国有资本经营预算支出。

资料来源：北京市财政局。

2-7 主要年份全社会固定资产投资

单位：亿元

各　区	2005	2010	2011	2012	2013	2014	2015
全　市	**2827.2**	**5493.5**	**5910.6**	**6462.8**	**7032.2**	**7562.3**	**7990.9**
首都功能核心区	**522.4**	**362.4**	**362.5**	**381.0**	**408.1**	**455.9**	**481.2**
东 城 区	242.2	180.7	175.2	182.5	195.1	214.7	235.2
西 城 区	280.2	181.7	187.3	198.4	213.0	241.2	246.0
城市功能拓展区	**1466.6**	**2456.9**	**2486.2**	**2689.3**	**2906.7**	**3073.5**	**3172.7**
朝 阳 区	729.5	1230.7	1177.0	1195.5	1216.7	1235.4	1238.7
丰 台 区	232.2	504.6	553.0	660.1	752.0	812.3	862.3
石景山区	76.5	154.5	130.9	144.8	162.9	184.1	201.3
海 淀 区	428.3	567.0	625.3	688.9	775.1	841.7	870.5
城市发展新区	**665.4**	**2216.0**	**2504.6**	**2725.3**	**2947.4**	**3188.1**	**3588.3**
房 山 区	127.0	403.8	454.5	490.1	493.7	505.8	532.3
通 州 区	112.3	364.7	415.8	506.1	590.8	687.7	800.8
顺 义 区	133.8	413.7	436.0	418.6	429.7	432.3	465.2
昌 平 区	120.5	374.4	412.6	490.1	551.9	614.5	581.1
大 兴 区	87.1	422.7	465.5	480.5	506.2	556.7	811.3
北京经济技术开发区	84.8	236.6	320.2	339.9	375.2	391.0	397.6
生态涵养发展区	**172.8**	**458.3**	**557.2**	**667.2**	**769.9**	**844.7**	**748.7**
门头沟区	22.8	94.8	142.3	190.7	230.1	267.8	292.1
怀 柔 区	54.9	103.6	119.9	138.3	156.0	167.1	130.9
平 谷 区	33.5	82.4	100.6	122.5	141.2	162.7	146.9
密 云 区	44.8	121.7	132.1	145.3	165.1	177.3	107.6
延 庆 区	16.7	55.7	62.3	70.4	77.6	69.9	71.2

注：1.本表资料按项目所在建设地地址划分。

2.从2011年起，根据国家统计局相关规定，固定资产投资统计起点由50万元调整至500万元。

2-8 主要年份社会消费品零售总额

单位：亿元

各区	2005	2010	2011	2012	2013	2014	2015
全 市	**2911.66**	**6340.35**	**7222.17**	**8123.54**	**8872.12**	**9638.00**	**10338.01**
首都功能核心区	**583.47**	**1211.41**	**1401.76**	**1547.13**	**1656.54**	**1775.92**	**1898.51**
东 城 区	293.88	603.39	700.28	784.64	839.16	913.34	985.92
西 城 区	289.59	608.01	701.48	762.49	817.38	862.58	912.59
城市功能拓展区	**1821.96**	**3797.26**	**4236.29**	**4725.19**	**5117.11**	**5517.69**	**5882.90**
朝 阳 区	795.81	1683.38	1870.01	2071.27	2243.43	2377.63	2514.85
丰 台 区	317.32	696.38	734.09	808.43	864.61	937.37	1007.31
石景山区	132.38	144.46	168.87	192.34	215.77	241.88	266.00
海 淀 区	576.46	1273.04	1463.32	1653.14	1793.31	1960.80	2094.74
城市发展新区	**377.29**	**1080.83**	**1287.26**	**1511.93**	**1718.47**	**1927.27**	**2102.79**
房 山 区	63.31	124.81	146.61	170.22	190.68	211.78	230.24
通 州 区	82.33	191.54	221.79	255.31	286.92	323.20	355.53
顺 义 区	68.19	195.10	236.29	282.42	332.35	376.66	409.97
昌 平 区	56.17	244.28	270.71	311.89	339.43	368.67	395.91
大 兴 区	64.64	154.97	198.05	240.24	282.25	321.87	356.63
北京经济技术开发区	42.66	170.12	213.79	251.86	286.85	325.10	354.52
生态涵养发展区	**128.94**	**250.86**	**296.86**	**339.29**	**379.99**	**417.12**	**453.81**
门头沟区	12.84	30.36	37.99	43.71	48.98	53.11	57.55
怀 柔 区	32.89	55.92	65.34	74.18	83.94	94.12	102.87
平 谷 区	20.29	47.20	58.12	66.94	75.02	84.40	92.27
密 云 区	35.94	69.01	79.50	91.76	102.41	110.71	120.06
延 庆 区	26.97	48.37	55.91	62.70	69.64	74.79	81.05

注：1.2005年数据按法人在地原则核算，2009年开始数据按产业在地原则核算。

2.2005年社会消费品零售总额数据根据第二次全国经济普查进行了修订。

3.2010—2012年社会消费品零售总额数据根据第三次全国经济普查进行了修订，2013年数据为第三次全国经济普查数据。

2-9 主要年份农林牧渔业总产值

单位：亿元

各　区	2005	2010	2011	2012	2013	2014	2015
全　市	**239.30**	**328.02**	**363.14**	**395.71**	**421.78**	**420.07**	**368.24**
城市功能拓展区	**9.99**	**11.13**	**10.94**	**13.69**	**13.68**	**12.66**	**10.65**
朝 阳 区	3.91	4.08	3.55	4.51	4.25	4.28	3.51
丰 台 区	2.71	3.03	2.63	3.45	3.64	2.51	1.85
海 淀 区	3.38	4.02	4.76	5.73	5.79	5.87	5.30
城市发展新区	**154.69**	**206.02**	**226.95**	**246.32**	**263.41**	**267.81**	**226.40**
房 山 区	31.41	42.64	45.02	46.45	50.58	52.50	40.25
通 州 区	28.94	39.79	45.37	51.54	55.41	57.82	50.12
顺 义 区	49.55	58.58	65.17	67.55	68.34	68.49	58.11
昌 平 区	10.08	16.80	19.83	25.99	27.85	25.76	22.05
大 兴 区	34.71	48.21	51.56	54.79	61.24	63.24	55.87
生态涵养发展区	**68.78**	**109.92**	**124.50**	**134.74**	**143.79**	**137.86**	**129.31**
门头沟区	2.06	3.93	5.06	5.32	5.33	3.53	2.41
怀 柔 区	12.07	17.08	18.26	19.13	20.33	20.39	17.70
平 谷 区	17.65	29.44	34.42	39.71	44.70	48.24	46.71
密 云 区	24.01	39.17	44.06	45.61	47.34	41.60	41.90
延 庆 区	12.99	20.30	22.69	24.97	26.09	24.11	20.58

注：1.农林牧渔业总产值按现价计算，其中包含农林牧渔服务业产值。
　　2.农林牧渔业总产值使用的价格为农产品生产价格。
　　3.全市总产值中2010年及以后年份包含远洋渔业的数据。

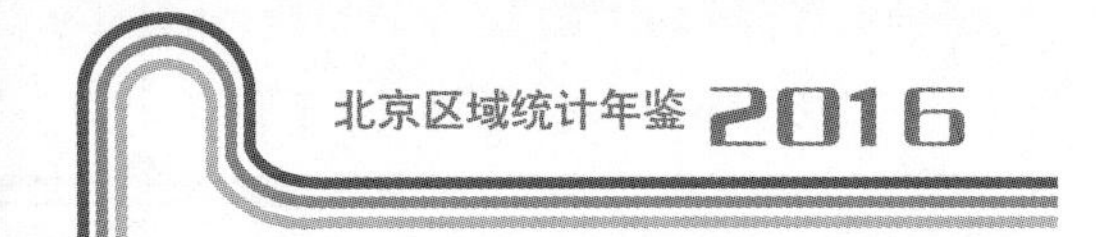

2-10　主要年份规模以上工业总产值

单位：亿元

各　区	2005	2010	2011	2012	2013	2014	2015
全　市	**6946.2**	**13699.8**	**14513.6**	**15596.2**	**17370.9**	**18452.9**	**17449.6**
首都功能核心区	**424.3**	**753.3**	**883.4**	**942.7**	**1006.7**	**1127.4**	**1270.2**
东 城 区	89.3	67.1	106.6	109.6	123.5	161.6	203.0
西 城 区	334.9	686.3	776.8	833.1	883.2	965.8	1067.2
城市功能拓展区	**2429.4**	**3447.4**	**3419.7**	**3418.4**	**3496.6**	**3893.7**	**3619.4**
朝 阳 区	707.7	1040.5	1188.9	1239.2	1093.2	1006.8	723.4
丰 台 区	268.9	433.5	407.8	386.4	418.6	434.2	452.5
石景山区	602.3	630.5	379.2	303.5	276.5	241.4	226.9
海 淀 区	850.4	1343.0	1443.7	1489.3	1708.3	2211.2	2216.5
城市发展新区	**3466.4**	**7065.2**	**7520.9**	**7879.3**	**8698.0**	**8958.6**	**8335.3**
房 山 区	611.1	949.6	1025.7	1019.9	970.7	1064.7	833.0
通 州 区	228.7	593.0	586.7	610.0	667.7	691.1	618.9
顺 义 区	864.3	1851.6	2066.8	2299.0	2862.5	2983.6	2828.4
昌 平 区	438.6	987.8	1077.9	1191.7	1271.0	1133.7	804.9
大 兴 区	204.2	455.1	479.2	570.9	633.1	664.6	694.5
北京经济技术开发区	1119.5	2228.1	2284.7	2187.9	2292.9	2421.0	2555.5
生态涵养发展区	**366.4**	**976.6**	**1077.1**	**1091.5**	**1234.6**	**1283.4**	**1121.1**
门头沟区	48.4	78.7	89.7	104.6	80.7	98.5	86.5
怀 柔 区	120.0	484.8	499.1	440.4	553.2	552.7	451.4
平 谷 区	86.2	184.7	199.1	216.8	242.6	253.9	244.8
密 云 区	92.9	177.0	223.4	262.0	293.1	309.0	284.4
延 庆 区	19.0	51.4	65.8	67.7	65.0	69.3	53.9

注：根据有关规定，自2004年起，国家电网公司、国网冀北电力有限公司的“工业总产值(当年价格)”由市统计局统一核算，故表中“工业总产值(当年价格)”指标分区数据之和不等于全市合计。

2-11 主要年份建筑业总产值

单位：亿元

各 区	2005	2010	2011	2012	2013	2014	2015
全 市	**1894.0**	**5196.0**	**6046.3**	**6588.3**	**7459.6**	**8209.8**	**8436.7**
首都功能核心区	**327.5**	**739.6**	**956.0**	**1005.9**	**1081.5**	**1174.5**	**1137.0**
东 城 区	137.3	350.3	431.7	445.9	503.1	513.3	552.8
西 城 区	190.2	389.3	524.3	560.0	578.4	661.2	584.1
城市功能拓展区	**929.0**	**2769.9**	**3126.1**	**3394.4**	**3828.9**	**4239.4**	**4458.3**
朝 阳 区	285.0	703.7	816.9	879.2	1012.0	1066.7	1073.6
丰 台 区	174.3	622.1	777.7	819.7	981.4	1184.5	1280.3
石景山区	80.0	311.5	342.1	358.5	391.0	460.2	454.5
海 淀 区	389.7	1132.6	1189.4	1337.0	1444.5	1528.0	1649.9
城市发展新区	**446.0**	**1403.6**	**1607.7**	**1801.6**	**2158.6**	**2364.5**	**2423.7**
房 山 区	145.7	260.0	291.8	294.0	329.0	364.6	346.3
通 州 区	78.1	324.2	421.8	478.2	757.1	923.7	1016.6
顺 义 区	68.5	151.3	198.7	220.8	244.0	307.5	296.8
昌 平 区	68.5	197.2	234.5	260.7	293.3	219.8	179.3
大 兴 区	82.4	190.1	225.3	284.7	301.2	308.1	326.4
北京经济技术开发区	2.8	280.8	235.6	263.2	234.0	240.8	258.4
生态涵养发展区	**191.5**	**282.9**	**356.5**	**386.4**	**390.6**	**431.4**	**417.7**
门头沟区	41.3	50.8	58.8	71.7	80.9	84.4	92.6
怀 柔 区	54.1	75.0	84.7	84.9	71.6	77.8	77.1
平 谷 区	25.4	44.1	79.2	83.1	79.8	87.9	74.3
密 云 区	35.5	71.0	87.9	96.4	100.9	120.5	117.0
延 庆 区	35.2	42.0	45.9	50.3	57.4	60.8	56.7

注：建筑业相关数据是按照建筑业企业经营地划分，统计范围为施工总承包、专业承包建筑业企业。

2-12 主要年份实际利用外商直接投资额

单位：万美元

各　区	2005	2010	2011	2012	2013	2014	2015
全　市	**352638**	**636358**	**705447**	**804160**	**852418**	**904085**	**1299635**
首都功能核心区	**41171**	**115126**	**109453**	**124282**	**116194**	**94415**	**86274**
东 城 区	29433	53592	55256	63634	66149	51037	52735
西 城 区	11738	61534	54197	60648	50045	43378	33539
城市功能拓展区	**194140**	**395982**	**421030**	**494678**	**529621**	**604833**	**1079022**
朝 阳 区	140029	240298	264703	320073	342225	390011	933873
丰 台 区	5734	12758	7304	16632	18637	45291	5815
石景山区	841	6583	6767	7809	8748	9370	9112
海 淀 区	47536	136343	142256	150164	160011	160161	130222
城市发展新区	**104042**	**107725**	**140409**	**151746**	**140400**	**187191**	**126343**
房 山 区	1415	7455	4903	7998	1014	1367	275
通 州 区	8419	9042	9017	10376	12004	35741	30534
顺 义 区	25217	40014	40491	42053	36002	52218	52114
昌 平 区	3909	8894	9092	9288	9865	10380	10903
大 兴 区	4878	11554	13088	82031*	81515*	87485*	32517
北京经济技术开发区	60204	30766	63818	66923	63558	63619	30217
生态涵养发展区	**13285**	**17525**	**34555**	**33454**	**66203**	**17646**	**7996**
门头沟区	430	200	4204	4485	100	805	1523
怀 柔 区	5713	6575	5939	20659	37817	5020	2152
平 谷 区	4202	5363	6023	7197	7206	9575	1500
密 云 区	2569	4552	4455	587	984	1909	861
延 庆 区	371	835	13934	526	20096	337	1960

注："*"表示大兴区实际利用外商直接投资额中包含北京经济技术开发区数据。

资料来源：北京市商务委员会。

2-13 主要年份入境旅游者人数

单位：万人次

各 区	2005	2010	2011	2012	2013	2014	2015
全 市	**362.9**	**490.1**	**520.4**	**500.9**	**450.1**	**427.5**	**420.0**
首都功能核心区	**137.1**	**157.2**	**165.9**	**164.0**	**151.7**	**144.4**	**143.2**
东 城 区	95.1	111.8	126.9	126.9	120.4	114.8	114.2
西 城 区	42.0	45.3	39.0	37.1	31.3	29.6	29.0
城市功能拓展区	**201.4**	**279.8**	**304.8**	**288.2**	**256.1**	**245.1**	**240.0**
朝 阳 区	153.9	214.0	229.4	215.3	195.3	194.3	190.7
丰 台 区	2.7	8.1	9.8	10.5	8.7	8.5	7.4
石景山区	0.2	4.7	8.4	11.3	6.3	2.5	3.0
海 淀 区	44.6	53.1	57.3	51.1	45.9	39.8	38.9
城市发展新区	**23.7**	**51.4**	**47.9**	**47.0**	**39.1**	**36.0**	**34.8**
房 山 区	0.1	0.04	0.05	0.07	0.04	0.05	0.07
通 州 区	2.3	4.4	3.9	2.6	1.6	1.1	1.5
顺 义 区	8.7	20.0	22.8	24.2	21.3	19.1	20.5
昌 平 区	12.0	6.8	4.7	4.6	3.5	4.5	2.6
大 兴 区	0.6	20.2	16.4	15.4	12.7	11.3	10.1
生态涵养发展区	**0.6**	**1.7**	**1.8**	**1.7**	**3.2**	**1.9**	**2.0**
门头沟区		0.03	0.11	0.05	1.36	0.86	0.05
怀 柔 区	0.2	0.1	0.2	0.2	0.4	0.4	1.2
平 谷 区	0.2	0.3	0.2	0.2	0.2	0.2	0.09
密 云 区	0.2	0.5	0.4	0.5	0.5	0.3	0.3
延 庆 区	…	0.8	0.8	0.8	0.7	0.1	0.4

2-14 主要年份城镇居民人均可支配收入

单位：元

各 区	2005	2010	2011	2012	2013	2014	2015
全 市	**17653**	**29073**	**32903**	**36469**	**40321**	**43910**	**52859**
首都功能核心区	**18035**	**31231**	**35280**	**39265**	**42798**	**46483**	
东 城 区		30684	34626	38559	41676	45052	61764
西 城 区		31633	35740	39772	43479	47392	67492
城市功能拓展区	**17204**	**30509**	**34495**	**38342**	**41862**	**45596**	
朝 阳 区	17506	30134	34044	37883	41035	44646	55450
丰 台 区	15795	27081	30682	34200	37886	41334	47127
石景山区	16183	28051	31936	35420	38657	41943	56304
海 淀 区	18479	33351	37746	41841	45953	50088	62325
城市发展新区	**15643**	**24352**	**27651**	**30337**	**33243**	**36340**	
房 山 区	15175	23769	26956	30025	32886	35912	36317
通 州 区	15603	24427	27713	30476	33662	37095	37608
顺 义 区	16167	24825	28163	30437	33329	36428	33394
昌 平 区	15684	24428	27669	29950	32495	35517	38794
大 兴 区	15179	24368	27786	31004	34128	37131	40598
生态涵养发展区	**15502**	**23994**	**27355**	**30354**	**33146**	**36131**	
门头沟区	16006	25313	29172	32369	35141	38023	42350
怀 柔 区	15661	23428	26647	29562	32519	35771	33247
平 谷 区	15050	23606	26842	29850	32933	36226	35117
密 云 区	15106	23438	26652	29551	32538	35499	33878
延 庆 区	15596	23329	26080	28644	31132	33778	35603

注：1.自2013年起，国家统计局对城镇住户调查和农村住户调查实施了一体化改革，正式开展了城乡一体的住户收支与生活状况调查。北京市住户调查样本量城乡共计1万户（下同）。

2.按照国家统计局要求，自2015年起，我市按照改革后的新口径发布全市和分城乡的居民收支数据。与老口径相比，新口径的差异主要体现在三个方面：一是对居民收支指标口径进行了调整，将反映居民收入的核心指标由原来的城镇居民"人均可支配收入"和农村居民"人均纯收入"统一为"人均可支配收入"；二是按照国家城乡划分标准，将城镇地区的村委会由原来的农村划入城镇进行统计；三是在分城乡的居民收支数据基础上，增加了全体居民的人均可支配收入、人均消费支出数据。

2-15 主要年份城镇居民人均消费支出

单位：元

各　区	2005	2010	2011	2012	2013	2014	2015
全　市	**13244**	**19934**	**21984**	**24046**	**26275**	**28009**	**36642**
首都功能核心区	**14068**	**22243**	**24244**	**26622**	**28787**	**30636**	
东 城 区		22196	23813	25887	26994	28613	40865
西 城 区		22277	24547	27149	29474	31921	43595
城市功能拓展区	**12618**	**21017**	**23393**	**25462**	**27757**	**29596**	
朝 阳 区	13257	22406	24799	26785	28315	30467	39660
丰 台 区	11988	18207	20548	22869	24783	26816	34240
石景山区	11636	18903	21343	20530	22411	23845	36789
海 淀 区	12942	21597	24000	26570	29430	31784	44626
城市发展新区	**10842**	**15915**	**17432**	**19159**	**20881**	**22640**	
房 山 区	11648	15870	16540	19407	20386	21181	22742
通 州 区	11077	16046	17779	18972	20604	23694	26944
顺 义 区	10208	14257	16431	17463	18895	20784	22174
昌 平 区	10849	17123	18489	19872	20322	21968	27340
大 兴 区	10107	15805	17678	19852	22126	24382	26798
生态涵养发展区	**10741**	**15711**	**16921**	**18978**	**20546**	**22066**	
门头沟区	11975	17617	18578	20442	22313	24053	30012
怀 柔 区	10549	15137	16258	18590	20083	21730	21720
平 谷 区	10478	14895	16790	18961	20966	22455	22519
密 云 区	10175	15628	15971	17743	19079	21120	22741
延 庆 区	10384	13467	14756	16481	18155	19808	22882

2–16　主要年份农村居民人均可支配收入

单位：元

各　区	2005	2010	2011	2012	2013	2014	2015
全　市	**7860**	**13262**	**14736**	**16476**	**18337**	**20226**	**20569**
城市功能拓展区	**10179**	**16973**	**18954**	**21175**	**22991**	**25317**	
朝 阳 区	11085	18331	19839	22152	24426	26808	
丰 台 区	8995	14544	16554	18502	20442	22553	
海 淀 区	9987	17661	20015	22364	24673	27098	
城市发展新区	**7421**	**12574**	**13852**	**15473**	**17282**	**19220**	
房 山 区	7205	12492	13527	15192	16916	18809	19161
通 州 区	7661	12613	14273	15936	17925	20076	21648
顺 义 区	7459	12898	14314	15960	17703	19629	22648
昌 平 区	7416	12548	13441	14971	16756	18689	20115
大 兴 区	7405	12335	13723	15329	17044	18824	17796
生态涵养发展区	**7233**	**12024**	**13182**	**14764**	**16382**	**18097**	
门头沟区	7556	12672	14031	15715	17408	18861	20167
怀 柔 区	7201	12256	12991	14585	16356	18196	19937
平 谷 区	7336	12036	13387	15067	16865	18785	20147
密 云 区	7203	11858	12924	14590	16202	17855	19183
延 庆 区	6985	11531	12761	14078	15504	17017	18088

注：2005、2010-2014年数据为农村居民人均纯收入数据，自2015年起，根据国家统计局城乡居民统计新口径要求，农村居民人均纯收入统一改为农村居民人均可支配收入。

2-17 主要年份农村居民人均消费支出

单位：元

各　区	2005	2010	2011	2012	2013	2014	2015
全　市	**5515**	**10109**	**11078**	**11879**	**13553**	**14529**	**15811**
城市功能拓展区	**7662**	**14150**	**15773**	**17447**	**18109**	**19554**	
朝 阳 区	8017	15224	16888	18381	18593	20313	
丰 台 区	6848	12089	13414	15340	16896	18303	
海 淀 区	8069	14891	16498	18172	19307	20193	
城市发展新区	**5278**	**9703**	**10249**	**10776**	**12115**	**12932**	
房 山 区	5204	8915	9814	10934	11840	12529	14294
通 州 区	4566	9840	10253	10623	11625	12702	15544
顺 义 区	5450	8639	9926	10830	11634	12453	13926
昌 平 区	6735	11379	11160	11932	13954	14206	18425
大 兴 区	4426	9806	10230	9703	11523	12743	15322
生态涵养发展区	**4610**	**8251**	**9119**	**9722**	**10968**	**11926**	
门头沟区	5532	8632	9598	9750	11456	12326	18980
怀 柔 区	4502	9106	9483	9046	10167	11254	15567
平 谷 区	4231	8348	9555	10708	11867	12615	14693
密 云 区	4716	8860	8970	9962	11153	12150	13973
延 庆 区	4383	6754	8135	9017	10091	11190	13382

2-18 主要年份小学在校学生数

单位：万人

各 区	2005	2010	2011	2012	2013	2014	2015
全 市	**49.45**	**65.33**	**68.05**	**71.87**	**78.93**	**82.12**	**85.03**
首都功能核心区	**8.12**	**9.56**	**9.97**	**10.24**	**10.98**	**11.53**	**12.22**
东 城 区	3.99	4.57	4.65	4.67	4.91	5.08	5.30
西 城 区	4.13	4.99	5.32	5.56	6.07	6.45	6.93
城市功能拓展区	**17.64**	**28.99**	**30.63**	**31.74**	**35.20**	**36.96**	**38.13**
朝 阳 区	4.78	8.41	9.10	9.85	11.88	12.80	13.29
丰 台 区	3.28	6.43	6.64	6.59	6.88	7.04	6.91
石景山区	1.33	2.07	2.10	2.14	2.29	2.35	2.38
海 淀 区	8.25	12.08	12.78	13.15	14.14	14.77	15.56
城市发展新区	**14.50**	**19.22**	**20.01**	**22.51**	**25.20**	**25.85**	**26.63**
房 山 区	3.80	3.71	3.81	4.20	4.48	4.66	4.82
通 州 区	2.87	4.79	5.08	5.42	5.94	6.07	6.21
顺 义 区	2.50	3.21	3.40	3.59	3.81	4.10	4.28
昌 平 区	2.22	3.50	3.65	5.07	5.36	5.40	5.39
大 兴 区	3.11	4.01	4.07	4.24	5.60	5.62	5.93
生态涵养发展区	**9.19**	**7.55**	**7.44**	**7.38**	**7.55**	**7.77**	**8.05**
门头沟区	1.07	1.19	1.15	1.11	1.11	1.13	1.17
怀 柔 区	1.65	1.48	1.51	1.55	1.61	1.65	1.70
平 谷 区	2.39	1.59	1.56	1.55	1.60	1.67	1.73
密 云 区	2.46	1.97	1.96	1.97	2.04	2.13	2.21
延 庆 区	1.61	1.32	1.26	1.19	1.18	1.19	1.23

注：从2007年开始，普通中学、小学、工读学校、特殊教育、学前教育在校学生数包括外省市户口借读学生。
资料来源：北京市教育委员会。

2-19 主要年份普通中学在校学生数

单位：万人

各　区	2005	2010	2011	2012	2013	2014	2015
全　市	**59.99**	**50.83**	**49.73**	**49.90**	**49.82**	**48.43**	**45.28**
首都功能核心区	**12.89**	**9.92**	**9.72**	**9.59**	**9.45**	**9.09**	**8.46**
东 城 区	5.97	4.56	4.39	4.31	4.22	4.07	3.81
西 城 区	6.92	5.36	5.33	5.28	5.22	5.02	4.65
城市功能拓展区	**19.06**	**19.50**	**19.63**	**20.17**	**20.52**	**20.28**	**19.04**
朝 阳 区	5.29	5.00	5.19	5.49	5.63	5.43	5.15
丰 台 区	3.11	3.09	2.95	2.86	2.99	3.06	2.80
石景山区	1.42	1.46	1.44	1.47	1.52	1.47	1.30
海 淀 区	9.24	9.95	10.06	10.35	10.37	10.32	9.78
城市发展新区	**18.04**	**14.29**	**13.72**	**13.88**	**13.91**	**13.42**	**12.58**
房 山 区	4.52	3.14	2.96	2.89	2.81	2.74	2.58
通 州 区	4.06	3.06	2.94	2.88	2.83	2.72	2.55
顺 义 区	4.05	3.04	2.94	2.91	2.85	2.79	2.68
昌 平 区	1.98	2.19	2.20	2.46	2.58	2.45	2.25
大 兴 区	3.42	2.87	2.67	2.75	2.85	2.72	2.52
生态涵养发展区	**9.99**	**7.12**	**6.66**	**6.26**	**5.94**	**5.65**	**5.20**
门头沟区	1.01	0.82	0.76	0.73	0.73	0.72	0.69
怀 柔 区	1.63	1.38	1.30	1.22	1.17	1.11	1.03
平 谷 区	3.14	1.70	1.53	1.40	1.27	1.20	1.09
密 云 区	2.40	1.95	1.84	1.72	1.62	1.53	1.41
延 庆 区	1.81	1.27	1.23	1.19	1.15	1.09	0.97

注：普通中学范围为普通高中和普通初中。
资料来源：北京市教育委员会。

2-20 主要年份幼儿园在园幼儿数

单位：人

各 区	2005	2010	2011	2012	2013	2014	2015
全 市	**202301**	**276994**	**311417**	**331524**	**348681**	**364954**	**394121**
首都功能核心区	**24547**	**27051**	**28003**	**28583**	**29107**	**29891**	**31591**
东 城 区	11908	11877	12355	12061	12722	13193	14464
西 城 区	12639	15174	15648	16522	16385	16698	17127
城市功能拓展区	**99967**	**136649**	**154756**	**163886**	**169090**	**174167**	**183537**
朝 阳 区	33662	48324	53915	56171	58653	62329	66518
丰 台 区	19481	31410	37040	40252	40694	40401	41724
石景山区	6703	9879	11232	12393	13319	13409	14853
海 淀 区	40121	47036	52569	55070	56424	58028	60442
城市发展新区	**49554**	**80139**	**90881**	**99203**	**110689**	**121776**	**136070**
房 山 区	14136	22466	24794	25953	28752	28878	30280
通 州 区	8951	13514	14692	16505	20894	25455	28817
顺 义 区	8112	12545	14247	15199	16962	19184	22749
昌 平 区	10076	16069	17285	19885	20579	23294	25854
大 兴 区	8279	15545	19863	21661	23502	24965	28370
生态涵养发展区	**28233**	**33155**	**37777**	**39852**	**39795**	**39120**	**42923**
门头沟区	4285	5229	5066	5470	5442	5241	5943
怀 柔 区	4874	6190	9272	9534	9547	8642	9523
平 谷 区	6451	6448	7149	7760	8113	8393	9098
密 云 区	6564	9473	10065	10433	10253	10343	11316
延 庆 区	6059	5815	6225	6655	6440	6501	7043

资料来源：北京市教育委员会。

2-21 主要年份卫生机构数

单位：个

各　区	2005	2010	2011	2012	2013	2014	2015
全　市	**4818**	**6539**	**9699**	**9974**	**10141**	**10265**	**10425**
首都功能核心区	**1102**	**1073**	**1163**	**1144**	**1159**	**1196**	**1216**
东 城 区	458	484	547	537	548	564	570
西 城 区	644	589	616	607	611	632	646
城市功能拓展区	**2065**	**2773**	**2863**	**2938**	**3072**	**3136**	**3181**
朝 阳 区	798	1185	1201	1239	1275	1337	1362
丰 台 区	248	482	502	516	541	549	554
石景山区	203	192	196	197	205	214	212
海 淀 区	816	914	964	986	1051	1036	1053
城市发展新区	**1109**	**2001**	**3661**	**3777**	**3816**	**3882**	**3987**
房 山 区	227	472	1006	1009	1023	989	984
通 州 区	205	257	593	604	601	615	611
顺 义 区	165	275	502	606	608	651	707
昌 平 区	284	517	849	843	856	865	907
大 兴 区	228	480	711	715	728	762	778
生态涵养发展区	**542**	**692**	**2012**	**2100**	**2079**	**2036**	**2022**
门头沟区	117	110	255	261	265	260	259
怀 柔 区	146	175	453	479	487	484	481
平 谷 区	68	113	309	431	434	430	437
密 云 区	106	208	672	662	641	610	589
延 庆 区	105	86	323	267	252	252	256

注：2011年开始，卫生机构中包含村卫生室。

资料来源：北京市卫生和计划生育委员会。

2-22 主要年份卫生机构床位数

单位：张

各 区	2005	2010	2011	2012	2013	2014	2015
全 市	**79067**	**92871**	**94735**	**100167**	**104034**	**109789**	**111555**
首都功能核心区	**23074**	**23925**	**23853**	**24591**	**25510**	**26284**	**26650**
东 城 区	10904	10106	10022	10440	10948	10930	11046
西 城 区	12170	13819	13831	14151	14562	15354	15604
城市功能拓展区	**30743**	**36946**	**37563**	**39719**	**41742**	**43914**	**45483**
朝 阳 区	12064	15709	16107	17493	18252	19053	20075
丰 台 区	6158	7876	7999	8275	8926	9347	9534
石景山区	2897	3529	3515	3647	4007	4140	4636
海 淀 区	9624	9832	9942	10304	10557	11374	11238
城市发展新区	**18102**	**23725**	**24672**	**26959**	**27841**	**30457**	**30213**
房 山 区	4569	6077	6152	6034	5864	6173	6362
通 州 区	2351	2608	2593	3170	3203	3216	3494
顺 义 区	2259	3149	3252	3202	3270	3283	3430
昌 平 区	5885	7457	7982	9085	9430	11110	10147
大 兴 区	3038	4434	4693	5468	6074	6675	6780
生态涵养发展区	**7148**	**8275**	**8647**	**8898**	**8941**	**9134**	**9209**
门头沟区	2381	2651	2653	2705	2842	2859	2858
怀 柔 区	1284	1377	1534	1584	1576	1596	1683
平 谷 区	1229	1900	1972	2043	2056	2001	2020
密 云 区	1182	1270	1440	1535	1485	1696	1666
延 庆 区	1072	1077	1048	1031	982	982	982

资料来源：北京市卫生和计划生育委员会。

2016

北京区域统计年鉴

第三章

BEIJING AREA STATISTICAL YEARBOOK

北京各区概览

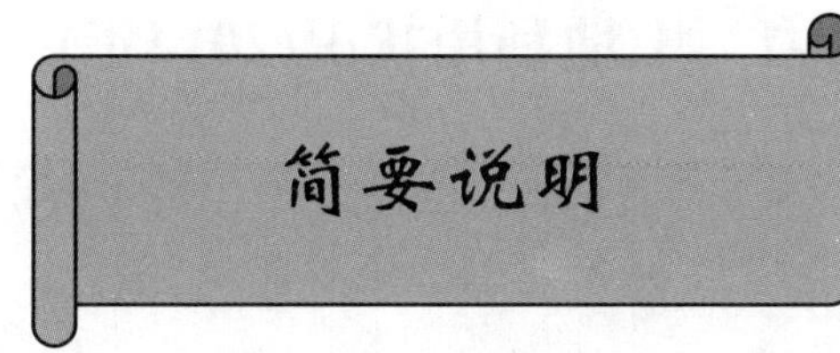

一、本章资料的主要内容

本章各区数据主要涉及国民经济核算、财政、税收、金融、利用外资、产业（农业、工业、建筑业、旅游、文化创意等）、投资、消费、房地产、人口、资源、环境、科技、教育、文化、卫生、体育、法律、社会保险、社会保障、就业、城乡居民收入支出、城市公用事业、城市安全等多个领域的主要情况，重点反映主要指标的总量和增速。

二、本章资料的数据来源

各区数据主要来源于两个方面：

一是来源于北京市统计局、国家统计局北京调查总队，由其直接调查、获取生成的数据，主要包括国民经济核算、产业、投资、消费、房地产、常住人口、能源消费、城乡居民收入支出等指标。

二是来源于政府相关委办局，由其通过相关调查或行政记录等方式获取生成的数据，主要包括户籍人口、土地、财政、税收、金融、利用外资、教育、文化、卫生、体育、城市公用事业、环境、专利、社会保险、社会保障、城市安全、资源、环境等方面指标，分别由市公安局、市国土资源局、市财政局、市地税局、中国人民银行营管部、市商务委、市教委、市文化局、市文物局、市档案局、市卫生局、市体育局、市交通委、市人力社会保障局、市水务局、市市政市容委、市环保局、市园林绿化局、市安监局、市知识产权局、市技术市场办公室和市司法局等部门提供。具体来源见每张表下的注解说明。

3–1 土地利用状况(2014年)

单位:公顷

各 区	耕 地	园 地	林 地	草 地	城镇村及工矿用地	交通运输用地	水域及水利设施用地
全 市	**219948.76**	**135103.71**	**737542.89**	**85139.49**	**302939.17**	**47006.28**	**78378.65**
首都功能核心区							
东 城 区					4182.04		
西 城 区					5033.13		
城市功能拓展区							
朝 阳 区	2563.77	667.84	3596.95	12.18	33895.57	2249.04	2116.53
丰 台 区	2138.88	759.02	4216.76	79.11	19201.67	2731.08	1228.58
石景山区	66.58	65.45	2362.83	6.94	5388.76	221.19	309.89
海 淀 区	2031.15	2557.2	10440.92	47.25	24316.59	1565.74	1678.26
城市发展新区							
房 山 区	25004.15	15708.77	60614.73	45547.54	31002.59	5165.65	6992.81
通 州 区	33570.48	3473.88	7840.77	120.4	30139.35	4812.35	8603.91
顺 义 区	33673.67	4938.54	15202.6	1746.66	28449.66	7233.14	7634.79
昌 平 区	11625.2	12581.59	63286.29	1444.5	34135.35	5137.34	4139.65
大 兴 区	40813.78	8121.72	6436.76	328.76	34600.7	4133.25	6565.06
生态涵养发展区							
门头沟区	872.99	5180.15	100448.61	22980.74	8156.74	1467.42	1457.35
怀 柔 区	10038.73	17670.96	162684.11	1647.5	10547.97	2934.78	4823.68
平 谷 区	11737.26	23411.53	34866.56	6116.04	10449.93	2562.03	4045.24
密 云 区	17478.51	29327.68	130044.47	2317.65	14004.63	3252.67	22371.19
延 庆 区	28333.61	10639.38	135500.53	2744.22	9434.49	3540.6	6411.71

资料来源：北京市国土资源局。

3-2 行政区划(2015年)

单位：个

各　区	街道办事处	建制镇	建制乡	社区居委会	村民委员会
全　市	**150**	**143**	**38**	**2975**	**3936**
首都功能核心区	**32**			**443**	
东 城 区	17			182	
西 城 区	15			261	
城市功能拓展区	**71**	**9**	**22**	**1440**	**303**
朝 阳 区	24		19	409	154
丰 台 区	16	2	3	308	65
石景山区	9			152	
海 淀 区	22	7		571	84
城市发展新区	**34**	**71**	**7**	**765**	**2188**
房 山 区	8	14	6	133	459
通 州 区	4	10	1	111	475
顺 义 区	6	19		114	426
昌 平 区	8	14		220	301
大 兴 区	8	14		187	527
生态涵养发展区	**13**	**63**	**9**	**327**	**1445**
门头沟区	4	9		119	178
怀 柔 区	2	12	2	34	284
平 谷 区	2	14	2	36	273
密 云 区	2	17	1	92	334
延 庆 区	3	11	4	46	376

资料来源：北京市民政局。

3-3 规模（限额）以上法人单位情况(2015年)

单位：个

区 县	法人单位数合计	单产业法人	多产业法人	#企业法人
全 市	**39844**	**33885**	**5959**	**34542**
首都功能核心区	**7134**	**5919**	**1215**	**5602**
东 城 区	3157	2607	550	2530
西 城 区	3977	3312	665	3072
城市功能拓展区	**21115**	**18040**	**3075**	**18983**
朝 阳 区	9109	7637	1472	8367
丰 台 区	2654	2345	309	2302
石景山区	987	850	137	836
海 淀 区	8365	7208	1157	7478
城市发展新区	**8523**	**7355**	**1168**	**7509**
房 山 区	1211	1050	161	1032
通 州 区	1435	1278	157	1253
顺 义 区	1831	1557	274	1614
昌 平 区	1748	1472	276	1506
大 兴 区	1522	1326	196	1343
北京经济技术开发区	776	672	104	761
生态涵养发展区	**3072**	**2571**	**501**	**2448**
门头沟区	471	407	64	365
怀 柔 区	757	621	136	627
平 谷 区	742	652	90	618
密 云 区	749	625	124	609
延 庆 区	353	266	87	229

3-4 户籍人口数

单位：万人

各　区	2015	男	女	2014
全　市	**1345.2**	**673.3**	**671.9**	**1333.4**
首都功能核心区	**242.6**	**120.3**	**122.3**	**240.9**
东 城 区	97.4	48.0	49.4	98.0
西 城 区	145.2	72.3	72.8	142.9
城市功能拓展区	**598.8**	**301.0**	**297.8**	**593.4**
朝 阳 区	**207.4**	103.8	103.6	204.2
丰 台 区	113.7	57.5	56.1	112.8
石景山区	38.3	19.7	18.6	38.0
海 淀 区	239.5	120.0	119.5	238.5
城市发展新区	**339.0**	**169.1**	**169.9**	**334.5**
房 山 区	79.9	40.1	39.9	79.4
通 州 区	71.8	35.6	36.1	70.5
顺 义 区	61.5	30.5	31.0	60.9
昌 平 区	59.5	29.9	29.6	58.5
大 兴 区	66.3	33.0	33.3	65.1
生态涵养发展区	**164.7**	**82.9**	**81.9**	**164.6**
门头沟区	24.9	12.7	12.2	24.9
怀 柔 区	28.2	14.1	14.1	28.1
平 谷 区	40.1	20.1	19.9	40.1
密 云 区	43.3	21.7	21.7	43.3
延 庆 区	28.2	14.2	14.0	28.2

注：户籍人口是指公民依照《中华人民共和国户口登记条例》已在其经常居住地的公安户籍管理机关登记了常住户口的人。
资料来源：北京市公安局。

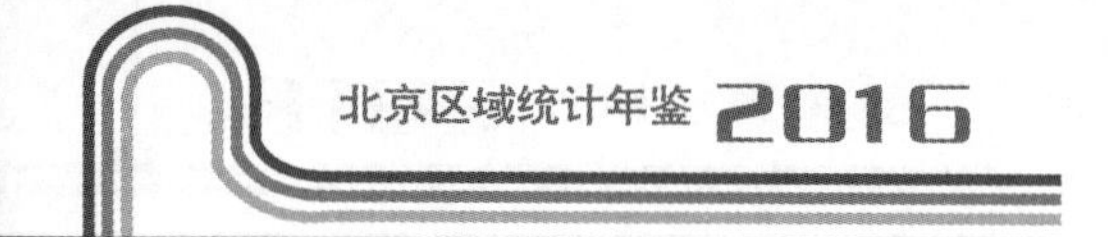

3-5 户籍人口户数

单位：万户

各　　区	2015	2014
全　市	**529.2**	**522.6**
首都功能核心区	**83.1**	**82.5**
东 城 区	34.6	34.6
西 城 区	48.5	47.9
城市功能拓展区	**215.1**	**212.1**
朝 阳 区	81.0	79.6
丰 台 区	47.0	46.6
石景山区	14.7	14.4
海 淀 区	72.4	71.6
城市发展新区	**153.7**	**150.8**
房 山 区	37.8	37.3
通 州 区	35.4	34.3
顺 义 区	27.0	26.9
昌 平 区	26.6	26.0
大 兴 区	26.9	26.3
生态涵养发展区	**77.4**	**77.1**
门头沟区	12.1	12.0
怀 柔 区	13.6	13.5
平 谷 区	17.0	17.0
密 云 区	20.7	20.7
延 庆 区	14.0	14.0

资料来源：北京市公安局。

3-6 户籍人口机械变动情况

单位：人

各 区	市外迁入人数		迁往市外人数		机械增加人数	
	2015	2014	2015	2014	2015	2014
全 市	**167506**	**166600**	**92009**	**91946**	**75497**	**74654**
首都功能核心区	**19803**	**17224**	**4221**	**4465**	**15582**	**12759**
东 城 区	5911	6142	1040	1389	4871	4753
西 城 区	13892	11082	3181	3076	10711	8006
城市功能拓展区	**118376**	**118818**	**77585**	**76872**	**40791**	**41946**
朝 阳 区	29162	25152	14754	14908	14408	10244
丰 台 区	9818	10007	2594	2400	7224	7607
石景山区	3412	3406	1214	1118	2198	2288
海 淀 区	75984	80253	59023	58446	16961	21807
城市发展新区	**23770**	**25137**	**9227**	**9778**	**14543**	**15359**
房 山 区	3102	3098	431	378	2671	2720
通 州 区	3568	3548	703	677	2865	2871
顺 义 区	2646	2528	839	767	1807	1761
昌 平 区	8912	10016	5598	6220	3314	3796
大 兴 区	5542	5947	1656	1736	3886	4211
生态涵养发展区	**5557**	**5421**	**976**	**831**	**4581**	**4590**
门头沟区	1029	979	135	156	894	823
怀 柔 区	986	989	173	122	813	867
平 谷 区	1150	1014	251	210	899	804
密 云 区	1480	1367	253	216	1227	1151
延 庆 区	912	1072	164	127	748	945

资料来源：北京市公安局。

3-7 户籍人口自然变动情况

单位：人

各 区	出生人数		死亡人数		自然增加人数	
	2015	2014	2015	2014	2015	2014
全 市	**122627**	**171690**	**73261**	**75965**	**49366**	**95725**
首都功能核心区	**22435**	**29789**	**22704**	**14508**	**-269**	**15281**
东 城 区	8814	11816	16645	6695	-7831	5121
西 城 区	13621	17973	6059	7813	7562	10160
城市功能拓展区	**54822**	**73037**	**21420**	**26690**	**33402**	**46347**
朝 阳 区	21146	27504	8020	10602	13126	16902
丰 台 区	9672	13559	4905	6291	4767	7268
石景山区	3236	4512	1580	2543	1656	1969
海 淀 区	20768	27462	6915	7254	13853	20208
城市发展新区	**33093**	**49850**	**18376**	**22664**	**14717**	**27186**
房 山 区	6630	10395	4392	5388	2238	5007
通 州 区	7193	10294	4267	5527	2926	4767
顺 义 区	5655	9399	3660	4023	1995	5376
昌 平 区	6443	8883	2928	3959	3515	4924
大 兴 区	7172	10879	3129	3767	4043	7112
生态涵养发展区	**12277**	**19014**	**10761**	**12103**	**1516**	**6911**
门头沟区	1635	2465	1448	2165	187	300
怀 柔 区	2335	3493	1788	1836	547	1657
平 谷 区	3157	4962	3030	3224	127	1738
密 云 区	3133	5047	2733	3095	400	1952
延 庆 区	2017	3047	1762	1783	255	1264

资料来源：北京市公安局。

3-8 常住人口及常住外来人口

单位：万人

各　区	常住人口		#常住外来人口	
	2015	2014	2015	2014
全　市	**2170.5**	**2151.6**	**822.6**	**818.7**
首都功能核心区	**220.3**	**221.3**	**51.7**	**54.0**
东 城 区	90.5	91.1	20.7	21.2
西 城 区	129.8	130.2	31.0	32.8
城市功能拓展区	**1062.5**	**1055.0**	**437.4**	**436.4**
朝 阳 区	395.5	392.2	184.0	179.8
丰 台 区	232.4	230.0	83.8	85.1
石景山区	65.2	65.0	21.0	21.2
海 淀 区	369.4	367.8	148.6	150.3
城市发展新区	**696.9**	**684.9**	**302.2**	**296.9**
房 山 区	104.6	103.6	27.4	26.7
通 州 区	137.8	135.6	55.9	55.5
顺 义 区	102.0	100.4	40.2	38.9
昌 平 区	196.3	190.8	102.6	100.2
大 兴 区	156.2	154.5	76.1	75.6
生态涵养发展区	**190.8**	**190.4**	**31.3**	**31.4**
门头沟区	30.8	30.6	4.8	4.9
怀 柔 区	38.4	38.1	10.5	10.4
平 谷 区	42.3	42.3	5.3	5.3
密 云 区	47.9	47.8	7.1	7.2
延 庆 区	31.4	31.6	3.6	3.6

注：表内数据根据人口抽样调查数据推算，为年末数。

3–9 常住人口(按城乡分)

单位：万人

各　区	常住人口		城镇人口		乡村人口	
	2015	2014	2015	2014	2015	2014
全　市	**2170.5**	**2151.6**	**1877.7**	**1859.0**	**292.8**	**292.6**
首都功能核心区	**220.3**	**221.3**	**220.3**	**221.3**		
东 城 区	90.5	91.1	90.5	91.1		
西 城 区	129.8	130.2	129.8	130.2		
城市功能拓展区	**1062.5**	**1055.0**	**1051.1**	**1043.1**	**11.4**	**11.9**
朝 阳 区	395.5	392.2	393.4	389.7	2.1	2.5
丰 台 区	232.4	230.0	231.0	228.6	1.4	1.4
石景山区	65.2	65.0	65.2	65.0		
海 淀 区	369.4	367.8	361.5	359.8	7.9	8.0
城市发展新区	**696.9**	**684.9**	**488.1**	**477.5**	**208.8**	**207.4**
房 山 区	104.6	103.6	74.0	71.4	30.6	32.2
通 州 区	137.8	135.6	88.2	87.1	49.6	48.5
顺 义 区	102.0	100.4	55.4	54.9	46.6	45.5
昌 平 区	196.3	190.8	159.6	154.7	36.7	36.1
大 兴 区	156.2	154.5	110.9	109.4	45.3	45.1
生态涵养发展区	**190.8**	**190.4**	**118.2**	**117.1**	**72.6**	**73.3**
门头沟区	30.8	30.6	26.7	26.4	4.1	4.2
怀 柔 区	38.4	38.1	25.5	25.1	12.9	13.0
平 谷 区	42.3	42.3	23.3	23.2	19.0	19.1
密 云 区	47.9	47.8	26.6	26.5	21.3	21.3
延 庆 区	31.4	31.6	16.1	15.9	15.3	15.7

注：表内数据根据人口抽样调查数据推算，为年末数。

3-10 常住人口(按性别分)

单位：万人

各 区	常住人口		男		女	
	2015	2014	2015	2014	2015	2014
全 市	**2170.5**	**2151.6**	**1113.4**	**1106.5**	**1057.1**	**1045.1**
首都功能核心区	**220.3**	**221.3**	**108.3**	**109.6**	**112.0**	**111.7**
东 城 区	90.5	91.1	44.2	44.7	46.3	46.4
西 城 区	129.8	130.2	64.1	64.9	65.7	65.3
城市功能拓展区	**1062.5**	**1055.0**	**547.5**	**544.7**	**515.0**	**510.3**
朝 阳 区	395.5	392.2	202.4	201.0	193.1	191.2
丰 台 区	232.4	230.0	117.9	117.0	114.5	113.0
石景山区	65.2	65.0	32.9	32.9	32.3	32.1
海 淀 区	369.4	367.8	194.3	193.8	175.1	174.0
城市发展新区	**696.9**	**684.9**	**360.3**	**355.0**	**336.6**	**329.9**
房 山 区	104.6	103.6	53.3	53.0	51.3	50.6
通 州 区	137.8	135.6	71.0	70.1	66.8	65.5
顺 义 区	102.0	100.4	52.2	51.3	49.8	49.1
昌 平 区	196.3	190.8	103.3	100.8	93.0	90.0
大 兴 区	156.2	154.5	80.5	79.8	75.7	74.7
生态涵养发展区	**190.8**	**190.4**	**97.3**	**97.2**	**93.5**	**93.2**
门头沟区	30.8	30.6	15.5	15.4	15.3	15.2
怀 柔 区	38.4	38.1	19.9	19.8	18.5	18.3
平 谷 区	42.3	42.3	21.4	21.5	20.9	20.8
密 云 区	47.9	47.8	24.5	24.4	23.4	23.4
延 庆 区	31.4	31.6	16.0	16.1	15.4	15.5

注：表内数据根据人口抽样调查数据推算，为年末数。

3-11 常住人口(按年龄分)

单位：万人

各 区	常住人口		0—14岁		15—64岁		65岁及以上	
	2015	2014	2015	2014	2015	2014	2015	2014
全 市	**2170.5**	**2151.6**	**219.1**	**213.0**	**1728.6**	**1726.3**	**222.8**	**212.3**
首都功能核心区	**220.3**	**221.3**	**22.3**	**22.0**	**163.9**	**167.3**	**34.1**	**32.0**
东 城 区	90.5	91.1	8.4	8.2	68.0	70.0	14.1	12.9
西 城 区	129.8	130.2	13.9	13.8	95.9	97.3	20.0	19.1
城市功能拓展区	**1062.5**	**1055.0**	**98.9**	**97.6**	**858.1**	**856.4**	**105.5**	**101.0**
朝 阳 区	395.5	392.2	37.8	36.7	317.1	317.3	40.6	38.2
丰 台 区	232.4	230.0	22.7	22.7	185.2	184.3	24.5	23.0
石景山区	65.2	65.0	5.9	5.9	52.5	52.5	6.8	6.6
海 淀 区	369.4	367.8	32.5	32.3	303.3	302.3	33.6	33.2
城市发展新区	**696.9**	**684.9**	**76.6**	**72.9**	**560.0**	**554.0**	**60.3**	**58.0**
房 山 区	104.6	103.6	11.8	11.1	81.3	81.1	11.5	11.4
通 州 区	137.8	135.6	13.3	13.2	113.0	111.1	11.5	11.3
顺 义 区	102.0	100.4	11.5	11.0	82.4	81.5	8.1	7.9
昌 平 区	196.3	190.8	21.9	20.3	157.6	155.3	16.8	15.2
大 兴 区	156.2	154.5	18.1	17.3	125.7	125.0	12.4	12.2
生态涵养发展区	**190.8**	**190.4**	**21.3**	**20.5**	**146.6**	**148.6**	**22.9**	**21.3**
门头沟区	30.8	30.6	3.4	3.4	23.3	23.4	4.1	3.8
怀 柔 区	38.4	38.1	4.4	4.4	30.0	29.7	4.0	4.0
平 谷 区	42.3	42.3	4.6	4.3	32.3	33.2	5.4	4.8
密 云 区	47.9	47.8	5.5	5.2	36.7	37.5	5.7	5.1
延 庆 区	31.4	31.6	3.4	3.2	24.3	24.8	3.7	3.6

注：表内数据根据人口抽样调查数据推算，为年末数。

3-12　常住人口密度(2015年)

各　　区	土地面积 (平方公里)	常住人口 (万人)	常住人口密度 (人/平方公里)
全　市	**16410.54**	**2170.5**	**1323**
首都功能核心区	**92.39**	**220.3**	**23845**
东 城 区	41.86	90.5	21620
西 城 区	50.53	129.8	25688
城市功能拓展区	**1275.93**	**1062.5**	**8327**
朝 阳 区	455.08	395.5	8691
丰 台 区	305.80	232.4	7600
石景山区	84.32	65.2	7732
海 淀 区	430.73	369.4	8576
城市发展新区	**6295.57**	**696.9**	**1107**
房 山 区	1989.54	104.6	526
通 州 区	906.28	137.8	1521
顺 义 区	1019.89	102.0	1000
昌 平 区	1343.54	196.3	1461
大 兴 区	1036.32	156.2	1507
生态涵养发展区	**8746.65**	**190.8**	**218**
门头沟区	1450.70	30.8	212
怀 柔 区	2122.62	38.4	181
平 谷 区	950.13	42.3	445
密 云 区	2229.45	47.9	215
延 庆 区	1993.75	31.4	157

注：表内人口数据根据人口抽样调查数据推算，为年末数。
资料来源：表内“土地面积”使用的是2008年数据，由北京市国土资源局提供。

3-13 城镇单位从业人员年末人数、工资总额

各　区	从业人员年末人数(人)			从业人员工资总额(万元)		
	2015	2014	增长速度(%)	2015	2014	增长速度(%)
全　市	**7773448**	**7558601**	**2.8**	**86435436**	**76876021**	**12.4**
首都功能核心区	**1623874**	**1604880**	**1.2**	**23390421**	**20498608**	**14.1**
东 城 区	656680	651405	0.8	8134670	7140725	13.9
西 城 区	967194	953475	1.4	15255751	13357883	14.2
城市功能拓展区	**4052456**	**3891693**	**4.1**	**45633307**	**40468653**	**12.8**
朝 阳 区	1518253	1407970	7.8	18010309	15951823	12.9
丰 台 区	635355	639057	-0.6	4894098	4524855	8.2
石景山区	198350	200521	-1.1	1813105	1625229	11.6
海 淀 区	1700498	1644145	3.4	20915795	18366746	13.9
城市发展新区	**1645577**	**1617112**	**1.8**	**14362105**	**13167950**	**9.1**
房 山 区	152944	160552	-4.7	1155130	1111077	4.0
通 州 区	226409	228131	-0.8	1620077	1507703	7.5
顺 义 区	467109	474187	-1.5	4568574	4167454	9.6
昌 平 区	293969	282392	4.1	2478591	2268735	9.2
大 兴 区	505146	471850	7.1	4539733	4112981	10.4
生态涵养发展区	**451541**	**444916**	**1.5**	**3049603**	**2740810**	**11.3**
门头沟区	56171	58423	-3.9	426603	429448	-0.7
怀 柔 区	95999	91434	5.0	812813	697247	16.6
平 谷 区	124505	120678	3.2	693454	618559	12.1
密 云 区	104168	104123	…	712670	646197	10.3
延 庆 区	70698	70258	0.6	404063	349359	15.7

注：城镇单位是指不包括私营单位和个体工商户的独立核算法人单位。

3-14 城镇单位在岗职工年末人数、工资总额、平均工资

各　区	在岗职工年末人数(人)			在岗职工工资总额(万元)			在岗职工平均工资(元)		
	2015	2014	增长速度(%)	2015	2014	增长速度(%)	2015	2014	增长速度(%)
全　市	**7247899**	**7087922**	**2.3**	**82252242**	**72933475**	**12.8**	**113073**	**103400**	**9.4**
首都功能核心区	**1463693**	**1447303**	**1.1**	**22250059**	**19463858**	**14.3**	**152446**	**134450**	**13.4**
东 城 区	587441	578574	1.5	7645656	6676885	14.5	129745	114833	13.0
西 城 区	876252	868729	0.9	14604404	12786973	14.2	167818	147618	13.7
城市功能拓展区	**3807310**	**3660462**	**4.0**	**43226836**	**38167752**	**13.3**	**113476**	**105306**	**7.8**
朝 阳 区	1418572	1316561	7.7	16580536	14603570	13.5	116848	111988	4.3
丰 台 区	605072	612190	-1.2	4754819	4397839	8.1	78254	71824	9.0
石景山区	184027	186017	-1.1	1736372	1556397	11.6	92057	83743	9.9
海 淀 区	1599639	1545694	3.5	20155109	17609946	14.5	126435	115682	9.3
城市发展新区	**1552710**	**1561384**	**-0.6**	**13827443**	**12654150**	**9.3**	**87758**	**80794**	**8.6**
房 山 区	149255	156922	-4.9	1137993	1095159	3.9	75236	68813	9.3
通 州 区	219113	223217	-1.8	1584614	1477365	7.3	71249	66194	7.6
顺 义 区	442110	456627	-3.2	4328482	3973348	8.9	95553	86764	10.1
昌 平 区	280246	270268	3.7	2401239	2197814	9.3	84794	80127	5.8
大 兴 区	461986	454350	1.7	4375115	3910464	11.9	93926	86583	8.5
生态涵养发展区	**424186**	**418773**	**1.3**	**2947904**	**2647716**	**11.3**	**68589**	**63773**	**7.6**
门头沟区	54228	55453	-2.2	418932	416719	0.5	74441	73228	1.7
怀 柔 区	91033	87245	4.3	780375	670705	16.4	84628	76161	11.1
平 谷 区	116020	112651	3.0	664684	592447	12.2	58236	56163	3.7
密 云 区	94763	96137	-1.4	688653	628731	9.5	71881	64502	11.4
延 庆 区	68142	67287	1.3	395260	339114	16.6	55389	50431	9.8

注：城镇单位是指不包括私营单位和个体工商户的独立核算法人单位。

3-15 年末实有登记失业人员

单位：人

各　区	2015	2014
全　市	**91593**	**87664**
首都功能核心区	**11544**	**10473**
东 城 区	4739	4458
西 城 区	6805	6015
城市功能拓展区	**35487**	**33450**
朝 阳 区	9729	8501
丰 台 区	10266	10883
石景山区	4787	4561
海 淀 区	10705	9505
城市发展新区	**31730**	**31162**
房 山 区	7293	7126
通 州 区	5376	5203
顺 义 区	4001	3859
昌 平 区	4718	5247
大 兴 区	10315	9707
北京经济技术开发区	27	20
生态涵养发展区	**12832**	**12579**
门头沟区	3434	3887
怀 柔 区	2459	2229
平 谷 区	2590	2361
密 云 区	2019	1946
延 庆 区	2330	2156

资料来源：北京市人力资源和社会保障局。

3-16 地区生产总值

单位：万元

各区	地区生产总值		第一产业		第二产业		第三产业	
	2015	增长速度(%)	2015	增长速度(%)	2015	增长速度(%)	2015	增长速度(%)
全　市	**230145900**	**6.9**	**1402100**	**-10.8**	**45426400**	**3.3**	**183317400**	**8.1**
首都功能核心区	**51281756**	**7.2**			**3737600**	**1.6**	**47544156**	**7.6**
东 城 区	18578186	7.2			779203	11.0	17798983	7.0
西 城 区	32703570	7.1			2958397	-0.7	29745173	8.0
城市功能拓展区	**108536980**	**7.3**	**35883**	**-14.0**	**13151431**	**0.4**	**95349666**	**8.3**
朝 阳 区	46401693	7.0	11828	-16.1	3580324	3.3	42809541	7.3
丰 台 区	11699038	7.2	6200	-23.0	2492542	-1.6	9200296	9.9
石景山区	4301579	7.3			1419222	4.2	2882357	8.9
海 淀 区	46134670	7.5	17855	-8.8	5659343	-1.5	40457472	8.9
城市发展新区	**48398129**	**7.8**	**850811**	**-14.2**	**23245136**	**3.5**	**24302182**	**13.3**
房 山 区	5546902	6.8	142353	-22.3	3236593	5.1	2167956	12.4
通 州 区	5953578	8.5	190028	-13.6	2782457	0.6	2981093	19.1
顺 义 区	14409044	7.6	218672	-14.3	5776811	-0.3	8413561	14.5
昌 平 区	6572701	7.5	80666	-12.8	2447685	-2.5	4044350	15.2
大 兴 区	5101575	7.4	219093	-8.8	2094887	9.2	2787595	7.6
北京经济技术开发区	10814329	8.4			6906702	8.0	3907627	9.2
生态涵养发展区	**9093533**	**7.2**	**507940**	**-7.8**	**4221465**	**2.6**	**4364128**	**14.3**
门头沟区	1440872	7.7	8454	-30.0	697224	2.3	735194	14.0
怀 柔 区	2341553	6.8	70826	-14.6	1317936	3.0	952791	14.7
平 谷 区	1970603	7.4	187295	-4.4	905831	2.9	877477	15.7
密 云 区	2267017	7.0	163224	0.7	1008474	1.1	1095319	14.2
延 庆 区	1073488	7.6	78141	-19.9	292000	5.8	703347	12.6

注：1. 本表行业（产业）划分执行《国民经济行业分类》（GB/T 4754-2011）标准（下表同）。
2. 全市增长速度为可比价速度，各区为现价速度(续表同)。
3. 地区生产总值各区合计数不等于全市是由于各区的数据中扣除了划归市一级核算部分。

3–16 续表1

单位：万元

各区	地区生产总值按行业分							
	农林牧渔业		工业		建筑业		批发和零售业	
	2015	增长速度(%)	2015	增长速度(%)	2015	增长速度(%)	2015	增长速度(%)
全市	**1426100**	**-10.6**	**37108800**	**1.0**	**9618600**	**13.2**	**23523400**	**-1.4**
首都功能核心区			**2676439**	**2.3**	**1051373**	**-1.2**	**4659021**	**-0.4**
东城区			390200	7.0	389157	15.2	2016989	-1.6
西城区			2286239	1.5	662216	-8.8	2642032	0.6
城市功能拓展区	**39000**	**-12.9**	**8886728**	**-2.0**	**4892440**	**4.7**	**13743418**	**-4.6**
朝阳区	12658	-15.1	3050309	-0.3	1137829	11.0	9608981	-4.0
丰台区	6589	-21.8	1340783	0.0	1158728	-3.4	1095923	1.4
石景山区			809541	1.3	612059	8.5	225960	-3.5
海淀区	19754	-7.8	3686095	-4.8	1983823	5.4	2812554	-8.8
城市发展新区	**866685**	**-13.9**	**20750095**	**2.9**	**2793098**	**5.6**	**3928328**	**8.3**
房山区	146064	-21.9	2805171	3.4	438941	16.5	204264	2.4
通州区	192774	-13.4	1932439	1.5	850906	-1.3	452476	11.1
顺义区	223576	-14.0	5419358	-2.2	497929	11.8	595845	5.5
昌平区	82733	-12.4	2294689	-2.2	287404	-4.7	229084	0.5
大兴区	221539	-8.7	1694616	9.7	401992	7.0	314467	2.4
北京经济技术开发区			6603822	7.8	315927	11.2	2132192	11.0
生态涵养发展区	**512916**	**-7.6**	**3371793**	**1.6**	**852223**	**6.9**	**306869**	**7.3**
门头沟区	8697	-29.4	599059	0.1	98820	18.5	65763	5.5
怀柔区	71069	-14.5	1128646	3.4	190107	0.7	48070	6.5
平谷区	187869	-4.3	653322	2.6	253009	3.7	67695	3.4
密云区	165619	0.7	781594	-1.9	227426	13.0	83575	9.8
延庆区	79662	-19.6	209172	6.7	82861	3.7	41766	12.6

3-16 续表2

单位：万元

各区	地区生产总值按行业分							
	交通运输、仓储和邮政业		住宿和餐饮业		信息传输、软件和信息技术服务业		金融业	
	2015	增长速度(%)	2015	增长速度(%)	2015	增长速度(%)	2015	增长速度(%)
全市	**9838700**	**4.1**	**3975900**	**0.2**	**23839200**	**12.1**	**39262800**	**18.1**
首都功能核心区	**1020281**	**7.8**	**1020511**	**4.0**	**3285850**	**8.6**	**19831460**	**11.8**
东城区	376629	8.4	586409	4.5	2084782	8.2	4629036	10.7
西城区	643652	7.5	434102	3.4	1201068	9.3	15202424	12.1
城市功能拓展区	**3120658**	**14.5**	**2090347**	**1.9**	**17084767**	**14.8**	**12079745**	**14.4**
朝阳区	2276345	16.6	1046467	1.3	2789542	18.6	5669279	18.8
丰台区	392543	9.4	274116	2.8	490931	18.0	1241832	10.8
石景山区	68067	7.2	63792	1.3	720786	9.3	329307	19.8
海淀区	383703	9.4	705972	2.5	13083508	14.2	4839327	10.2
城市发展新区	**4732837**	**12.3**	**659727**	**4.1**	**716248**	**16.6**	**2696595**	**24.7**
房山区	130947	13.8	54782	3.7	32627	18.1	218300	7.3
通州区	81631	9.6	77630	4.8	16219	13.7	393353	10.0
顺义区	4042136	12.5	142245	2.4	12408	14.8	1266957	53.3
昌平区	30252	8.1	167670	1.5	223983	20.0	347749	11.7
大兴区	162395	13.3	45562	6.5	23582	23.0	264900	10.3
北京经济技术开发区	285476	9.7	171838	7.3	407429	14.6	205336	-7.8
生态涵养发展区	**283038**	**16.7**	**158396**	**3.2**	**13801**	**21.6**	**414974**	**16.0**
门头沟区	19432	4.2	17840	0.2	1253	15.8	80394	12.0
怀柔区	33617	15.0	45783	3.5	5518	24.2	107115	32.2
平谷区	57657	10.1	30293	3.8	4117	32.4	72912	1.5
密云区	18759	12.3	42998	3.2	2766	7.1	110668	21.1
延庆区	153573	22.3	21482	4.5	147	12.2	43885	5.0

3-16 续表3

单位：万元

各区	地区生产总值按行业分							
	房地产业		租赁与商务服务业		科学研究和技术服务业		水利、环境和公共设施管理业	
	2015	增长速度(%)	2015	增长速度(%)	2015	增长速度(%)	2015	增长速度(%)
全　市	**14384300**	**4.2**	**17667600**	**-1.7**	**18206300**	**14.1**	**1804800**	**13.3**
首都功能核心区	**2276997**	**4.0**	**4734084**	**-0.2**	**3262121**	**4.2**	**204219**	**13.0**
东城区	1040517	6.4	2052231	1.7	1653329	3.3	78393	13.6
西城区	1236480	2.1	2681853	-1.6	1608792	5.1	125826	12.6
城市功能拓展区	**7644390**	**4.2**	**11478874**	**8.4**	**12046284**	**8.0**	**809463**	**10.9**
朝阳区	4196465	2.8	8307474	9.5	3659702	9.5	298992	9.2
丰台区	982724	8.2	1162147	11.0	1793076	10.0	113856	18.1
石景山区	248878	13.9	181702	3.2	253251	1.0	34630	25.5
海淀区	2216323	4.1	1827551	2.6	6340255	6.9	361985	9.0
城市发展新区	**3505947**	**8.1**	**1257095**	**4.2**	**1981447**	**16.5**	**271908**	**34.7**
房山区	580720	17.2	88223	11.6	171361	14.0	35877	26.0
通州区	817823	12.5	87194	4.9	151920	25.9	41263	28.2
顺义区	580393	1.7	582678	4.1	301504	10.8	47777	57.6
昌平区	772698	8.2	247917	4.6	755906	26.3	101529	34.6
大兴区	677833	1.6	118366	0.2	178529	8.2	33679	32.1
北京经济技术开发区	76480	10.4	132717	2.6	422227	7.1	11783	18.3
生态涵养发展区	**726594**	**9.1**	**196310**	**9.4**	**175305**	**18.3**	**177851**	**24.2**
门头沟区	133787	17.0	30548	5.4	63851	11.2	8106	16.0
怀柔区	153893	10.8	44721	11.3	47725	34.3	42941	19.2
平谷区	152892	7.0	33895	4.5	15746	8.1	10123	8.2
密云区	210093	8.0	72781	11.8	37487	22.3	77394	30.3
延庆区	75929	0.3	14365	12.1	10496	4.4	39287	24.8

3-16 续表4

单位：万元

各区	地区生产总值按行业分									
	居民服务、修理和其他服务业		教育		卫生和社会工作		文化、体育和娱乐业		公共管理、社会保障和社会组织	
	2015	增长速度(%)	2015	增长速度(%)	2015	增长速度(%)	2015	增长速度(%)	2015	增长速度(%)
全市	**1427600**	**2.1**	**9655200**	**11.8**	**5775900**	**13.7**	**5277900**	**3.5**	**7352800**	**8.6**
首都功能核心区	**269602**	**6.3**	**1086793**	**7.6**	**1680618**	**14.0**	**1630567**	**8.0**	**2591820**	**12.0**
东城区	114746	7.0	479556	12.9	692961	11.8	797283	11.6	1195968	16.1
西城区	154856	5.8	607237	3.7	987657	15.7	833284	4.8	1395852	8.7
城市功能拓展区	**997491**	**9.4**	**5843056**	**12.1**	**2426637**	**17.1**	**3186983**	**12.8**	**2166699**	**11.2**
朝阳区	451688	14.0	1447072	14.6	969130	11.7	675179	11.8	804581	8.5
丰台区	183045	5.8	414373	11.5	329257	21.5	263520	12.4	455595	16.3
石景山区	68082	5.9	250520	13.8	142789	14.1	143644	11.3	148571	6.8
海淀区	294676	5.8	3731091	11.2	985461	21.9	2104640	13.2	757952	12.1
城市发展新区	**350092**	**7.6**	**1834580**	**24.0**	**768944**	**28.9**	**115873**	**12.4**	**1168631**	**18.6**
房山区	36798	3.5	241395	12.1	135765	14.6	17033	8.3	208635	16.1
通州区	62144	17.3	333792	57.6	195599	62.3	14831	7.8	251584	20.0
顺义区	78098	6.0	275296	18.6	114756	13.6	21226	13.2	206863	27.5
昌平区	98412	6.2	527875	29.9	179297	30.9	30193	14.0	195310	20.4
大兴区	52714	5.8	442088	10.2	135446	20.2	31130	15.1	302738	12.7
北京经济技术开发区	21926	6.1	14134	14.5	8081	18.6	1460	9.1	3501	13.0
生态涵养发展区	**106681**	**7.6**	**607726**	**14.0**	**308526**	**18.0**	**157856**	**18.2**	**722674**	**21.6**
门头沟区	30665	11.8	71874	8.7	62501	18.5	12941	22.0	135341	25.8
怀柔区	17626	3.1	116505	7.2	61215	12.0	95553	19.0	131449	15.1
平谷区	23984	6.5	146841	24.1	85372	32.5	19489	10.9	155387	37.1
密云区	22260	7.2	166474	18.0	60407	9.3	8622	13.3	178094	16.1
延庆区	12146	7.0	106032	7.2	39031	13.5	21251	21.6	122403	15.8

3–17 地方

各区	地方财政收入			#一般公共					
							#税收收入		
	2015	2014	增长速度(%)	2015	2014	增长速度(%)	2015	2014	增长速度(%)
全　市	**68138373**	**72145371**	**-5.6**	**47238597**	**40271609**	**17.3**	**42639065**	**38612922**	**10.4**
首都功能核心区	**6224402**	**5625096**	**10.7**	**6159673**	**5287072**	**16.5**	**5682031**	**5048739**	**12.5**
东 城 区	1686856	1582286	6.6	1645609	1559500	5.5	1525474	1478487	3.2
西 城 区	4537546	4042810	12.2	4514064	3727572	21.1	4156557	3570252	16.4
城市功能拓展区	**16631380**	**14127795**	**17.7**	**9450680**	**8520973**	**10.9**	**8615552**	**8106972**	**6.3**
朝 阳 区	6828133	6404977	6.6	4479814	4118281	8.8	4132660	3990139	3.6
丰 台 区	4407187	2614265	68.6	944888	861408	9.7	861057	800803	7.5
石景山区	1446023	1353806	6.8	450942	379716	18.8	410793	363316	13.1
海 淀 区	3950037	3754747	5.2	3575036	3161568	13.1	3211042	2952714	8.7
城市发展新区	**9572108**	**14014238**	**-31.7**	**3900178**	**3448775**	**13.1**	**3261792**	**3067372**	**6.3**
房 山 区	1093784	1352176	-19.1	501544	456020	10.0	380907	361470	5.4
通 州 区	1698491	4242248	-60.0	708041	608552	16.3	614764	543770	13.1
顺 义 区	2113953	3086427	-31.5	1247607	1106151	12.8	1095698	1015754	7.9
昌 平 区	2731390	2242866	21.8	730532	662835	10.2	606911	597212	1.6
大 兴 区	1934490	3090521	-37.4	712454	615217	15.8	563512	549166	2.6
生态涵养发展区	**2521664**	**3955914**	**-36.3**	**1303875**	**1177399**	**10.7**	**993832**	**899638**	**10.5**
门头沟区	1073344	2020197	-46.9	260676	220341	18.3	196881	176074	11.8
怀 柔 区	396426	871538	-54.5	333813	303441	10.0	272396	263313	3.4
平 谷 区	530881	467965	13.4	279341	265477	5.2	220121	206484	6.6
密 云 区	381631	453549	-15.9	295045	277940	6.2	184672	190116	-2.9
延 庆 区	139382	142665	-2.3	135000	110200	22.5	119762	63651	88.2

注：1.地方财政收入中含国有资本经营预算收入，分区的地方财政收入为区级财政收入。

　　2.从2015年开始，原指标地方公共财政预算收入调整为一般公共预算收入（下同）。

资料来源：北京市财政局。

财政收入

单位：万元

预算收入									#政府性基金预算收入		
#增值税			#营业税			#企业所得税					
2015	2014	增长速度(%)	2015	2014	增长速度(%)	2015	2014	增长速度(%)	2015	2014	增长速度(%)
7161226	**6466927**	**10.7**	**11861272**	**10686441**	**11.0**	**10247332**	**9158440**	**11.9**	**20283742**	**31229135**	**-35.0**
750048	**631318**	**18.8**	**1873366**	**1778161**	**5.4**	**1756860**	**1417702**	**23.9**	**39907**	**309308**	**-87.1**
331968	260265	27.5	418059	485845	-14.0	349882	293113	19.4	38303	19541	96.0
418080	371053	12.7	1455307	1292316	12.6	1406978	1124589	25.1	1604	289767	-99.4
1885268	**1762508**	**7.0**	**2459495**	**2130865**	**15.4**	**1908061**	**1799738**	**6.0**	**7149360**	**5582771**	**28.1**
760672	722539	5.3	1215960	1010582	20.3	982094	979584	0.3	2333266	2279354	2.4
130506	122619	6.4	343485	325913	5.4	141476	122981	15.0	3460519	1751257	97.6
84515	75923	11.3	154660	129641	19.3	61837	57493	7.6	983094	973981	0.9
909575	841427	8.1	745390	664729	12.1	722654	639680	13.0	372481	578179	-35.6
558564	**516370**	**8.2**	**1106290**	**1019976**	**8.5**	**594952**	**560234**	**6.2**	**5655851**	**10553803**	**-46.4**
64688	59353	9.0	143877	133915	7.4	37940	40413	-6.1	591364	894828	-33.9
96443	95896	0.6	239702	188792	27.0	87865	79024	11.2	989661	3632669	-72.8
214688	199715	7.5	278758	256267	8.8	306192	270684	13.1	856831	1975193	-56.6
105949	90296	17.3	218459	196906	10.9	85878	98793	-13.1	1998807	1579032	26.6
76796	71110	8.0	225494	244096	-7.6	77077	71320	8.1	1219188	2472081	-50.7
171139	**156656**	**9.2**	**352974**	**286353**	**23.3**	**156062**	**147195**	**6.0**	**1216316**	**2777768**	**-56.2**
29627	28663	3.4	86641	70550	22.8	26601	18619	42.9	811853	1799499	-54.9
63178	55242	14.4	60716	65498	-7.3	47121	53696	-12.2	62533	568037	-89.0
35658	31896	11.8	70861	64058	10.6	39111	35611	9.8	251409	202238	24.3
32396	32832	-1.3	62512	60847	2.7	27337	28747	-4.9	86387	175591	-50.8
10280	8023	28.1	72244	25400	184.4	15892	10522	51.0	4134	32403	-87.2

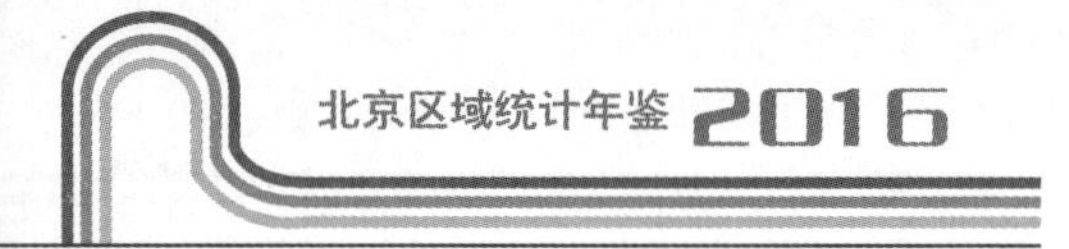

3-18　地方财政支出

单位：万元

各　区	地方财政支出			#一般公共预算支出		
	2015	2014	增长速度(%)	2015	2014	增长速度(%)
全　市	**80807129**	**71477458**	**13.1**	**57377011**	**45246690**	**26.8**
首都功能核心区	**7505384**	**5645822**	**32.9**	**7120705**	**5138279**	**38.6**
东 城 区	2548020	2057555	23.8	2371578	1953685	21.4
西 城 区	4957364	3588267	38.2	4749127	3184594	49.1
城市功能拓展区	**20771491**	**15306966**	**35.7**	**12396155**	**9961559**	**24.4**
朝 阳 区	7409729	5933665	24.9	4436484	3807947	16.5
丰 台 区	5936523	3103876	91.3	2079263	1529160	36.0
石景山区	2036387	1697137	20.0	913285	688258	32.7
海 淀 区	5388852	4572288	17.9	4967123	3936194	26.2
城市发展新区	**17615763**	**16815101**	**4.8**	**10845183**	**7518886**	**44.2**
房 山 区	2528268	2526339	0.1	1835709	1541172	19.1
通 州 区	3386257	3740315	-9.5	1983065	1318399	50.4
顺 义 区	3043455	3541867	-14.1	2251054	1678379	34.1
昌 平 区	4076624	2788648	46.2	1857364	1384384	34.2
大 兴 区	4581159	4217932	8.6	2917991	1596552	82.8
生态涵养发展区	**6749558**	**7064416**	**-4.5**	**5015791**	**4197217**	**19.5**
门头沟区	2085111	2041564	2.1	933067	688916	35.4
怀 柔 区	1261603	1703544	-25.9	1069799	978864	9.3
平 谷 区	1334598	1149155	16.1	1072485	832539	28.8
密 云 区	1196146	1292109	-7.4	1102121	955855	15.3
延 庆 区	872100	878044	-0.7	838319	741043	13.1

注：地方财政支出中含国有资本经营预算支出；分区的地方财政支出为区级财政支出，含市级下拨部分。
资料来源：北京市财政局。

3-18 续表1

单位：万元

各区	一般公共预算支出中					
	#一般公共服务			#社会保障和就业		
	2015	2014	增长速度(%)	2015	2014	增长速度(%)
全市	**3001224**	**2722329**	**10.2**	**7004823**	**5090079**	**37.6**
首都功能核心区	**340393**	**292526**	**16.4**	**1173809**	**814918**	**44.0**
东城区	141825	113045	25.5	439638	362692	21.2
西城区	198568	179481	10.6	734171	452226	62.3
城市功能拓展区	**704476**	**563562**	**25.0**	**2481149**	**1834177**	**35.3**
朝阳区	203201	187481	8.4	896300	777475	15.3
丰台区	169098	142273	18.9	428963	295071	45.4
石景山区	60402	44269	36.4	173317	135181	28.2
海淀区	271775	189539	43.4	982569	626450	56.8
城市发展新区	**653295**	**559841**	**16.7**	**1187886**	**846110**	**40.4**
房山区	153768	151730	1.3	277124	178694	55.1
通州区	110220	90714	21.5	246023	167548	46.8
顺义区	147193	113754	29.4	244067	183890	32.7
昌平区	117756	98723	19.3	226175	165472	36.7
大兴区	124358	104920	18.5	194497	150506	29.2
生态涵养发展区	**414637**	**342136**	**21.2**	**675367**	**536320**	**25.9**
门头沟区	66373	54511	21.8	131521	103362	27.2
怀柔区	98818	79496	24.3	112646	94805	18.8
平谷区	88636	73097	21.3	146957	114458	28.4
密云区	101195	83777	20.8	157498	127660	23.4
延庆区	59615	51255	16.3	126745	96035	32.0

3-18 续表2

单位：万元

各区	一般公共预算支出中					
	#科学技术			#教育		
	2015	2014	增长速度(%)	2015	2014	增长速度(%)
全市	**2877956**	**2827117**	**1.8**	**8556654**	**7420541**	**15.3**
首都功能核心区	**50637**	**36791**	**37.6**	**877526**	**862900**	**1.7**
东城区	20696	13586	52.3	437521	362511	20.7
西城区	29941	23205	29.0	440005	500389	-12.1
城市功能拓展区	**273041**	**270600**	**0.9**	**2376696**	**1895119**	**25.4**
朝阳区	93642	80248	16.7	846243	766825	10.4
丰台区	60568	51516	17.6	415166	329418	26.0
石景山区	13329	13793	-3.4	176648	112249	57.4
海淀区	105502	125043	-15.6	938639	686627	36.7
城市发展新区	**74581**	**78370**	**-4.8**	**1573272**	**1069926**	**47.0**
房山区	9661	10197	-5.3	338279	226311	49.5
通州区	25025	17331	44.4	279655	173782	60.9
顺义区	8032	7299	10.0	297830	205700	44.8
昌平区	26545	25957	2.3	335603	209965	59.8
大兴区	5318	17586	-69.8	321905	254168	26.7
生态涵养发展区	**46017**	**42033**	**9.5**	**850592**	**595593**	**42.8**
门头沟区	3005	2649	13.4	132084	92322	43.1
怀柔区	6645	6302	5.4	176838	126834	39.4
平谷区	9842	11409	-13.7	214394	140114	53.0
密云区	24089	18994	26.8	188608	129910	45.2
延庆区	2436	2679	-9.1	138668	106413	30.3

3-18 续表3

单位：万元

各　区	一般公共预算支出中					
	#医疗卫生与计划生育			#节能环保		
	2015	2014	增长速度(%)	2014	2014	增长速度(%)
全　市	**3705234**	**3222919**	**15.0**	**3032612**	**2133553**	**42.1**
首都功能核心区	**349030**	**301659**	**15.7**	**170704**	**201471**	**-15.3**
东 城 区	123290	103095	19.6	49150	79867	-38.5
西 城 区	225740	198564	13.7	121554	121604	0.0
城市功能拓展区	**788481**	**690211**	**14.2**	**581745**	**408670**	**42.4**
朝 阳 区	402422	345303	16.5	188671	156181	20.8
丰 台 区	106895	93782	14.0	83633	66110	26.5
石景山区	49787	42445	17.3	22899	43988	-47.9
海 淀 区	229377	208681	9.9	286542	142391	101.2
城市发展新区	**722109**	**605210**	**19.3**	**634559**	**287925**	**120.4**
房 山 区	117195	99693	17.6	160070	44603	258.9
通 州 区	191807	149117	28.6	72878	32524	124.1
顺 义 区	185808	138450	34.2	131820	98033	34.5
昌 平 区	98092	100002	-1.9	135762	83635	62.3
大 兴 区	129207	117948	9.5	134029	29130	360.1
生态涵养发展区	**351936**	**321811**	**9.4**	**301435**	**206109**	**46.3**
门头沟区	34590	33422	3.5	37211	27654	34.6
怀 柔 区	88265	82843	6.5	74271	48496	53.1
平 谷 区	74018	60577	22.2	59751	29622	101.7
密 云 区	98913	95922	3.1	82143	65958	24.5
延 庆 区	56150	49047	14.5	48059	34379	39.8

3-18 续表4

单位：万元

各 区	一般公共预算支出中					
	#交通运输			#农林水事务		
	2015	2014	增长速度(%)	2015	2014	增长速度(%)
全 市	**2956316**	**2145513**	**37.8**	**4247815**	**3436680**	**23.6**
首都功能核心区		**11756**	**-100.0**	**2991**	**16665**	**-82.1**
东 城 区		683	-100.0	1145	16531	-93.1
西 城 区		11073	-100.0	1846	134	1277.6
城市功能拓展区	**6211**	**7181**	**-13.5**	**777629**	**572841**	**35.7**
朝 阳 区		6601	-100.0	372892	319185	16.8
丰 台 区	6211	425	1361.4	221549	87698	152.6
石景山区				28889	38684	-25.3
海 淀 区		155	-100.0	154299	127274	21.2
城市发展新区	**245835**	**122444**	**100.8**	**1367253**	**1446468**	**-5.5**
房 山 区	22934	22278	2.9	314122	265807	18.2
通 州 区	21415	25963	-17.5	261269	298788	-12.6
顺 义 区	22937	42023	-45.4	257911	364424	-29.2
昌 平 区	24066	26076	-7.7	245228	196068	25.1
大 兴 区	154483	6104	2430.8	288723	321381	-10.2
生态涵养发展区	**58662**	**66366**	**-11.6**	**818440**	**791694**	**3.4**
门头沟区	7479	6903	8.3	126313	98743	27.9
怀 柔 区	8093	9484	-14.7	129156	154472	-16.4
平 谷 区	20017	28059	-28.7	143061	130070	10.0
密 云 区	11089	10403	6.6	235176	211378	11.3
延 庆 区	11984	11517	4.1	184734	197031	-6.2

3-18 续表5

单位：万元

	一般公共预算支出中 #城乡社区事务			#政府性基金预算支出		
	2015	2014	增长速度(%)	2015	2014	增长速度(%)
全　市	**9953866**	**5673982**	**75.4**	**22812951**	**25590902**	**-10.9**
首都功能核心区	**2491772**	**1276496**	**95.2**	**346784**	**492864**	**-29.6**
东 城 区	658167	464141	41.8	173560	100822	72.1
西 城 区	1833605	812355	125.7	173224	392042	-55.8
城市功能拓展区	**2235784**	**1636411**	**36.6**	**8344777**	**5322041**	**56.8**
朝 阳 区	606328	475289	27.6	2958391	2118376	39.7
丰 台 区	355506	225643	57.6	3856360	1573116	145.1
石景山区	163814	130107	25.9	1110926	1008879	10.1
海 淀 区	1110136	805372	37.8	419100	621670	-32.6
城市发展新区	**1910304**	**1043088**	**83.1**	**6750249**	**9287065**	**-27.3**
房 山 区	138130	231406	-40.3	691909	984417	-29.7
通 州 区	555094	129339	329.2	1401908	2421916	-42.1
顺 义 区	528696	216966	143.7	778778	1858941	-58.1
昌 平 区	397387	229086	73.5	2217327	1403548	58.0
大 兴 区	290997	236291	23.2	1660327	2618243	-36.6
生态涵养发展区	**653174**	**499881**	**30.7**	**1732226**	**2866581**	**-39.6**
门头沟区	141448	100378	40.9	1151212	1352408	-14.9
怀 柔 区	194909	167546	16.3	191744	724620	-73.5
平 谷 区	160796	80652	99.4	261938	316366	-17.2
密 云 区	59554	70008	-14.9	93826	336236	-72.1
延 庆 区	96467	81297	18.7	33506	136951	-75.5

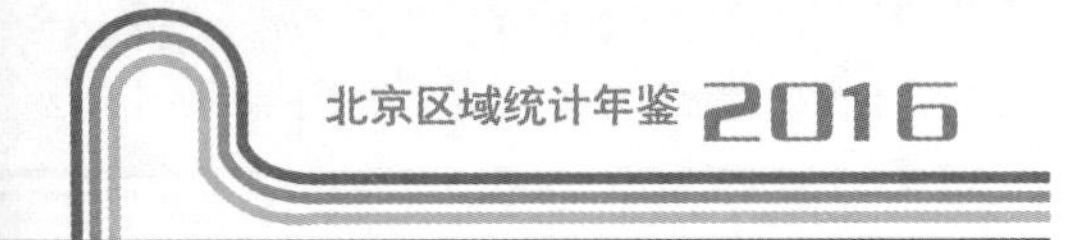

3-19 地税税费收入情况(2015年)

单位：万元

各 区	各项税费收入	#营业税	#交通运输仓储及邮政业	#信息传输、软件和信息技术服务业	#房地产业	#租赁和商务服务业	#居民服务、修理和其他服务业	#文化体育和娱乐业
全 市	**38682402**	**11861270**	**72256**	**115807**	**2653118**	**796892**	**619056**	**79973**
首都功能核心区	**10632262**	**3757464**	**5923**	**29008**	**298819**	**202677**	**144166**	**22176**
东 城 区	3495298	842536	2759	2340	121910	97726	27577	12274
西 城 区	7136964	2914928	3164	26668	176909	104951	116589	9902
城市功能拓展区	**18135665**	**4923311**	**14937**	**83512**	**1086742**	**377675**	**300369**	**45561**
朝 阳 区	8542211	2434068	4560	21058	609431	201636	140567	28751
丰 台 区	1857555	687414	4431	699	183437	52719	49925	2629
石景山区	926112	309662	976	14334	66446	14835	21433	1886
海 淀 区	6809787	1492167	4970	47421	227428	108485	88444	12295
城市发展新区	**7681093**	**2402142**	**43553**	**2852**	**1082973**	**160739**	**118049**	**10136**
房 山 区	686957	275293	505	121	143720	9282	11122	1041
通 州 区	1263876	479989	1627	121	272184	21491	61483	2309
顺 义 区	1740662	559046	29795	1055	137276	48688	12723	1919
昌 平 区	1249086	437539	7891	763	241183	18255	11349	2334
大 兴 区	1189484	451404	3377	102	215908	43336	14868	1886
北京经济技术开发区	1371823	185430	253	690	72139	19562	5966	616
燕 山	179206	13441	105		563	125	538	31
生态涵养发展区	**1991618**	**708618**	**7586**	**430**	**182743**	**33087**	**54908**	**2025**
门头沟区	413483	173396	250	33	71008	5476	6635	193
怀 柔 区	519763	121852	527	31	22006	9209	16422	886
平 谷 区	432088	141949	5044	275	43060	8043	6736	357
密 云 区	346270	126706	574	39	39092	6856	14708	436
延 庆 区	280013	144715	1191	52	7577	3503	10407	153
其 他	**241764**	**69735**	**257**	**5**	**1841**	**22714**	**1564**	**75**
西 站	51964	36147	248		1780	271	715	2
涉 外	189800	33588	9	5	61	22443	849	73

注：本表数据为北京地区全部单位及自然人向地方税务局上缴的税费合计。

资料来源：北京市地方税务局。

3-20 全社会固定资产投资

单位：亿元

各　区	全社会固定资产投资			#基础设施投资		
	2015	2014	增长速度(%)	2015	2014	增长速度(%)
全　市	**7990.9**	**7562.3**	**5.7**	**2174.5**	**2018.1**	**7.7**
首都功能核心区	**481.2**	**455.9**	**5.5**	**178.7**	**145.0**	**23.3**
东 城 区	235.2	214.7	9.5	101.2	97.7	3.6
西 城 区	246.0	241.2	2.0	77.5	47.3	63.8
城市功能拓展区	**3172.7**	**3073.5**	**3.2**	**966.7**	**991.1**	**-2.5**
朝 阳 区	1238.7	1235.4	0.3	391.2	397.2	-1.5
丰 台 区	862.3	812.3	6.2	188.6	249.4	-24.4
石景山区	201.3	184.1	9.3	56.0	54.5	2.7
海 淀 区	870.5	841.7	3.4	330.9	290.0	14.1
城市发展新区	**3588.3**	**3188.1**	**12.6**	**852.5**	**684.7**	**24.5**
房 山 区	532.3	505.8	5.2	108.8	126.1	-13.8
通 州 区	800.8	687.7	16.4	83.6	144.9	-42.3
顺 义 区	465.2	432.3	7.6	95.1	96.2	-1.2
昌 平 区	581.1	614.5	-5.4	159.2	141.6	12.4
大 兴 区	811.3	556.7	45.7	377.2	107.3	251.5
北京经济技术开发区	397.6	391.0	1.7	28.6	68.6	-58.3
生态涵养发展区	**748.7**	**844.7**	**-11.4**	**176.6**	**197.4**	**-10.5**
门头沟区	292.1	267.8	9.1	41.5	48.0	-13.6
怀 柔 区	130.9	167.1	-21.6	39.2	46.6	-15.9
平 谷 区	146.9	162.7	-9.7	24.5	32.8	-25.1
密 云 区	107.6	177.3	-39.3	39.1	51.3	-23.7
延 庆 区	71.2	69.9	1.8	32.3	18.7	73.0

注：本资料按项目所在建设地地址划分。

3-20 续表

单位：亿元

各　区	城镇固定资产投资			#房地产开发投资			农村固定资产投资		
	2015	2014	增长速度(%)	2015	2014	增长速度(%)	2015	2014	增长速度(%)
全　市	**7267.0**	**6926.6**	**4.9**	**4226.3**	**3911.3**	**8.1**	**723.9**	**635.7**	**13.9**
首都功能核心区	**481.2**	**455.9**	**5.5**	**208.2**	**244.4**	**-14.8**			
东 城 区	235.2	214.7	9.5	98.3	90.6	8.5			
西 城 区	246.0	241.2	2.0	109.9	153.8	-28.6			
城市功能拓展区	**3102.1**	**2991.9**	**3.7**	**1687.0**	**1416.3**	**19.1**	**70.7**	**81.6**	**-13.4**
朝 阳 区	1190.3	1199.6	-0.8	689.3	706.3	-2.4	48.5	35.9	35.2
丰 台 区	854.5	786.0	8.7	621.1	377.9	64.4	7.8	26.3	-70.5
石景山区	201.3	184.1	9.3	126.7	113.9	11.2			
海 淀 区	856.0	822.3	4.1	249.8	218.1	14.5	14.4	19.5	-25.9
城市发展新区	**3095.0**	**2801.6**	**10.5**	**1988.1**	**1852.8**	**7.3**	**493.3**	**386.5**	**27.6**
房 山 区	390.7	401.2	-2.6	269.2	269.1	0.0	141.6	104.6	35.4
通 州 区	745.6	600.9	24.1	603.4	446.8	35.0	55.1	86.9	-36.5
顺 义 区	421.1	355.6	18.4	292.6	245.5	19.2	44.1	76.7	-42.4
昌 平 区	552.3	577.4	-4.4	328.3	379.0	-13.4	28.8	37.1	-22.3
大 兴 区	587.7	475.4	23.6	359.2	359.7	-0.1	223.6	81.3	175.1
北京经济技术开发区	397.6	391.0	1.7	135.5	152.7	-11.3			
生态涵养发展区	**588.7**	**677.2**	**-13.1**	**343.1**	**397.8**	**-13.8**	**160.0**	**167.5**	**-4.5**
门头沟区	276.4	255.6	8.2	217.4	168.3	29.2	15.7	12.2	28.6
怀 柔 区	103.0	134.5	-23.4	17.5	67.4	-74.1	27.9	32.6	-14.3
平 谷 区	91.5	117.5	-22.1	54.2	91.6	-40.8	55.4	45.1	22.8
密 云 区	80.4	136.2	-40.9	43.8	64.7	-32.3	27.2	41.1	-33.9
延 庆 区	37.3	33.4	11.8	10.1	5.9	72.8	33.8	36.5	-7.4

注：城镇固定资产投资中包括房地产开发投资。

3-21 全社会房屋建筑施工及竣工面积

单位：万平方米

各区	施工面积			竣工面积		
	2015	2014	增长速度(%)	2015	2014	增长速度(%)
全 市	**20009.1**	**21677.7**	**-7.7**	**4170.2**	**4967.5**	**-16.0**
首都功能核心区	**515.9**	**490.3**	**5.2**	**195.0**	**94.4**	**106.6**
东 城 区	215.5	222.6	-3.2	34.8	55.2	-36.8
西 城 区	300.4	267.8	12.2	160.1	39.2	308.3
城市功能拓展区	**7106.3**	**7906.1**	**-10.1**	**1064.3**	**1831.4**	**-41.9**
朝 阳 区	2961.7	3449.4	-14.1	436.6	1004.9	-56.6
丰 台 区	1925.5	1989.0	-3.2	193.8	336.7	-42.4
石景山区	389.8	427.2	-8.8	56.5	78.3	-27.8
海 淀 区	1829.3	2040.5	-10.4	377.4	411.5	-8.3
城市发展新区	**10290.6**	**11055.1**	**-6.9**	**2302.0**	**2380.8**	**-3.3**
房 山 区	1507.9	1482.7	1.7	304.8	327.9	-7.0
通 州 区	2156.2	2054.0	5.0	550.5	495.5	11.1
顺 义 区	1661.9	1798.3	-7.6	385.3	331.2	16.3
昌 平 区	2012.2	2204.3	-8.7	489.9	388.6	26.1
大 兴 区	1813.7	2285.1	-20.6	356.7	625.7	-43.0
北京经济技术开发区	1138.7	1230.7	-7.5	214.9	211.8	1.5
生态涵养发展区	**2096.3**	**2226.1**	**-5.8**	**609.0**	**661.0**	**-7.9**
门头沟区	867.8	645.7	34.4	102.1	94.7	7.8
怀 柔 区	349.6	429.9	-18.7	151.8	109.3	38.9
平 谷 区	375.9	469.1	-19.9	168.7	169.0	-0.2
密 云 区	353.1	463.7	-23.8	84.3	180.5	-53.3
延 庆 区	149.9	217.8	-31.2	102.1	107.4	-5.0

3–22 商品房基本情况

单位：万平方米

各 区	商品房施工面积			商品房竣工面积		
	2015	2014	增长速度(%)	2015	2014	增长速度(%)
全 市	**13095.0**	**13641.5**	**-4.0**	**2631.5**	**3054.1**	**-13.8**
首都功能核心区	**335.4**	**319.5**	**5.0**	**134.0**	**72.8**	**84.0**
东 城 区	140.0	144.8	-3.4	17.1	50.1	-65.8
西 城 区	195.5	174.6	11.9	116.9	22.8	413.7
城市功能拓展区	**4728.4**	**5317.3**	**-11.1**	**692.2**	**1251.7**	**-44.7**
朝 阳 区	2087.5	2543.0	-17.9	313.5	778.9	-59.8
丰 台 区	1383.3	1410.9	-2.0	156.3	175.2	-10.8
石景山区	303.0	351.5	-13.8	27.5	70.8	-61.2
海 淀 区	954.6	1011.9	-5.7	194.9	226.8	-14.1
城市发展新区	**6883.4**	**6909.2**	**-0.4**	**1532.2**	**1519.0**	**0.9**
房 山 区	887.4	906.5	-2.1	146.0	214.2	-31.8
通 州 区	1727.3	1510.0	14.4	425.6	317.9	33.9
顺 义 区	1268.9	1263.6	0.4	277.5	201.4	37.8
昌 平 区	1428.3	1302.7	9.6	341.3	244.9	39.4
大 兴 区	1107.3	1392.1	-20.5	251.9	466.1	-45.9
北京经济技术开发区	464.2	534.4	-13.1	89.9	74.6	20.5
生态涵养发展区	**1147.8**	**1095.6**	**4.8**	**273.1**	**210.6**	**29.7**
门头沟区	445.6	341.0	30.7	59.2	55.2	7.2
怀 柔 区	108.9	125.3	-13.0	29.1	28.4	2.5
平 谷 区	262.4	327.0	-19.7	101.1	64.5	56.9
密 云 区	279.9	242.5	15.4	48.0	45.1	6.4
延 庆 区	50.9	59.8	-14.9	35.6	17.3	105.4

3–22 续表

单位：万平方米

各 区	商品房销售面积			#住宅销售面积		
	2015	2014	增长速度(%)	2015	2014	增长速度(%)
全 市	**1554.7**	**1459.0**	**6.6**	**1127.3**	**1141.3**	**-1.2**
首都功能核心区	**36.0**	**7.2**	**401.1**	**10.6**	**3.9**	**172.6**
东 城 区	5.0	3.0	66.4	4.2	1.6	153.8
西 城 区	30.9	4.1	646.4	6.4	2.2	186.5
城市功能拓展区	**394.0**	**428.2**	**-8.0**	**268.5**	**311.1**	**-13.7**
朝 阳 区	188.0	285.2	-34.1	135.6	205.9	-34.1
丰 台 区	93.0	82.9	12.1	48.7	63.5	-23.4
石景山区	42.2	13.8	205.5	22.2	7.3	204.8
海 淀 区	70.8	46.2	53.2	62.0	34.4	80.0
城市发展新区	**927.7**	**873.3**	**6.2**	**682.1**	**693.4**	**-1.6**
房 山 区	165.7	161.4	2.7	132.4	130.3	1.6
通 州 区	221.6	169.5	30.8	131.8	119.3	10.5
顺 义 区	144.4	114.2	26.4	107.7	90.8	18.7
昌 平 区	178.6	142.0	25.8	152.2	129.9	17.2
大 兴 区	179.3	247.0	-27.4	134.9	211.5	-36.2
北京经济技术开发区	38.0	39.3	-3.2	23.1	11.6	99.3
生态涵养发展区	**197.1**	**150.3**	**31.2**	**166.2**	**132.9**	**25.0**
门头沟区	72.1	59.9	20.3	51.9	53.5	-3.0
怀 柔 区	22.4	13.5	66.1	18.5	11.7	58.4
平 谷 区	56.5	32.7	72.7	51.4	29.4	74.7
密 云 区	35.5	40.9	-13.2	34.4	36.8	-6.6
延 庆 区	10.5	3.2	229.0	9.9	1.4	586.8

注：销售面积为期房与现房销售面积之和。

3-23 能源消费基本情况

各 区	能源消费总量(万吨标准煤)		万元地区生产总值能耗下降率(%)	
	2015	2014	2015	2014
全 市	**6852.6**	**6831.2**	**6.13**	**5.29**
首都功能核心区	**676.5**	**657.3**	**3.47**	**5.15**
东 城 区	290.7	280.7	2.82	5.44
西 城 区	385.8	376.6	3.91	4.95
城市功能拓展区	**2144.2**	**2137.4**	**6.05**	**7.02**
朝 阳 区	856.6	859.4	6.45	7.94
丰 台 区	437.5	424.0	3.43	5.48
石景山区	132.2	146.7	16.06	10.30
海 淀 区	717.9	707.3	5.08	6.20
城市发展新区	**3070.9**	**3042.0**	**6.84**	**6.02**
房 山 区	850.3	851.2	7.08	7.90
通 州 区	299.1	307.2	10.67	5.59
顺 义 区	1123.8	1082.5	3.67	3.99
昌 平 区	345.2	357.1	10.68	4.51
大 兴 区	289.0	286.4	6.36	7.39
北京经济技术开发区	163.5	157.6	4.77	5.61
生态涵养发展区	**481.4**	**479.0**	**6.97**	**5.16**
门头沟区	66.3	65.1	6.18	3.98
怀 柔 区	110.6	114.9	10.51	5.43
平 谷 区	116.8	115.1	5.78	8.28
密 云 区	121.5	120.8	6.90	3.21
延 庆 区	66.2	63.1	2.01	3.18

注：1.万元地区生产总值能耗下降率按可比价计算。

2.根据有关核算原则，在进行能源核算时，对部分无法进行各区分解的数据，由市统计局统一核算，故表中各区及北京经济技术开发区能源消费量之和不等于全市能源消费量。

3-24 全社会用电量情况(2015年)

单位：万千瓦时

各区	合计	第一产业	第二产业	第三产业	居民生活
全市	**9527169**	**185031**	**3238220**	**4356332**	**1747586**
首都功能核心区	**972971**		**36721**	**718908**	**217342**
东城区	421924		13305	315749	92870
西城区	551047		23416	403159	124472
城市功能拓展区	**3774534**	**22221**	**469927**	**2448808**	**833577**
朝阳区	1601575	4008	205529	1044788	347250
丰台区	744639	4061	111011	437306	192261
石景山区	167541	342	32093	91323	43782
海淀区	1260779	13809	121294	875392	250284
城市发展新区	**3233091**	**129452**	**1556238**	**988049**	**559352**
房山区	563345	26341	361507	99968	75529
通州区	519508	29643	213948	150514	125402
顺义区	600135	27621	272499	202691	97325
昌平区	588478	18356	166229	263920	139973
大兴区	513514	27492	208069	174313	103640
北京经济技术开发区	448111		333986	96643	17483
生态涵养发展区	**624419**	**33357**	**253179**	**200568**	**137315**
门头沟区	93078	1416	30406	33647	27609
怀柔区	166498	7268	80481	50408	28341
平谷区	132686	12833	59819	28252	31782
密云区	153738	6373	72820	41735	32809
延庆区	78418	5467	9653	46525	16773

注：全市合计中包括输送损失，各区及北京经济技术开发区用电量不含输送损失，故表中各区及北京经济技术开发区用电量之和不等于全市。

资料来源：北京市电力公司。

3-25 农村基本情况

各区	乡镇及行政村常住户数（万户）			乡镇及行政村常住人口（万人）			乡镇及行政村从业人员（万人）			乡镇及行政村农林牧渔业从业人员（万人）		
	2015	2014	增长速度(%)	2015	2014	增长速度(%)	2015	2014	增长速度(%)	2015	2014	增长速度(%)
全市	**221.4**	**225.2**	**-1.7**	**593.5**	**606.9**	**-2.2**	**348.0**	**357.0**	**-2.5**	**49.4**	**51.3**	**-3.8**
城市功能拓展区	**55.4**	**59.3**	**-6.5**	**148.8**	**160.5**	**-7.3**	**92.4**	**98.9**	**-6.5**	**2.6**	**2.7**	**-2.9**
朝阳区	28.4	30.8	-7.6	74.1	79.8	-7.2	46.8	50.3	-6.9	0.5	0.5	-8.7
丰台区	12.6	13.2	-4.6	34.7	38.5	-9.7	21.6	23.9	-9.5	1.1	1.0	3.7
海淀区	14.4	15.3	-6.0	40.0	42.2	-5.2	24.0	24.7	-2.9	1.1	1.1	-6.1
城市发展新区	**118.4**	**117.9**	**0.4**	**327.4**	**328.7**	**-0.4**	**189.8**	**192.1**	**-1.2**	**26.1**	**27.6**	**-5.6**
房山区	27.1	26.9	0.8	59.9	60.2	-0.4	31.0	31.2	-0.8	6.6	6.7	-2.6
通州区	27.3	26.9	1.2	74.7	74.6	0.2	41.3	41.8	-1.3	5.5	5.6	-1.9
顺义区	22.1	21.8	1.5	62.0	60.9	1.8	34.2	34.0	0.7	3.6	3.8	-5.0
昌平区	23.0	22.7	1.5	70.3	70.3	0.1	45.4	45.5	-0.2	3.7	3.9	-6.5
大兴区	19.0	19.7	-3.5	60.4	62.7	-3.7	37.9	39.5	-4.2	6.8	7.6	-10.9
生态涵养发展区	**47.5**	**48.0**	**-0.9**	**117.2**	**117.7**	**-0.4**	**65.8**	**66.1**	**-0.4**	**20.6**	**21.0**	**-1.6**
门头沟区	4.5	4.9	-9.6	9.1	10.1	-9.8	4.6	5.0	-7.4	0.8	0.9	-5.1
怀柔区	9.4	9.4	0.5	22.8	22.9	-0.2	12.3	12.3	-0.3	3.6	3.6	-0.9
平谷区	11.2	11.1	0.4	32.4	32.2	0.6	18.6	18.4	0.6	5.4	5.4	-1.1
密云区	13.2	13.1	1.0	31.7	31.6	0.5	18.3	18.3	-0.3	6.7	6.8	-2.0
延庆区	9.3	9.4	-2.0	21.2	21.0	0.8	12.1	12.0	0.5	4.2	4.2	-1.4

3-25 续表

各 区	农业机械总动力（万千瓦）			化肥施用量（折纯量）（吨）			农村用电量（万千瓦小时）		
	2015	2014	增长速度(%)	2015	2014	增长速度(%)	2015	2014	增长速度(%)
全 市	**185.9**	**195.8**	**-5.0**	**105284.3**	**116397.5**	**-9.5**	**516705.0**	**505558.6**	**2.2**
城市功能拓展区	**6.6**	**8.1**	**-18.7**	**1842.5**	**2160.0**	**-14.7**	**156586.1**	**160425.5**	**-2.4**
朝 阳 区	0.6	0.6	2.4	302.3	337.0	-10.3	75520.7	77824.1	-3.0
丰 台 区	3.7	4.9	-24.2	104.5	133.1	-21.5	46641.8	48882.8	-4.6
海 淀 区	2.2	2.6	-13.4	1435.7	1689.9	-15.0	34423.6	33718.6	2.1
城市发展新区	**96.2**	**106.2**	**-9.4**	**74355.8**	**83539.8**	**-11.0**	**265713.7**	**250873.0**	**5.9**
房 山 区	24.3	23.8	2.3	9202.1	10099.9	-8.9	50995.3	49596.1	2.8
通 州 区	15.2	17.1	-11.0	22689.7	24523.1	-7.5	75374.7	62813.5	20.0
顺 义 区	26.8	29.4	-8.8	18008.0	19999.9	-10.0	46957.8	45422.7	3.4
昌 平 区	8.2	7.6	8.3	2592.0	3149.1	-17.7	60834.3	60034.9	1.3
大 兴 区	21.6	28.3	-23.8	21864.0	25767.8	-15.1	31551.6	33005.8	-4.4
生态涵养发展区	**76.1**	**74.8**	**1.8**	**29086.0**	**30697.7**	**-5.3**	**94405.2**	**94260.1**	**0.2**
门头沟区	1.7	2.0	-15.4	148.4	153.7	-3.4	9405.6	9710.6	-3.1
怀 柔 区	13.2	12.3	7.4	4380.1	4628.1	-5.4	19457.8	18602.3	4.6
平 谷 区	22.8	22.7	0.3	8140.4	8416.0	-3.3	32469.7	33867.6	-4.1
密 云 区	23.2	23.1	0.3	6275.7	6745.7	-7.0	20923.5	20769.0	0.7
延 庆 区	15.2	14.6	4.0	10141.4	10754.2	-5.7	12148.6	11310.6	7.4

注：全市农业机械总动力包含首农集团未分配到各区的农机具数据，故分区数据相加不等于全市。

资料来源：农业机械总动力为北京市农业局提供。

3-26 农林牧渔业总产值

单位：万元

各区	农林牧渔业总产值			农业			林业		
	2015	2014	增长速度(%)	2015	2014	增长速度(%)	2015	2014	增长速度(%)
全市	**3682372.2**	**4200672.4**	**-12.3**	**1544776.6**	**1551014.9**	**-0.4**	**573278.6**	**906852.3**	**-36.8**
城市功能拓展区	**106542.5**	**126598.4**	**-15.8**	**31201.7**	**34717.3**	**-10.1**	**48048.2**	**58615.2**	**-18.0**
朝阳区	35054.1	42816.1	-18.1	8548.0	8128.5	5.2	16960.0	21154.7	-19.8
丰台区	18503.6	25103.4	-26.3	6034.6	8745.9	-31.0	9906.8	12612.8	-21.5
海淀区	52984.8	58678.9	-9.7	16619.1	17842.9	-6.9	21181.4	24847.7	-14.8
城市发展新区	**2263980.8**	**2678101.9**	**-15.5**	**954393.3**	**958487.8**	**-0.4**	**405665.2**	**659039.7**	**-38.4**
房山区	402495.7	524952.6	-23.3	173327.2	171751.6	0.9	68234.5	138231.5	-50.6
通州区	501234.3	578164.3	-13.3	227962.8	234901.9	-3.0	79463.5	141572.3	-43.9
顺义区	581054.7	684925.1	-15.2	208491.8	223211.8	-6.6	96612.4	148889.4	-35.1
昌平区	220530.6	257635.1	-14.4	77412.1	76293.4	1.5	53865.5	73873.6	-27.1
大兴区	558665.5	632424.8	-11.7	267199.4	252329.1	5.9	107489.3	156472.9	-31.3
生态涵养发展区	**1293098.9**	**1378640.1**	**-6.2**	**559181.6**	**557809.8**	**0.2**	**119565.2**	**189197.4**	**-36.8**
门头沟区	24146.4	35335.3	-31.7	9740.5	10863.5	-10.3	4007.7	9757.4	-58.9
怀柔区	177007.8	203870.9	-13.2	55792.8	52118.7	7.0	38967.9	59622.6	-34.6
平谷区	467073.5	482373.4	-3.2	244626.3	253434.7	-3.5	16987.1	26914.5	-36.9
密云区	419025.6	415951.2	0.7	187457.1	186203.3	0.7	38575.5	38449.1	0.3
延庆区	205845.6	241109.3	-14.6	61564.9	55189.6	11.6	21027.0	54453.8	-61.4

注：全市渔业产值含远洋捕捞，各区不包括远洋捕捞数据，故分区数据相加不等于全市。

3-26 续表

单位：万元

各区	牧业			渔业			农林牧渔服务业		
	2015	2014	增长速度(%)	2015	2014	增长速度(%)	2015	2014	增长速度(%)
全市	**1358578.1**	**1526589.6**	**-11.0**	**118689.5**	**132024.0**	**-10.1**	**87049.4**	**84191.6**	**3.4**
城市功能拓展区	**11942.7**	**17602.7**	**-32.2**	**3994.7**	**4632.0**	**-13.8**	**11355.2**	**11031.2**	**2.9**
朝阳区	2636.8	6250.5	-57.8	3885.0	4343.3	-10.6	3024.3	2939.1	2.9
丰台区	1111.1	2280.5	-51.3	36.0	93.0	-61.3	1415.1	1371.2	3.2
海淀区	8194.8	9071.7	-9.7	73.7	195.7	-62.3	6915.8	6720.9	2.9
城市发展新区	**792184.2**	**942141.9**	**-15.9**	**54108.6**	**62486.3**	**-13.4**	**57629.5**	**55946.2**	**3.0**
房山区	140642.3	192450.3	-26.9	6870.8	9309.7	-26.2	13420.9	13209.5	1.6
通州区	157465.6	164684.6	-4.4	26414.3	27431.6	-3.7	9928.1	9573.9	3.7
顺义区	242754.2	276424.0	-12.2	15334.9	19208.9	-20.2	17861.4	17191.0	3.9
昌平区	79248.3	97355.1	-18.6	2483.4	2839.0	-12.5	7521.3	7274.0	3.4
大兴区	172073.8	211227.9	-18.5	3005.2	3697.1	-18.7	8897.8	8697.8	2.3
生态涵养发展区	**554451.2**	**566845.0**	**-2.2**	**41836.2**	**47573.7**	**-12.1**	**18064.7**	**17214.2**	**4.9**
门头沟区	9515.7	13849.2	-31.3				882.5	865.2	2.0
怀柔区	70269.7	78016.0	-9.9	11095.5	13244.7	-16.2	881.9	868.9	1.5
平谷区	186708.8	181015.0	3.1	16740.6	19517.4	-14.2	2010.7	1491.8	34.8
密云区	173747.8	171608.8	1.2	10517.5	11096.4	-5.2	8727.7	8593.6	1.6
延庆区	114209.2	122356.0	-6.7	3482.6	3715.2	-6.3	5561.9	5394.7	3.1

3-27 农作物播种面积

单位：公顷

各区	农作物播种面积			#粮食作物			#蔬菜及食用菌		
	2015	2014	增长速度(%)	2015	2014	增长速度(%)	2015	2014	增长速度(%)
全 市	**176632**	**199961**	**-11.7**	**104453**	**120174**	**-13.1**	**54271**	**57482**	**-5.6**
城市功能拓展区	**1871**	**2131**	**-12.2**	**572**	**546**	**4.8**	**1124**	**1267**	**-11.3**
朝阳区	360	461	-21.7	20	10	89.0	286	311	-8.2
丰台区	278	390	-28.8	86	130	-33.5	129	159	-18.9
海淀区	1232	1280	-3.8	466	406	14.8	709	797	-11.0
城市发展新区	**114355**	**130830**	**-12.6**	**59629**	**71854**	**-17.0**	**42131**	**44243**	**-4.8**
房山区	18748	21055	-11.0	12324	14283	-13.7	4917	4815	2.1
通州区	23049	26530	-13.1	10044	12887	-22.1	11690	12033	-2.9
顺义区	28884	33159	-12.9	16039	19144	-16.2	8199	9003	-8.9
昌平区	4109	4795	-14.3	2078	2495	-16.7	1155	1431	-19.3
大兴区	39565	45290	-12.6	19144	23046	-16.9	16170	16960	-4.7
生态涵养发展区	**60407**	**67001**	**-9.8**	**44252**	**47774**	**-7.4**	**11016**	**11972**	**-8.0**
门头沟区	2360	2896	-18.5	1009	1217	-17.1	98	125	-21.5
怀柔区	9277	9997	-7.2	7622	8149	-6.5	955	1009	-5.4
平谷区	13073	14449	-9.5	8467	9096	-6.9	4211	4965	-15.2
密云区	17406	19566	-11.0	12375	13773	-10.2	3920	3975	-1.4
延庆区	18290	20093	-9.0	14779	15538	-4.9	1832	1899	-3.6

3–28 主要农产品产量

单位：吨

各区	粮食			蔬菜及食用菌			禽蛋		
	2015	2014	增长速度(%)	2015	2014	增长速度(%)	2015	2014	增长速度(%)
全 市	**626362**	**639369**	**-2.0**	**2051447**	**2361635**	**-13.1**	**195804**	**196454**	**-0.3**
城市功能拓展区	**3316**	**2927**	**13.3**	**30613**	**32310**	**-5.3**	**749**	**1117**	**-33.0**
朝阳区	91	67	35.6	6437	5800	11.0			
丰台区	387	387	0.1	2872	3862	-25.6	396	682	-41.9
海淀区	2839	2474	14.8	21304	22648	-5.9	353	435	-18.9
城市发展新区	**354360**	**414112**	**-14.4**	**1559808**	**1783079**	**-12.5**	**50958**	**55475**	**-8.1**
房山区	62232	71073	-12.4	167140	166404	0.4	8124	10438	-22.2
通州区	61821	79625	-22.4	468012	542459	-13.7	8189	8068	1.5
顺义区	97884	110843	-11.7	312355	385562	-19.0	15016	13339	12.6
昌平区	8264	7277	13.6	37633	40935	-8.1	6805	8277	-17.8
大兴区	124159	145294	-14.5	574668	647719	-11.3	12824	15353	-16.5
生态涵养发展区	**249559**	**197349**	**26.5**	**461025**	**546246**	**-15.6**	**144097**	**139863**	**3.0**
门头沟区	1269	1028	23.4	3906	4481	-12.8	158	173	-8.7
怀柔区	44140	30647	44.0	25964	32100	-19.1	1873	1794	4.4
平谷区	49084	52462	-6.4	183299	233767	-21.6	83366	79249	5.2
密云区	49856	50220	-0.7	184731	203920	-9.4	20696	20995	-1.4
延庆区	105209	62991	67.0	63126	71978	-12.3	38005	37652	0.9

注：全市粮食产量为抽样调查推算数据，故与各区数据合计数不等。

3-28 续表1

单位：吨

各　区	干鲜果品			#鲜　果			瓜类及草莓		
	2015	2014	增长速度(%)	2015	2014	增长速度(%)	2015	2014	增长速度(%)
全　市	**713827**	**745147**	**-4.2**	**674270**	**712897**	**-5.4**	**205155**	**251633**	**-18.5**
城市功能拓展区	**5633**	**6891**	**-18.3**	**5618**	**6875**	**-18.3**	**630**	**749**	**-15.9**
朝 阳 区	386	626	-38.3	386	626	-38.3	69	92	-24.7
丰 台 区	1206	1410	-14.5	1206	1404	-14.2	61	45	33.3
海 淀 区	4042	4855	-16.8	4026	4844	-16.9	500	612	-18.3
城市发展新区	**268689**	**283909**	**-5.4**	**265417**	**281459**	**-5.7**	**200767**	**245950**	**-18.4**
房 山 区	46479	50321	-7.6	45313	49191	-7.9	5270	9912	-46.8
通 州 区	45877	51405	-10.8	45769	51324	-10.8	14035	25454	-44.9
顺 义 区	55023	56562	-2.7	54907	56432	-2.7	57150	77354	-26.1
昌 平 区	34045	29288	16.2	32187	28218	14.1	9692	8088	19.8
大 兴 区	87265	96333	-9.4	87242	96295	-9.4	114621	125141	-8.4
生态涵养发展区	**439505**	**454348**	**-3.3**	**403234**	**424563**	**-5.0**	**3758**	**4934**	**-23.8**
门头沟区	3098	3061	1.2	2810	2768	1.5	4	4	-6.8
怀 柔 区	27164	23960	13.4	16422	16595	-1.0	484	693	-30.2
平 谷 区	319019	339727	-6.1	313772	335430	-6.5	1472	2538	-42.0
密 云 区	68138	67802	0.5	50977	51756	-1.5	624	846	-26.2
延 庆 区	22087	19797	11.6	19253	18014	6.9	1174	853	37.6

3-28 续表2

单位：吨

各区	肉类			#猪牛羊肉			牛奶		
	2015	2014	增长速度(%)	2015	2014	增长速度(%)	2015	2014	增长速度(%)
全　市	**364166**	**393214**	**-7.4**	**252256**	**268833**	**-6.2**	**572155**	**594805**	**-3.8**
城市功能拓展区	**2101**	**2230**	**-5.8**	**391**	**2089**	**-81.3**	**8128**	**22181**	**-63.4**
朝阳区	4	3	48.1	4	3	48.1	7690	13510	-43.1
丰台区	207	347	-40.5	193	314	-38.4	219	466	-53.1
海淀区	1891	1880	0.6	1674	1772	-5.5	7674	8205	-6.5
城市发展新区	**230952**	**254125**	**-9.1**	**173317**	**191129**	**-9.3**	**376390**	**392538**	**-4.1**
房山区	42982	47297	-9.1	36499	37127	-1.7	47934	46218	3.7
通州区	44334	40392	9.8	26095	23927	9.1	111098	105683	5.1
顺义区	78904	95413	-17.3	64738	76324	-15.2	55557	53167	4.5
昌平区	9895	10868	-9.0	8163	8866	-7.9	47905	52745	-9.2
大兴区	54838	60155	-8.8	37822	44886	-15.7	113896	134726	-15.5
生态涵养发展区	**131113**	**136859**	**-4.2**	**77069**	**75615**	**1.9**	**180183**	**180086**	**0.1**
门头沟区	4178	6175	-32.3	405	623	-35.0	52	70	-25.9
怀柔区	21214	24733	-14.2	10718	10475	2.3	39536	41783	-5.4
平谷区	46987	44731	5.0	36711	34885	5.2	3496	3585	-2.5
密云区	36921	37808	-2.3	18862	18686	0.9	77904	72118	8.0
延庆区	21814	23412	-6.8	10372	10946	-5.2	59195	62530	-5.3

3-28 续表3

单位：百枝、百盆

各　区	鲜切花			盆栽花			盆栽观叶植物		
	2015	2014	增长速度(%)	2015	2014	增长速度(%)	2015	2014	增长速度(%)
全　市	**395366**	**349199**	**13.2**	**1166074**	**996457**	**17.0**	**8770**	**15764**	**-44.4**
城市功能拓展区	**100**	**500**	**-80.0**	**21848**	**43732**	**-50.0**	**2076**	**8780**	**-76.4**
朝阳区				36	36		333	424	-21.4
丰台区	100	500	-80.0	16176	31645	-48.9	1720	8300	-79.3
海淀区				5637	12051	-53.2	23	56	-59.1
城市发展新区	**281138**	**246801**	**13.9**	**1075635**	**924837**	**16.3**	**6544**	**6873**	**-4.8**
房山区	7438	5475	35.9	117144	90991	28.7	3671	4996	-26.5
通州区	108044	128035	-15.6	115575	115652	-0.1	971	1653	-41.2
顺义区	48808	31118	56.8	464880	398605	16.6	1666	50	3232.5
昌平区	86214	59707	44.4	29890	34463	-13.3	164	120	37.0
大兴区	30634	22466	36.4	348146	285125	22.1	72	55	30.9
生态涵养发展区	**114128**	**101898**	**12.0**	**68591**	**27888**	**146.0**	**150**	**111**	**35.0**
门头沟区									
怀柔区	2409	833	189.2	13077	12391	5.5	20	10	100.0
平谷区	31788	33020	-3.7	1129	623	81.2			
密云区	2021	6724	-69.9	38790	72	54151.8			
延庆区	77910	61321	27.1	15595	14802	5.4	130	101	28.6

3-29 水产品产量

单位：吨

各　区	2015	2014
全　市	**65813**	**68184**
城市功能拓展区	**765**	**838**
朝 阳 区	415	431
丰 台 区	18	31
海 淀 区	332	376
城市发展新区	**23273**	**27618**
房 山 区	3509	3504
通 州 区	7364	9061
顺 义 区	8818	11000
昌 平 区	1553	1869
大 兴 区	2029	2184
生态涵养发展区	**25108**	**26506**
门头沟区		
怀 柔 区	3793	3921
平 谷 区	14051	14852
密 云 区	4250	4600
延 庆 区	3014	3133

注：全市合计数中含远洋捕捞数据(2015年为16667吨，2014年为13222.3吨)，分区数据不包括。

数据来源：北京市农业局。

3-30 生猪饲养和产量情况(2015年)

各 区	年末生猪存栏(头)	生猪出栏(头)	猪肉产量(吨)
全 市	**1656081**	**2844164**	**224841.4**
城市功能拓展区	**19902**	**23496**	**1770.2**
丰 台 区	1152	1985	151.3
海 淀 区	18750	21511	1618.9
城市发展新区	**1138916**	**1947677**	**154975.1**
房 山 区	247677	414974	32690.5
通 州 区	140813	266104	22087.5
顺 义 区	481551	746647	59130.6
昌 平 区	74195	94534	7320.4
大 兴 区	194680	425418	33746.1
生态涵养发展区	**497263**	**872991**	**68096.1**
门头沟区	**3269**	**5433**	**340.2**
怀 柔 区	**76136**	**121387**	**9835.9**
平 谷 区	233042	425173	33279.2
密 云 区	117023	206293	15983.3
延 庆 区	67793	114705	8657.6

3-31 农业观光园情况

各 区	农业观光园个数(个)		高峰期从业人员(人)		接待人次(人次)		经营总收入(万元)	
	2015	2014	2015	2014	2015	2014	2015	2014
全 市	**1328**	**1301**	**42617**	**47088**	**19033334**	**19112023**	**263138.9**	**249154.7**
城市功能拓展区	**90**	**83**	**5032**	**5138**	**2936754**	**2466273**	**50133.5**	**45986.7**
朝 阳 区	11	11	1871	2018	1268274	1438991	38046.5	37069.7
丰 台 区	15	12	822	691	1359653	680903	6397.3	2085.1
海 淀 区	64	60	2339	2429	308827	346379	5689.7	6831.9
城市发展新区	**533**	**541**	**19962**	**24239**	**5719708**	**6383061**	**98370.3**	**95852.2**
房 山 区	110	111	2563	3017	1294700	1682147	13085.4	15181.0
通 州 区	57	58	3809	3520	790527	833162	19491.2	18518.4
顺 义 区	51	54	2345	2366	669322	704509	11133.6	11594.3
昌 平 区	208	198	6856	6047	1749100	1808213	39889.8	37358.4
大 兴 区	107	120	4389	9289	1216059	1355030	14770.3	13200.1
生态涵养发展区	**704**	**676**	**17620**	**17706**	**10376752**	**10262344**	**114634.0**	**107312.5**
门头沟区	66	55	899	1167	436525	414806	4672.6	4996.9
怀 柔 区	242	217	2364	2196	1958094	1945623	19203.7	17182.0
平 谷 区	208	210	8686	8592	4307089	4037837	35696.9	32438.7
密 云 区	144	155	4271	4349	3159340	3277830	48356.4	45960.6
延 庆 区	44	39	1400	1402	515704	586248	6704.4	6734.3

注：全市合计数中含石景山区数据，故分区数据相加不等于合计。

3-32 民俗旅游情况

各区	民俗旅游接待户数(户)		高峰期从业人员(人)		民俗旅游接待人次(人次)		民俗旅游总收入(万元)	
	2015	2014	2015	2014	2015	2014	2015	2014
全　市	**8941**	**8863**	**22313**	**21493**	**21396673**	**19142166**	**128550.1**	**112543.0**
城市功能拓展区	**31**	**35**	**48**	**64**	**41162**	**42104**	**271.9**	**296.7**
朝 阳 区	5	5	6	6	900	1200	7.2	9.0
海 淀 区	26	30	42	58	40262	40904	264.7	287.7
城市发展新区	**1957**	**1901**	**4981**	**4643**	**4560431**	**3414315**	**21262.8**	**18485.7**
房 山 区	1340	1318	2321	2522	1715643	1725410	9431.8	9864.2
通 州 区	78	77	151	138	27385	29260	1113.8	1099.6
顺 义 区	33	25	68	39	25223	22834	114.3	83.0
昌 平 区	370	338	1745	1254	2341711	1200621	8911.1	5856.1
大 兴 区	136	143	696	690	450469	436190	1691.8	1582.8
生态涵养发展区	**6953**	**6927**	**17284**	**16786**	**16795080**	**15685747**	**107015.4**	**93760.6**
门头沟区	510	532	1198	1267	752888	731650	6527.2	5792.3
怀 柔 区	1556	1442	3979	3421	2460771	2175180	17146.4	14917.0
平 谷 区	1873	2149	4912	5860	4432264	4133403	28207.9	25976.6
密 云 区	2060	1922	4288	3789	4595315	4336142	29099.8	24102.3
延 庆 区	954	882	2907	2449	4553842	4309372	26034.1	22972.4

注：民俗旅游接待户数为实际经营的户数。

3-33 设施农业生产情况(2015年)

各 区	设施农业播种面积(公顷)	设施农业总收入(万元)	#花卉苗木	设施农业产品产量 蔬菜及食用菌(吨)	瓜 果(吨)	园林水果(吨)
全 市	**41088**	**555012.1**	**40782.1**	**1218898**	**177386**	**6671**
城市功能拓展区	**986**	**14468.4**	**1973.4**	**21037**	**207**	**115**
朝 阳 区	207	4311.6		4514	66	
丰 台 区	179	3331.6	1543.0	2543	61	19
海 淀 区	600	6825.2	430.4	13979	80	96
城市发展新区	**35446**	**437518.7**	**35398.2**	**1030185**	**173629**	**3571**
房 山 区	3326	53611.5	1703.9	101300	348	83
通 州 区	8542	143133.5	10575.2	320363	4721	1037
顺 义 区	6984	75806.5	10679.4	187465	51412	747
昌 平 区	1186	42547.2	4716.0	22765	9211	131
大 兴 区	15409	122420.0	7723.7	398293	107937	1573
生态涵养发展区	**4655**	**103025.0**	**3410.5**	**167676**	**3551**	**2985**
门头沟区	34	3452.4		3157	4	1
怀 柔 区	343	7761.6	254.5	8528	434	191
平 谷 区	1786	33214.2	649.1	60626	1356	1455
密 云 区	1807	43661.4	363.1	74300	623	886
延 庆 区	686	14935.4	2143.8	21065	1134	452

3-34 种业发展情况(2015年)

各 区	种业收入(万元)	#销往外埠收入(万元)	种业产品产量						
			小麦种(公斤)	玉米种(公斤)	树 苗(百株)	种 猪(头)	种 羊(只)	种雏禽(万只)	种鱼苗(万尾)
全 市	**126733.7**	**66440.5**	**1197400**	**542838**	**6082**	**134832**	**2160**	**2830.3**	**9155.0**
城市功能拓展区	**1893.5**	**1729.6**							
朝 阳 区	221.0	192.0							2573.0
海 淀 区	1672.5	1537.6				5292		33.5	
城市发展新区	**77567.2**	**41269.2**							
房 山 区	6659.8	718.4	509000			2490		152.2	
通 州 区	2987.1	671.5	688400		1230	880			220.0
顺 义 区	40520.8	25682.1				94960	2160	321.2	
昌 平 区	22382.7	11445.0			193	2187		472.6	80.0
大 兴 区	5016.8	2752.2				20369		10.9	
生态涵养发展区	**47273.0**	**23441.7**							
门头沟区	817.4				1788				
怀 柔 区	5955.3	4219.5		154500	108	4410		775.5	6002.0
平 谷 区	12887.2	3817.1			1450			440.7	
密 云 区	17562.7	9394.4		388338	1175	3388		607.8	180.0
延 庆 区	10050.4	6010.7			138	856		16.0	100.0

3–35 乡镇企业主要经济指标(2015年)

各　区	企业个数(个)	从业人员(人)	总收入(万元)	利润总额(万元)	上缴税金(万元)
全　市	**128854**	**984986**	**49244991**	**2887248**	**2141210**
城市功能拓展区	**3462**	**109642**	**8021518**	**558735**	**356748**
朝 阳 区	341	38481	5695190	255500	204464
丰 台 区	945	28230	888674	125852	59323
海 淀 区	2176	42931	1437654	177383	92961
城市发展新区	**83699**	**701691**	**34961288**	**1894834**	**1517399**
房 山 区	28027	187240	4859420	126920	100656
通 州 区	24929	171878	7337160	282932	351948
顺 义 区	27107	213252	14373964	741801	599960
昌 平 区	2010	56427	2843448	373045	163614
大 兴 区	1626	72894	5547296	370136	301221
生态涵养发展区	**41693**	**173653**	**6262185**	**433679**	**267063**
门头沟区	7225	17763	501298	191964	35198
怀 柔 区	6534	32872	1920668	91769	75631
平 谷 区	11201	55063	1776534	72033	57987
密 云 区	12309	52694	1831680	61396	37071
延 庆 区	4424	15261	232005	16517	61176

数据来源：北京市经济和信息化委员会。

3-36 乡镇个体、私营企业主要经济指标(2015年)

各 区	企业个数 (个)	从业人员 (人)	总收入 (万元)	利润总额 (万元)	上缴税金 (万元)
全 市	**110138**	**341970**	**5383871**	**571011**	**195359**
城市功能拓展区	**1239**	**5236**	**88948**	**9680**	**5047**
朝 阳 区					
丰 台 区	685	1575	426	2432	3256
海 淀 区	554	3661	88522	7248	1791
城市发展新区	**70805**	**254052**	**3670718**	**383392**	**97727**
房 山 区	27218	135738	1626412	187786	31511
通 州 区	20570	44863	326574	34172	13207
顺 义 区	21792	59033	1107106	142868	39855
昌 平 区	1216	4434	42320	9332	524
大 兴 区	9	9984	568306	9234	12630
生态涵养发展区	**38094**	**82682**	**1624205**	**177939**	**92585**
门头沟区	7137	15208	355832	48156	6108
怀 柔 区	6230	13097	598436	79963	20992
平 谷 区	10255	18057	45789	6279	2936
密 云 区	11675	27621	592248	33760	6362
延 庆 区	2797	8699	31900	9781	56187

数据来源：北京市经济和信息化委员会。

3-37 规模以上工业企业产值情况

单位：万元

各区	工业总产值(当年价格)		#国有控股	
	2015	2014	2015	2014
全 市	**174496269**	**184528984**	**100613752**	**106747664**
首都功能核心区	**12701844**	**11274413**	**7752064**	**7482169**
东 城 区	2030069	1615998	774754	566513
西 城 区	10671775	9658415	6977310	6915656
城市功能拓展区	**36193708**	**38936526**	**17723041**	**20654008**
朝 阳 区	7234249	10067563	4410800	7132752
丰 台 区	4525159	4342259	3195845	2977545
石景山区	2268998	2414399	1901928	1994757
海 淀 区	22165302	22112305	8214468	8548954
城市发展新区	**83352641**	**89585827**	**42149443**	**44604931**
房 山 区	8330391	10646518	6615150	8747746
通 州 区	6188638	6910537	1818227	1855694
顺 义 区	28284423	29836106	15343155	16151877
昌 平 区	8049174	11336893	4319120	7280186
大 兴 区	6944762	6645870	1846329	1480632
北京经济技术开发区	25555253	24209903	12207462	9088796
生态涵养发展区	**11210769**	**12834019**	**1951896**	**2108358**
门头沟区	865429	985074	312610	332780
怀 柔 区	4513592	5526979	380576	518395
平 谷 区	2448491	2539141	73672	72388
密 云 区	2844364	3089563	919290	917589
延 庆 区	538893	693262	265748	267206

注：1. 本表统计范围为年主营业务收入2000万元及以上的法人工业企业（下表同）。
2. 根据有关规定，国家电网公司、国网冀北电力有限公司的工业总产值(当年价格)、工业销售产值(当年价格)由北京市统计局统一核算，故表中工业总产值(当年价格)、工业销售产值(当年价格)指标分区数据之和不等于全市合计。

3-37 续表1

单位：万元

各区	工业总产值					
	#内资		#港澳台商投资企业		#外商投资企业	
	2015	2014	2015	2014	2015	2014
全市	**103904167**	**112021231**	**18669714**	**18105818**	**51922388**	**54401935**
首都功能核心区	**8860646**	**8276717**	**3537536**	**2551568**	**303662**	**446129**
东城区	1693938	1137871	73343	73064	262788	405063
西城区	7166708	7138846	3464193	2478504	40874	41066
城市功能拓展区	**24257645**	**26304859**	**9009549**	**9341933**	**2926514**	**3289735**
朝阳区	5255323	7858925	721087	827575	1257839	1381063
丰台区	4157973	3894013	84276	118476	282910	329770
石景山区	1855025	1974066	25269	38010	388704	402323
海淀区	12989324	12577855	8178917	8357872	997061	1176579
城市发展新区	**34670979**	**39841911**	**5420946**	**5328385**	**43260717**	**44415530**
房山区	7871490	10219071	94057	75308	364844	352140
通州区	4294216	4456260	263023	275462	1631400	2178815
顺义区	5968579	5862187	797596	868401	21518248	23105519
昌平区	6092257	9473796	306290	410354	1650627	1452742
大兴区	4611927	4766880	795353	814165	1537481	1064824
北京经济技术开发区	5832510	5063717	3164627	2884695	16558117	16261490
生态涵养发展区	**5077591**	**5699545**	**701684**	**883933**	**5431495**	**6250542**
门头沟区	851437	923905	7808	34724	6184	26445
怀柔区	1472886	1653731	141670	198120	2899036	3675128
平谷区	746723	844041	118530	112582	1583239	1582518
密云区	1606248	1739175	367326	454797	870790	895591
延庆区	400297	538693	66350	83710	72246	70860

3-37 续表2

单位：万元

各 区	工业总产值					
	#大型企业		#中型企业		#小型企业	
	2015	2014	2015	2014	2015	2014
全 市	**112335775**	**119939196**	**30166766**	**30456204**	**28253083**	**31043245**
首都功能核心区	**10216973**	**9099972**	**1580222**	**1403962**	**610017**	**757807**
东 城 区	325107	332973	1260467	965911	194268	307008
西 城 区	9891866	8766999	319755	438051	415749	450799
城市功能拓展区	**17261730**	**19209241**	**8565596**	**9753905**	**8084001**	**9864488**
朝 阳 区	2860884	3348008	2297046	2414260	2031657	4277289
丰 台 区	656554	1499391	1373449	1278665	1407054	1532607
石景山区	992881	1626552	717692	544631	547054	243216
海 淀 区	12751411	12735290	4177409	5516349	4098236	3811376
城市发展新区	**49748599**	**54350211**	**16246911**	**15631631**	**16328789**	**16735970**
房 山 区	5995797	8346522	731886	474313	1509958	1741080
通 州 区	587756	1262241	2710189	2488998	2639746	2993836
顺 义 区	20865979	23114094	3681221	3319183	3544784	3291249
昌 平 区	3576565	3873778	2100920	2055031	2309600	3223018
大 兴 区	1364534	1236286	2242008	2145778	3258487	3140478
北京经济技术开发区	17357968	16517290	4780687	5148328	3066214	2346309
生态涵养发展区	**4071167**	**5381571**	**3774036**	**3666707**	**3230275**	**3684981**
门头沟区	555297	655017	57392	68932	247068	257517
怀 柔 区	2280610	3268693	864252	826090	1285836	1411782
平 谷 区	364155	382599	1316862	1228474	741749	895436
密 云 区	821204	993609	1263424	1161744	746094	900657
延 庆 区	49901	81653	272106	381467	209528	219589

注：2011年开始，企业大中小型划分标准执行国家统计局《关于统计上大中小微型企业划分办法》（国统字[2011]75号）。

3-37 续表3

单位：万元

各 区	工业总产值			
	轻工业		重工业	
	2015	2014	2015	2014
全 市	**26108405**	**25680273**	**148387864**	**158848711**
首都功能核心区	**2015533**	**1592094**	**10686310**	**9682320**
东 城 区	1337412	907941	692656	708058
西 城 区	678121	684153	9993654	8974262
城市功能拓展区	**3912399**	**3807976**	**32281310**	**35128550**
朝 阳 区	1496422	1535064	5737827	8532499
丰 台 区	878743	703602	3646416	3638657
石景山区	45257	53910	2223742	2360489
海 淀 区	1491977	1515400	20673325	20596905
城市发展新区	**17218638**	**16903927**	**66134004**	**72681901**
房 山 区	561598	543771	7768793	10102748
通 州 区	2568190	2559776	3620448	4350761
顺 义 区	3339775	3444629	24944649	26391477
昌 平 区	1782811	1732744	6266363	9604149
大 兴 区	2747069	2748405	4197693	3897465
北京经济技术开发区	6219195	5874602	19336058	18335301
生态涵养发展区	**2961835**	**3376278**	**8248933**	**9457742**
门头沟区	110931	144810	754497	840264
怀 柔 区	1444420	1539562	3069172	3987417
平 谷 区	555206	588140	1893286	1951001
密 云 区	643472	866816	2200892	2222747
延 庆 区	207806	236950	331086	456313

3-37 续表4

单位：万元

各　区	工业销售产值(当年价格)		#出口交货值	
	2015	2014	2015	2014
全　市	**172792712**	**182282093**	**10783871**	**14268774**
首都功能核心区	**12710994**	**11320567**	**116459**	**265006**
东 城 区	1984606	1648004	82304	202746
西 城 区	10726388	9672563	34155	62260
城市功能拓展区	**35269625**	**37917315**	**1459119**	**1633718**
朝 阳 区	7137681	9971995	352981	468386
丰 台 区	4524095	4277818	119154	148256
石景山区	2261395	2458993	89957	101985
海 淀 区	21346454	21208509	897027	915091
城市发展新区	**82675591**	**88514357**	**8345246**	**11503282**
房 山 区	8320109	10509691	159253	97878
通 州 区	6139731	6844470	351634	518249
顺 义 区	28293551	29879268	2993766	3812228
昌 平 区	8028485	11244850	448275	480032
大 兴 区	6727697	6303396	141750	185623
北京经济技术开发区	25166018	23732682	4250568	6409272
生态涵养发展区	**11099196**	**12631657**	**863049**	**866769**
门头沟区	789682	839328	208725	168427
怀 柔 区	4535292	5570134	278128	248131
平 谷 区	2432957	2498670	73154	96695
密 云 区	2829498	3067580	245894	257838
延 庆 区	511767	655945	57148	95678

3-38 规模以上工业企业主要财务指标

单位：个

各　区	企业单位个数		在2015年企业单位个数中				
	2015	2014	#大　型	#中　型	#小　型	轻工业	重工业
全　市	**3548**	**3686**	**139**	**555**	**2653**	**1231**	**2317**
首都功能核心区	**93**	**100**	**11**	**15**	**61**	**40**	**53**
东 城 区	35	40	2	8	22	18	17
西 城 区	58	60	9	7	39	22	36
城市功能拓展区	**975**	**1023**	**38**	**162**	**725**	**235**	**740**
朝 阳 区	290	294	9	51	217	88	202
丰 台 区	188	206	7	34	138	44	144
石景山区	46	49	4	11	30	7	39
海 淀 区	451	474	18	66	340	96	355
城市发展新区	**1963**	**2033**	**78**	**287**	**1483**	**751**	**1212**
房 山 区	172	176	7	20	131	54	118
通 州 区	447	451	7	56	343	178	269
顺 义 区	373	394	18	63	273	134	239
昌 平 区	301	309	8	48	235	106	195
大 兴 区	390	425	8	42	324	177	213
北京经济技术开发区	280	278	30	58	177	102	178
生态涵养发展区	**517**	**530**	**12**	**91**	**384**	**205**	**312**
门头沟区	42	45	2	4	34	16	26
怀 柔 区	172	170	5	20	137	74	98
平 谷 区	127	133	2	29	86	52	75
密 云 区	136	139	2	30	99	49	87
延 庆 区	40	43	1	8	28	14	26

注：1. 企业大中小型划分标准执行国家统计局《关于统计上大中小微型企业划分办法》（国统字[2011]75号）。
2. 应交税金合计主要包括应交增值税、应交所得税、营业税金及附加和管理费用中的税金等。2014年企业应交增值税为负数的按“0”计算，2015年按实际数计算。

3-38 续表1

单位：个

各区	在2015年企业单位个数中			
	#国有控股	#内资	#港澳台商投资	#外商投资
全市	**745**	**2745**	**195**	**608**
首都功能核心区	**49**	**80**	**4**	**9**
东城区	15	29	1	5
西城区	34	51	3	4
城市功能拓展区	**314**	**823**	**50**	**102**
朝阳区	102	231	20	39
丰台区	73	170	4	14
石景山区	19	37	3	6
海淀区	120	385	23	43
城市发展新区	**308**	**1468**	**109**	**386**
房山区	34	155	5	12
通州区	55	360	16	71
顺义区	58	229	26	118
昌平区	57	252	13	36
大兴区	53	341	14	35
北京经济技术开发区	51	131	35	114
生态涵养发展区	**74**	**374**	**32**	**111**
门头沟区	5	40	1	1
怀柔区	18	118	12	42
平谷区	11	80	7	40
密云区	28	104	11	21
延庆区	12	32	1	7

3-38 续表2

单位：万元

各　区	资产总计		负债合计		所有者权益合计		营业收入	
	2015	2014	2015	2014	2015	2014	2015	2014
全　市	**386097637**	**335570497**	**181024377**	**171375654**	**204801933**	**163891012**	**192561382**	**201794110**
首都功能核心区	**163305563**	**126746211**	**62079722**	**60140934**	**101186515**	**66605277**	**44406602**	**43931070**
东 城 区	2316025	2164252	996128	1017847	1280571	1146405	2207033	1924748
西 城 区	160989538	124581959	61083593	59123087	99905945	65458872	42199569	42006322
城市功能拓展区	**97238222**	**92859320**	**51154819**	**48949179**	**46057504**	**43905732**	**44714596**	**48033580**
朝 阳 区	20713308	20243648	10476891	10645908	10229296	9597740	8273853	11223272
丰 台 区	8759712	8325913	4839569	4722956	3917148	3598549	5182960	5170485
石景山区	28765691	28446684	15761741	15029610	13003951	13417074	3923854	4984131
海 淀 区	38999511	35843075	20076618	18550705	18907110	17292369	27333928	26655692
城市发展新区	**106960262**	**98863308**	**57247325**	**52704662**	**49538094**	**45859225**	**89880496**	**94863096**
房 山 区	8009977	7578629	5061512	4605743	2958178	2972886	8948066	11148542
通 州 区	8504343	7834760	4874094	4580722	3520424	3254038	7713185	8034113
顺 义 区	30946175	29289012	17154993	16042662	13795978	13246351	29724413	31255506
昌 平 区	17081236	16840252	8264917	8077471	8816319	8473920	9274335	12290782
大 兴 区	9725875	8022802	5451969	4388701	4230036	3633743	7426975	6915776
北京经济技术开发区	32692655	29297853	16439839	15009363	16217159	14278287	26793521	25218377
生态涵养发展区	**18593590**	**17101658**	**10542512**	**9580877**	**8019820**	**7520780**	**13559688**	**14966364**
门头沟区	2533570	1917941	1283444	794690	1250126	1123252	892564	913183
怀 柔 区	5809791	5275503	3520838	3108217	2257695	2167286	5537907	6594911
平 谷 区	2722532	2610043	1673836	1546508	1048697	1063534	3020390	3035282
密 云 区	3878026	3658608	2330153	2213578	1547874	1445029	3210293	3512812
延 庆 区	3649670	3639563	1734242	1917884	1915428	1721679	898535	910176

3-38 续表3

单位：万元

各区	主营业务收入		利润总额		利税总额	
	2015	2014	2015	2014	2015	2014
全市	**188648954**	**197766666**	**15977122**	**15157524**	**25280028**	**24078630**
首都功能核心区	**44242646**	**43742175**	**5596743**	**4603296**	**6996939**	**6141228**
东城区	2148074	1867108	204931	179554	306837	271649
西城区	42094572	41875067	5391812	4423742	6690102	5869579
城市功能拓展区	**43743027**	**46837413**	**3144848**	**3356552**	**4650066**	**4767861**
朝阳区	8070958	10681411	865293	782146	1242185	1202756
丰台区	5073710	5051987	359303	317275	530049	491843
石景山区	3805994	4817283	575816	520970	713567	677824
海淀区	26792365	26286732	1344437	1736161	2164265	2395438
城市发展新区	**87613720**	**92740230**	**6547527**	**6195890**	**12434156**	**11591317**
房山区	8654444	10839416	288525	50541	1600761	1081572
通州区	7555577	7866425	514358	499862	1063051	1050663
顺义区	29159160	30684561	2236600	2771816	3858774	4622282
昌平区	8814211	11749138	634425	717147	980614	1055928
大兴区	7249113	6807613	477390	384339	735281	635789
北京经济技术开发区	26181216	24793077	2396229	1772185	4195675	3145083
生态涵养发展区	**13049561**	**14446849**	**688004**	**1001786**	**1198866**	**1578226**
门头沟区	861683	877707	120910	133381	178494	223300
怀柔区	5420081	6486006	198765	332204	437446	576394
平谷区	2835285	2857843	80660	147299	156429	229273
密云区	3092827	3354370	130881	226436	236467	356081
延庆区	839685	870923	156789	162466	190030	193178

3-38 续表4

各 区	应交税金合计(万元)		#应交增值税(万元)		平均用工人数(人)	
	2015	2014	2015	2014	2015	2014
全 市	**11791045**	**11436589**	**5693787**	**5615607**	**1104384**	**1165464**
首都功能核心区	**1923695**	**2102262**	**1205709**	**1326175**	**69799**	**77979**
东 城 区	131629	118566	85700	76226	14601	15036
西 城 区	1792066	1983696	1120010	1249949	55198	62943
城市功能拓展区	**2016776**	**1831588**	**1131195**	**1099352**	**311792**	**333904**
朝 阳 区	563550	588379	289320	323647	90861	97080
丰 台 区	234077	231469	139499	144300	56767	59183
石景山区	168840	170776	109314	128343	34379	39797
海 淀 区	1050309	840964	593062	503062	129785	137844
城市发展新区	**7213631**	**6741055**	**2952519**	**2744785**	**585160**	**606550**
房 山 区	1392859	1072955	337080	281469	46112	48142
通 州 区	634018	638214	257872	261627	81088	84471
顺 义 区	2097008	2460004	753998	881454	149808	154301
昌 平 区	415330	449577	276404	267872	86663	91695
大 兴 区	348007	338847	210029	209851	75166	77814
北京经济技术开发区	2326409	1781458	1117136	842512	146323	150127
生态涵养发展区	**636944**	**761684**	**404364**	**445295**	**137633**	**147031**
门头沟区	71565	101360	41711	65190	18731	21931
怀 柔 区	278826	315529	190605	186966	44611	47679
平 谷 区	103372	126153	63398	68701	29323	30605
密 云 区	138806	174607	80844	100213	35681	37058
延 庆 区	44375	44035	27807	24225	9287	9758

3-39 建筑业主要指标

各区	企业个数(个)			建筑施工企业年末从业人员(人)			建筑施工企业总产值(亿元)		
	2015	2014	增长速度(%)	2015	2014	增长速度(%)	2015	2014	增长速度(%)
全　市	**3369**	**3426**	**-1.7**	**590288**	**510464**	**15.6**	**8436.7**	**8209.8**	**2.8**
首都功能核心区	**438**	**457**	**-4.2**	**65360**	**75364**	**-13.3**	**1137.0**	**1174.5**	**-3.2**
东 城 区	167	169	-1.2	28216	29379	-4.0	552.8	513.3	7.7
西 城 区	271	288	-5.9	37144	45985	-19.2	584.1	661.2	-11.7
城市功能拓展区	**1543**	**1567**	**-1.5**	**333748**	**247882**	**34.6**	**4458.3**	**4239.4**	**5.2**
朝 阳 区	677	684	-1.0	107328	76002	41.2	1073.6	1066.7	0.6
丰 台 区	274	277	-1.1	63712	64164	-0.7	1280.3	1184.5	8.1
石景山区	82	83	-1.2	26912	28995	-7.2	454.5	460.2	-1.2
海 淀 区	510	523	-2.5	135796	78721	72.5	1649.9	1528.0	8.0
城市发展新区	**1015**	**1037**	**-2.1**	**151427**	**151645**	**-0.1**	**2423.7**	**2364.5**	**2.5**
房 山 区	133	128	3.9	21782	24412	-10.8	346.3	364.6	-5.0
通 州 区	210	225	-6.7	37671	33461	12.6	1016.6	923.7	10.1
顺 义 区	170	173	-1.7	42485	44656	-4.9	296.8	307.5	-3.5
昌 平 区	144	148	-2.7	13710	13805	-0.7	179.3	219.8	-18.4
大 兴 区	326	333	-2.1	25979	25540	1.7	326.4	308.1	5.9
北京经济技术开发区	32	30	6.7	9800	9771	0.3	258.4	240.8	7.3
生态涵养发展区	**373**	**365**	**2.2**	**39753**	**35573**	**11.8**	**417.7**	**431.4**	**-3.2**
门头沟区	65	63	3.2	6240	5054	23.5	92.6	84.4	9.7
怀 柔 区	88	85	3.5	7379	7160	3.1	77.1	77.8	-0.9
平 谷 区	113	118	-4.2	9615	10496	-8.4	74.3	87.9	-15.5
密 云 区	64	58	10.3	9668	8404	15.0	117.0	120.5	-2.8
延 庆 区	43	41	4.9	6851	4459	53.6	56.7	60.8	-6.8

注：建筑业的相关数据是按照建筑业企业经营地划分，统计范围为施工总承包、专业承包建筑业企业。

3-39 续表1

单位：亿元

各区	营业收入			应交税金合计			#应交所得税		
	2015	2014	增长速度(%)	2015	2014	增长速度(%)	2015	2014	增长速度(%)
全 市	**11081.9**	**10559.1**	**5.0**	**369.2**	**331.4**	**11.4**	**79.2**	**66.6**	**18.8**
首都功能核心区	**1523.7**	**1559.8**	**-2.3**	**52.8**	**53.5**	**-1.2**	**10.9**	**10.5**	**3.3**
东 城 区	714.2	717.7	-0.5	24.8	24.4	1.3	5.8	5.6	4.3
西 城 区	809.5	842.1	-3.9	28.1	29.0	-3.2	5.0	4.9	2.2
城市功能拓展区	**6339.3**	**5903.8**	**7.4**	**205.1**	**175.7**	**16.7**	**48.5**	**38.4**	**26.4**
朝 阳 区	1704.7	1586.9	7.4	68.3	54.6	25.0	17.1	15.3	12.1
丰 台 区	1720.8	1483.2	16.0	49.2	41.3	19.1	10.1	6.9	46.2
石景山区	733.4	728.4	0.7	20.3	20.6	-1.4	4.4	4.1	6.8
海 淀 区	2180.4	2105.2	3.6	67.4	59.2	13.7	16.9	12.1	40.0
城市发展新区	**2762.2**	**2652.3**	**4.1**	**94.0**	**87.3**	**7.6**	**17.3**	**15.8**	**9.4**
房 山 区	400.7	382.5	4.8	17.5	12.0	46.2	3.8	3.7	3.5
通 州 区	1096.0	1023.7	7.1	34.2	32.6	4.8	6.8	5.9	15.0
顺 义 区	351.0	350.6	0.1	11.9	12.4	-3.8	1.6	1.8	-9.3
昌 平 区	236.8	259.7	-8.8	9.3	9.6	-3.6	1.8	1.4	26.5
大 兴 区	343.8	357.8	-3.9	11.4	12.2	-6.2	1.4	1.7	-14.0
北京经济技术开发区	333.9	278.0	20.1	9.7	8.6	13.1	1.9	1.4	35.4
生态涵养发展区	**456.8**	**443.2**	**3.1**	**17.2**	**14.9**	**15.4**	**2.5**	**1.9**	**30.6**
门头沟区	93.4	85.1	9.8	3.1	2.9	9.5	0.3	0.3	18.4
怀 柔 区	91.3	88.1	3.6	3.5	2.6	33.3	0.4	0.2	65.7
平 谷 区	89.0	92.3	-3.6	3.2	3.5	-8.5	0.8	1.0	-16.0
密 云 区	125.2	126.0	-0.6	5.3	4.2	28.3	0.9	0.4	143.5
延 庆 区	57.9	51.8	11.8	2.1	1.8	15.6	0.1	0.1	14.6

注：应交税金合计主要包括应交增值税、应交所得税、营业税金及附加和管理费用中的税金等。

3-39 续表2

单位：亿元

各 区	利润总额			流动资产合计			在建工程		
	2015	2014	增长速度(%)	2015	2014	增长速度(%)	2015	2014	增长速度(%)
全 市	**520.1**	**473.2**	**9.9**	**13643.5**	**12311.8**	**10.8**	**82.1**	**67.4**	**21.8**
首都功能核心区	**55.2**	**48.2**	**14.6**	**2318.8**	**2113.9**	**9.7**	**13.7**	**12.2**	**12.3**
东 城 区	30.5	21.3	42.9	1228.8	1077.3	14.1	1.9	1.6	24.2
西 城 区	24.7	26.8	-7.9	1090.0	1036.6	5.2	11.8	10.7	10.5
城市功能拓展区	**368.5**	**330.2**	**11.6**	**8214.6**	**7384.9**	**11.2**	**49.0**	**35.8**	**36.8**
朝 阳 区	86.0	76.3	12.7	2090.4	2110.9	-1.0	4.6	8.6	-46.8
丰 台 区	107.3	97.0	10.6	2666.9	1944.5	37.1	4.5	2.9	54.7
石景山区	26.9	19.9	34.9	794.3	710.2	11.8	2.7	2.8	-5.3
海 淀 区	148.3	137.0	8.2	2663.1	2619.3	1.7	37.2	21.5	73.4
城市发展新区	**87.0**	**84.1**	**3.4**	**2628.4**	**2375.7**	**10.6**	**16.5**	**17.0**	**-3.0**
房 山 区	23.5	24.6	-4.4	580.0	475.5	22.0	4.0	3.1	29.5
通 州 区	30.3	29.0	4.2	708.4	644.6	9.9	5.0	4.0	25.5
顺 义 区	9.7	7.8	24.5	361.0	322.6	11.9	1.4	2.5	-45.5
昌 平 区	5.4	6.5	-16.4	270.5	284.6	-4.9	1.1	4.5	-74.8
大 兴 区	4.8	7.6	-36.1	304.6	282.2	8.0	4.8	2.6	83.2
北京经济技术开发区	13.3	8.7	53.4	403.9	366.3	10.3	0.2	0.3	-31.7
生态涵养发展区	**9.4**	**10.7**	**-11.5**	**481.7**	**437.3**	**10.1**	**2.9**	**2.3**	**23.7**
门头沟区	1.2	1.1	8.0	72.9	78.0	-6.6	0.4	0.2	67.4
怀 柔 区	1.6	1.1	46.9	86.9	75.1	15.7	0.8	0.8	9.4
平 谷 区	3.2	4.2	-23.5	126.6	129.3	-2.1	1.1	0.8	28.5
密 云 区	3.1	4.1	-23.8	125.9	104.1	20.9	0.3	0.4	-26.8
延 庆 区	0.3	0.2	61.9	69.3	50.7	36.7	0.3	0.1	232.3

3-39 续表3

单位：亿元

各区	资产总计			负债合计			所有者权益合计		
	2015	2014	增长速度(%)	2015	2014	增长速度(%)	2015	2014	增长速度(%)
全　市	**20074.4**	**17909.3**	**12.1**	**13595.1**	**12632.3**	**7.6**	**6477.1**	**5277.0**	**22.7**
首都功能核心区	**2981.0**	**2779.4**	**7.3**	**2189.2**	**2054.3**	**6.6**	**791.8**	**725.1**	**9.2**
东 城 区	1513.7	1325.5	14.2	1076.1	938.4	14.7	437.6	387.1	13.1
西 城 区	1467.4	1453.9	0.9	1113.2	1115.9	-0.2	354.2	338.0	4.8
城市功能拓展区	**13257.4**	**11720.2**	**13.1**	**8560.6**	**8006.0**	**6.9**	**4695.1**	**3714.3**	**26.4**
朝 阳 区	2557.0	2589.0	-1.2	2043.1	2169.9	-5.8	513.6	419.1	22.6
丰 台 区	4096.4	3333.4	22.9	2540.2	2156.3	17.8	1555.6	1177.2	32.1
石景山区	900.0	794.2	13.3	734.6	657.3	11.8	165.3	137.0	20.7
海 淀 区	5704.0	5003.6	14.0	3242.7	3022.6	7.3	2460.5	1981.0	24.2
城市发展新区	**3292.7**	**2913.5**	**13.0**	**2469.9**	**2211.1**	**11.7**	**822.5**	**702.4**	**17.1**
房 山 区	655.9	546.4	20.0	478.6	385.9	24.0	177.4	160.5	10.5
通 州 区	973.7	862.8	12.8	768.3	686.9	11.9	205.4	176.0	16.7
顺 义 区	418.4	379.1	10.4	317.6	294.2	7.9	100.8	84.9	18.8
昌 平 区	321.2	338.3	-5.1	236.6	253.8	-6.8	84.5	84.5	0.0
大 兴 区	373.2	339.0	10.1	263.8	242.8	8.6	109.3	96.1	13.7
北京经济技术开发区	550.2	447.9	22.9	405.0	347.4	16.6	145.2	100.4	44.6
生态涵养发展区	**543.3**	**496.2**	**9.5**	**375.3**	**360.9**	**4.0**	**167.7**	**135.2**	**24.0**
门头沟区	79.6	84.0	-5.2	58.9	64.9	-9.3	20.8	19.1	8.5
怀 柔 区	97.1	84.7	14.7	69.9	61.8	13.0	26.9	22.8	17.9
平 谷 区	146.5	151.9	-3.5	98.9	105.8	-6.6	47.6	46.1	3.4
密 云 区	147.0	120.8	21.7	88.3	86.3	2.3	58.7	34.4	70.4
延 庆 区	73.1	54.9	33.1	59.4	42.1	41.1	13.7	12.8	6.9

3-40 民用汽车(2015年)

单位：辆

各　区	民用汽车拥有量	#私人汽车
全　市	**5349989**	**4403202**
首都功能核心区	**933336**	**723043**
东 城 区	483318	349213
西 城 区	450018	373830
城市功能拓展区	**2599993**	**2229071**
朝 阳 区	974645	823307
丰 台 区	592357	512943
石景山区	150682	127517
海 淀 区	882309	765304
城市发展新区	**1417004**	**1144964**
房 山 区	211441	173090
通 州 区	268147	210515
顺 义 区	219475	176361
昌 平 区	379414	319395
大 兴 区	338527	265603
生态涵养发展区	**399656**	**306124**
门头沟区	63989	48021
怀 柔 区	88542	64111
平 谷 区	102881	73340
密 云 区	85184	72245
延 庆 区	59060	48407

资料来源：北京市公安局公安交通管理局。

3–41 备案停车场情况(2015年)

单位：个

各 区	备案停车场个数	备案停车场车位总数
全 市	6690	1905949
首都功能核心区		
东 城 区	572	97353
西 城 区	817	132835
城市功能拓展区		
朝 阳 区	1514	452176
丰 台 区	779	251800
石景山区	238	57195
海 淀 区	1330	352950
城市发展新区		
房 山 区	176	72529
通 州 区	301	92729
顺 义 区	75	32430
昌 平 区	278	143350
大 兴 区	243	78660
北京经济技术开发区	94	69452
生态涵养发展区		
门头沟区	95	26390
怀 柔 区	33	11274
平 谷 区	36	8523
密 云 区	77	18189
延 庆 区	32	8114

注：本表统计范围为北京市辖区内全部备案停车场。

资料来源：北京市交通委员会。

3–42 限额以上批发和零售业基本情况(2015年)

各　区	单位个数（个）	年末从业人员（人）	商品购进额（亿元）	商品销售额（亿元）		
					批发额	零售额
全　市	**6314**	**735417**	**48409.1**	**51811.3**	**44275.4**	**7535.8**
首都功能核心区	**1012**	**169463**	**12073.0**	**12509.2**	**10938.9**	**1570.3**
东 城 区	460	94328	6602.4	6790.7	5798.5	992.2
西 城 区	552	75135	5470.6	5718.4	5140.4	578.0
城市功能拓展区	**3427**	**408650**	**27935.3**	**30474.2**	**26397.7**	**4076.5**
朝 阳 区	1577	217583	14201.7	16096.7	14285.9	1810.8
丰 台 区	416	45654	2041.4	2130.1	1728.0	402.0
石景山区	156	28293	807.3	838.6	511.3	327.3
海 淀 区	1278	117120	10885.0	11408.9	9872.5	1536.3
城市发展新区	**1467**	**140125**	**7794.4**	**8184.2**	**6374.1**	**1810.1**
房 山 区	341	10659	922.2	979.3	819.0	160.3
通 州 区	214	20363	803.2	879.8	635.4	244.4
顺 义 区	236	18304	716.5	820.8	604.3	216.4
昌 平 区	297	14890	1173.5	1221.0	1044.2	176.8
大 兴 区	231	22486	696.6	732.7	576.4	156.3
北京经济技术开发区	148	53423	3482.3	3550.6	2694.8	855.8
生态涵养发展区	**408**	**17179**	**606.3**	**643.7**	**564.7**	**79.0**
门头沟区	97	2983	161.7	166.5	154.4	12.1
怀 柔 区	60	2646	80.1	84.7	66.4	18.3
平 谷 区	99	4762	190.3	200.1	180.5	19.6
密 云 区	128	5632	154.7	171.2	147.7	23.5
延 庆 区	24	1156	19.5	21.3	15.7	5.6

注：本表统计范围为限额以上批发和零售业法人单位、产业活动单位和个体经营户（下表同）。

3-43 限额以上住宿和餐饮业基本情况(2015年)

各 区	单位个数(个)	年末从业人员(人)	营业额(亿元)		
				#客房收入	#餐费收入
全 市	**2582**	**389243**	**973.9**	**233.7**	**640.5**
首都功能核心区	**596**	**125399**	**350.3**	**81.0**	**244.2**
东 城 区	278	79713	228.9	46.9	167.3
西 城 区	318	45686	121.4	34.1	76.9
城市功能拓展区	**1459**	**182109**	**471.8**	**126.6**	**286.5**
朝 阳 区	729	93722	273.4	70.0	171.3
丰 台 区	162	15711	34.7	9.7	21.9
石景山区	39	5204	6.7	1.7	4.0
海 淀 区	529	67472	157.0	45.2	89.4
城市发展新区	**359**	**65120**	**124.8**	**19.2**	**93.0**
房 山 区	37	4455	5.9	0.9	4.1
通 州 区	44	4238	7.6	1.2	4.6
顺 义 区	99	18145	34.6	6.5	24.0
昌 平 区	98	11844	20.5	6.2	9.5
大 兴 区	54	14956	29.3	1.3	27.4
北京经济技术开发区	27	11482	26.9	3.2	23.4
生态涵养发展区	**168**	**16615**	**27.0**	**6.8**	**16.8**
门头沟区	28	2705	4.2	0.5	3.3
怀 柔 区	56	5081	9.3	3.6	4.4
平 谷 区	33	4003	6.9	0.7	5.7
密 云 区	27	2624	3.5	1.3	1.4
延 庆 区	24	2202	3.2	0.9	2.0

3-44 社会消费品零售总额

单位：亿元

各 区	社会消费品零售总额		增长速度
	2015	2014	(%)
全 市	**10338.0**	**9638.0**	**7.3**
首都功能核心区	**1898.5**	**1775.9**	**6.9**
东 城 区	985.9	913.3	7.9
西 城 区	912.6	862.6	5.8
城市功能拓展区	**5882.9**	**5517.7**	**6.6**
朝 阳 区	2514.9	2377.6	5.8
丰 台 区	1007.3	937.4	7.5
石景山区	266.0	241.9	10.0
海 淀 区	2094.7	1960.8	6.8
城市发展新区	**2102.8**	**1927.3**	**9.1**
房 山 区	230.2	211.8	8.7
通 州 区	355.5	323.2	10.0
顺 义 区	410.0	376.7	8.8
昌 平 区	395.9	368.7	7.4
大 兴 区	356.6	321.9	10.8
北京经济技术开发区	354.5	325.1	9.1
生态涵养发展区	**453.8**	**417.1**	**8.8**
门头沟区	57.5	53.1	8.4
怀 柔 区	102.9	94.1	9.3
平 谷 区	92.3	84.4	9.3
密 云 区	120.1	110.7	8.4
延 庆 区	81.1	74.8	8.4

注：社会消费品零售总额按产业在地原则核算。

3-45 商品交易市场情况

各区	市场个数（个）		总摊位数（个）		出租摊位数（个）		营业面积（平方米）		成交额（万元）	
	2015	2014	2015	2014	2015	2014	2015	2014	2015	2014
全 市	**719**	**728**	**243883**	**253087**	**201530**	**214002**	**12218305**	**13229116**	**36046618**	**35114335**
首都功能核心区	**73**	**91**	**32660**	**37672**	**30506**	**35957**	**710412**	**780688**	**1079867**	**1237458**
东城区	35	31	13969	14545	12817	13978	387507	422431	517792	532805
西城区	38	60	18691	23127	17689	21979	322905	358257	562075	704653
城市功能拓展区	**309**	**301**	**115080**	**112451**	**101463**	**101657**	**6628313**	**7417720**	**27389131**	**25756726**
朝阳区	132	130	45342	42628	39208	37628	2498290	2243983	8390029	7277311
丰台区	90	78	39230	37411	35243	34829	3017428	2711401	15113040	14111418
石景山区	33	35	6202	5887	4783	4674	237373	226503	289923	280984
海淀区	54	58	24306	26525	22229	24526	875222	2235833	3596139	4087013
城市发展新区	**242**	**239**	**68181**	**74152**	**50227**	**55374**	**3383115**	**3393517**	**6626142**	**7149000**
房山区	51	46	9319	9842	6648	7008	370330	378652	168541	175055
通州区	47	49	13618	13253	11715	11318	567643	570343	1073664	1008231
顺义区	56	58	12679	12786	11205	11136	915447	936218	2582204	2416013
昌平区	38	32	12252	16507	10494	14558	768476	742792	2647077	3341458
大兴区	50	54	20313	21764	10165	11354	761219	765512	154656	208243
生态涵养发展区	**95**	**97**	**27962**	**28812**	**19334**	**21014**	**1496465**	**1637191**	**951478**	**971151**
门头沟区	10	10	1284	1229	1084	1045	38182	34380	26544	28528
怀柔区	15	16	3976	4695	3052	3607	162638	208920	253100	250453
平谷区	28	29	13123	13341	8318	9370	767326	905793	325544	350465
密云区	29	28	7101	7020	5025	5139	372253	330817	188984	185320
延庆区	13	14	2478	2527	1855	1853	156066	157281	157306	156385

3-46 实际利用外商直接投资额

单位：万美元

各　区	2015	2014
全　市	**1299635**	**904085**
首都功能核心区	**86274**	**94415**
东 城 区	52735	51037
西 城 区	33539	43378
城市功能拓展区	**1079022**	**604833**
朝 阳 区	933873	390011
丰 台 区	5815	45291
石景山区	9112	9370
海 淀 区	130222	160161
城市发展新区	**126343**	**187191**
房 山 区	275	1367
通 州 区	30534	35741
顺 义 区	52114	52218
昌 平 区	10903	10380
大 兴 区	32517	87485
北京经济技术开发区	30217	63619
生态涵养发展区	**7996**	**17646**
门头沟区	1523	805
怀 柔 区	2152	5020
平 谷 区	1500	9575
密 云 区	861	1909
延 庆 区	1960	337

注：大兴区中包含北京经济技术开发区数据。
资料来源：北京市商务委员会。

3-47 入境旅游及星级饭店基本情况

各区	入境旅游者人数(万人次)		#外国人		星级饭店个数(个)		出租率(%)	
	2015	2014	2015	2014	2015	2014	2015	2014
全市	**419.96**	**427.45**	**357.56**	**365.45**	**528**	**581**	**60.6**	**57.6**
首都功能核心区	**143.19**	**144.44**	**121.81**	**124.02**	**138**	**144**	**68.7**	**66.0**
东城区	114.22	114.83	97.58	99.13	61	64	66.8	64.1
西城区	28.97	29.61	24.23	24.89	77	80	70.6	68.0
城市功能拓展区	**240.02**	**245.10**	**203.38**	**209.85**	**212**	**230**	**66.7**	**62.8**
朝阳区	190.74	194.32	163.10	168.35	105	111	66.1	63.6
丰台区	7.37	8.54	6.48	7.36	29	32	63.0	59.0
石景山区	2.97	2.48	2.43	2.09	5	5	54.4	60.1
海淀区	38.94	39.76	31.37	32.05	73	82	69.5	62.7
城市发展新区	**34.67**	**36.01**	**30.72**	**30.52**	**108**	**127**	**42.5**	**42.1**
房山区	0.07	0.05	0.06	0.04	34	42	31.8	25.0
通州区	1.53	1.07	1.41	0.96	7	7	39.9	35.0
顺义区	20.47	19.12	19.21	16.90	19	20	51.3	54.1
昌平区	2.55	4.47	2.22	3.77	37	44	40.5	43.1
大兴区	10.05	11.30	7.83	8.85	11	14	44.6	45.1
生态涵养发展区	**2.08**	**1.90**	**1.65**	**1.07**	**70**	**80**	**34.6**	**30.8**
门头沟区	0.05	0.86	0.04	0.24	9	14	32.7	26.1
怀柔区	1.24	0.42	0.86	0.23	21	23	42.9	38.6
平谷区	0.09	0.22	0.09	0.21	9	10	40.3	34.7
密云区	0.27	0.27	0.25	0.26	17	17	31.9	30.8
延庆区	0.43	0.14	0.41	0.13	14	16	24.7	22.0

3-47 续表

各 区	营业收入(万元)		利润总额(万元)		从业人员平均人数(人)	
	2015	2014	2015	2014	2015	2014
全 市	**2576003.0**	**2568184.9**	**52866.2**	**12499.1**	**92606**	**99258**
首都功能核心区	**787788.5**	**796111.3**	**43387.3**	**22500.5**	**24518**	**26872**
东 城 区	470118.6	479397.4	18936.7	2570.6	13493	14861
西 城 区	317669.9	316713.9	24450.6	19929.9	11025	12011
城市功能拓展区	**1447455.6**	**1404625.6**	**71905.1**	**70036.1**	**47513**	**49099**
朝 阳 区	894428.5	854169.4	34735.0	54251.8	25032	25454
丰 台 区	89364.8	93427.3	-1867.8	-7335.5	4403	4744
石景山区	13887.3	14264.0	-990.0	-471.2	377	520
海 淀 区	449775.0	442764.9	40027.9	23591.0	17701	18381
城市发展新区	**271902.8**	**289395.8**	**-52019.1**	**-65269.6**	**15503**	**17612**
房 山 区	24925.2	27320.9	-3138.3	-2265.2	1453	1483
通 州 区	15750.0	15863.1	-3230.0	-6861.5	1277	1415
顺 义 区	60420.6	60338.9	-10041.6	-11933.6	3525	3667
昌 平 区	139615.4	150172.9	-31153.1	-36201.8	7634	8795
大 兴 区	31191.6	35700.0	-4456.1	-8007.5	1614	2252
生态涵养发展区	**68856.1**	**78052.2**	**-10407.1**	**-14767.9**	**5072**	**5675**
门头沟区	12803.3	12845.3	-245.2	-3992.6	953	652
怀 柔 区	19606.9	22811.4	-983.4	-889.2	1209	1425
平 谷 区	7045.2	9504.5	-367.2	-1263.3	735	979
密 云 区	19638.4	19741.3	-5725.8	-5965.6	1356	1498
延 庆 区	9762.3	13149.7	-3085.5	-2657.2	819	1121

3-48 银行、保险系统机构人员情况(2015年)

各 区	合 计		总行、总公司		分行、分公司		支行、支公司	
	机 构（个）	从业人员（人）	机 构（个）	从业人员（人）	机 构（个）	从业人员（人）	机 构（个）	从业人员（人）
全 市	**4870**	**334575**	**91**	**115343**	**177**	**49571**	**2598**	**99495**
首都功能核心区	**916**	**144471**	**45**	**67640**	**80**	**33114**	**509**	**25632**
东 城 区	366	38304	9	5421	26	11453	224	14090
西 城 区	550	106167	36	62219	54	21661	285	11542
城市功能拓展区	**2395**	**136209**	**35**	**46947**	**91**	**16340**	**1361**	**44056**
朝 阳 区	1065	61768	26	19855	73	13201	616	16521
丰 台 区	380	18917	2	8832	2	194	206	5754
石景山区	125	10291	4	4709	1	39	71	2918
海 淀 区	825	45233	3	13551	15	2906	468	18863
城市发展新区	**1074**	**38538**	**7**	**618**	**6**	**117**	**532**	**21813**
房 山 区	174	7808	1	51			60	2807
通 州 区	205	8879	1	31			98	5201
顺 义 区	220	7313	2	396	1	36	117	4751
昌 平 区	227	6688	1	67			112	4110
大 兴 区	248	7850	2	73	5	81	145	4944
生态涵养发展区	**485**	**15357**	**4**	**138**			**196**	**7994**
门头沟区	61	1536	1	32			22	1003
怀 柔 区	116	3090	1	43			50	1754
平 谷 区	118	4469					51	1960
密 云 区	121	4363	1	37			46	2198
延 庆 区	69	1899	1	26			27	1079

3-48 续表

各　区	分理处		储蓄所		保险系统其他所属机构	
	机　构（个）	从业人员（人）	机　构（个）	从业人员（人）	机　构（个）	从业人员（人）
全　市	**785**	**7965**	**488**	**2431**	**731**	**59770**
首都功能核心区	**58**	**1040**	**65**	**329**	**159**	**16716**
东 城 区	22	419	21	91	64	6830
西 城 区	36	621	44	238	95	9886
城市功能拓展区	**370**	**4328**	**208**	**1123**	**330**	**23415**
朝 阳 区	152	2009	62	356	136	9826
丰 台 区	69	663	42	216	59	3258
石景山区	16	155	13	72	20	2398
海 淀 区	133	1501	91	479	115	7933
城市发展新区	**219**	**1868**	**137**	**683**	**173**	**13439**
房 山 区	51	488	28	167	34	4295
通 州 区	44	323	25	107	37	3217
顺 义 区	40	374	31	136	29	1620
昌 平 区	45	346	25	158	44	2007
大 兴 区	39	337	28	115	29	2300
生态涵养发展区	**138**	**729**	**78**	**296**	**69**	**6200**
门头沟区	14	73	14	72	10	356
怀 柔 区	41	198	14	35	10	1060
平 谷 区	31	150	18	52	18	2307
密 云 区	33	202	18	85	23	1841
延 庆 区	19	106	14	52	8	636

3–49　中资银行人民币存款余额(2015年)

单位：万元

各　区	各项存款	单位存款	个人存款	#储蓄存款	其他存款
全　市	**1222842876**	**664184225**	**266202918**	**239139670**	**292455732**
首都功能核心区	**525531928**	**297017356**	**65621358**	**57256307**	**162893214**
东城区	140252330	85436806	26832979	24302802	27982544
西城区	385279598	211580549	38788379	32953505	134910670
城市功能拓展区	**571903845**	**304833554**	**140662765**	**126364957**	**126407526**
朝阳区	205788673	101146829	54018274	48145815	50623571
丰台区	57414671	24008792	25486190	23368234	7919689
石景山区	15018841	7175992	6956163	6347152	886687
海淀区	293681659	172501940	54202139	48503756	66977580
城市发展新区	**103519206**	**51967054**	**48544140**	**44866230**	**3008012**
房山区	12685812	5933335	6747662	6246219	4815
通州区	21292854	10433311	10539439	9774418	320104
顺义区	18675634	10259349	7861011	7343669	555273
昌平区	20281590	8641357	11085101	10161196	555132
大兴区	30583316	16699701	12310927	11340729	1572688
生态涵养发展区	**21887897**	**10366262**	**11374655**	**10652175**	**146980**
门头沟区	5347655	2991322	2344754	2159372	11579
怀柔区	4957750	2471680	2477733	2367562	8336
平谷区	3899216	1659779	2176114	2015315	63323
密云区	4572596	1825252	2684422	2495962	62922
延庆区	3110680	1418228	1691632	1613965	820

注：本表统计范围包括中国邮政储蓄银行北京分行、国有商业银行北京市分行、股份制商业银行在京营业机构、北京银行、北京农商银行。

资料来源：中国人民银行营业管理部。

3-50 中资银行人民币贷款余额(2015年)

单位：万元

各区	各项贷款	境内贷款	短期贷款	#个人消费贷款	中长期贷款	#个人消费贷款	其他贷款	境外贷款
全 市	**488531687**	**487716374**	**168669150**	**6165153**	**295817638**	**65411865**	**23229586**	**815313**
首都功能核心区	**270903896**	**270260442**	**93926537**	**4542621**	**155469385**	**21934475**	**20864520**	**643454**
东 城 区	55259166	54779407	22043198	1625265	30219215	8979681	2516994	479759
西 城 区	215644730	215481036	71883340	2917356	125250170	12954795	18347526	163694
城市功能拓展区	**179624382**	**179470429**	**65026156**	**1485016**	**112722701**	**33894858**	**1721571**	**153953**
朝 阳 区	75332446	75224829	25403147	668423	49246330	16784368	575351	107617
丰 台 区	34932990	34917700	12707399	215819	22187670	4781856	22631	15290
石景山区	5806127	5803550	1301255	13262	4484849	951138	17447	2577
海 淀 区	63552819	63524350	25614355	587512	36803853	11377496	1106142	28469
城市发展新区	**32018676**	**32001544**	**7860074**	**131881**	**23546957**	**7843755**	**594513**	**17132**
房 山 区	3285427	3285359	1055980	8065	2223842	831178	5537	68
通 州 区	5687180	5685829	907671	25600	4765196	1833241	12962	1351
顺 义 区	9324747	9314871	3581346	28555	5424460	1567563	309066	9876
昌 平 区	3908499	3904168	685385	24467	3209472	1625556	9310	4332
大 兴 区	9812823	9811316	1629693	45193	7923987	1986217	257636	1506
生态涵养发展区	**5984733**	**5983959**	**1856382**	**5635**	**4078595**	**1738776**	**48982**	**774**
门头沟区	916808	916420	268021	556	645496	245484	2904	388
怀 柔 区	1251986	1251865	420510	1731	811273	335521	20082	121
平 谷 区	1478108	1477892	282442	341	1176282	414618	19168	216
密 云 区	1781457	1781409	741374	2637	1033321	560614	6713	49
延 庆 区	556373	556373	144036	370	412222	182540	115	

3-51 规模以上第三产业基本情况(2015年)

各 区	收入合计(亿元)	资产总计(亿元)	企业利润总额(亿元)	应交税金合计(亿元)	从业人员平均人数(万人)
全 市	**110154.4**	**1397969.4**	**24752.9**	**6725.2**	**616.9**
首都功能核心区	**36151.0**	**1050895.8**	**15894.6**	**3363.4**	**141.2**
东 城 区	16261.5	159335.5	6827.8	699.2	60.2
西 城 区	19889.6	891560.2	9066.8	2664.1	81.0
城市功能拓展区	**57377.2**	**307177.8**	**7761.7**	**2733.1**	**365.0**
朝 阳 区	27270.2	122941.4	4379.0	1226.2	137.3
丰 台 区	4490.3	18459.2	274.1	137.4	51.0
石景山区	1897.7	6992.4	285.9	72.8	19.1
海 淀 区	23718.9	158784.7	2822.6	1296.7	157.6
城市发展新区	**14750.2**	**33748.5**	**1060.2**	**559.9**	**86.3**
房 山 区	1416.4	2643.7	52.9	47.1	8.3
通 州 区	1427.7	4369.5	90.0	77.0	9.2
顺 义 区	3426.1	12382.0	454.2	150.8	28.3
昌 平 区	3388.0	7116.5	267.5	135.7	16.8
大 兴 区	1434.6	3829.4	63.9	76.9	12.7
北京经济技术开发区	3657.5	3407.3	131.7	72.3	10.9
生态涵养发展区	**1876.0**	**6147.3**	**36.4**	**68.8**	**24.4**
门头沟区	488.2	1978.8	-19.3	18.7	3.1
怀 柔 区	392.7	1331.1	19.1	14.3	5.1
平 谷 区	385.5	1328.1	27.1	17.0	6.7
密 云 区	432.9	1149.2	6.8	13.1	5.4
延 庆 区	176.7	360.2	2.8	5.7	4.1

注：应交税金合计主要包括应交增值税、应交所得税、营业税及附加和管理费用中的税金等。

3-52 规模以上文化创意产业情况

各 区	收入合计(万元)		利润总额(万元)		应交税金合计(万元)		从业人员平均人数(人)	
	2015	2014	2015	2014	2015	2014	2015	2014
全 市	**134513411**	**118020382**	**10636907**	**9315587**	**5697466**	**5207072**	**1222703**	**1151236**
首都功能核心区	**26767529**	**25322926**	**1818076**	**1631089**	**907832**	**881981**	**190976**	**193827**
东 城 区	18389989	17294359	815798	825680	507362	521568	86250	90003
西 城 区	8377540	8028567	1002277	805410	400470	360413	104726	103824
城市功能拓展区	**92079881**	**80263426**	**8269390**	**7270653**	**4373151**	**3968292**	**910859**	**837764**
朝 阳 区	27773035	25411308	1804911	1137038	988679	896939	239967	234226
丰 台 区	3891314	3567055	292065	222322	179179	163701	42305	38309
石景山区	3425985	3334750	589902	327434	158868	164870	31330	31375
海 淀 区	56989548	47950314	5582511	5583860	3046425	2742781	597257	533854
城市发展新区	**13667905**	**10840741**	**480565**	**310754**	**321034**	**294483**	**98615**	**99882**
房 山 区	310464	294545	4459	10096	16388	16300	7015	7560
通 州 区	1358866	1146572	5319	16670	29180	28816	13189	13571
顺 义 区	1176958	1156764	53719	74000	43668	49554	12946	13558
昌 平 区	1570420	1372974	193765	102745	94287	84240	22275	22224
大 兴 区	836831	911692	-4651	21530	18186	23944	10314	12316
北京经济技术开发区	8414366	5958195	227955	85713	119326	91630	32876	30653
生态涵养发展区	**1998097**	**1593289**	**68877**	**103090**	**95448**	**62316**	**22253**	**19763**
门头沟区	168304	153792	-2793	8424	5621	5385	1792	1859
怀 柔 区	915373	700668	10448	62043	36817	25883	6302	6072
平 谷 区	478061	402946	42316	23970	33517	15881	3990	3490
密 云 区	335183	237201	20143	3696	14149	10814	6854	5020
延 庆 区	101176	98682	-1237	4959	5344	4353	3315	3322

注：规模以上文化创意产业的统计范围包括年主营业务收入2000万元及以上的批发业企业和工业企业，年主营业务收入500万元及以上的零售业企业，年营业收入500万元及以上或从业人员50人及以上的文化、体育和娱乐业企业，以及年营业收入1000万元及以上或从业人员在50人及以上的其他纳入文化创意产业分类标准的行业。

3-53 全市居民收支情况（2015年）

单位：元

各　区	人均可支配收入		人均消费支出	
	2015	增长速度(%)	2015	增长速度(%)
全　市	**48458**	**8.9**	**33803**	**8.7**
东城区	61764	7.6	40865	5.7
西城区	67492	8.1	43595	1.0
朝阳区	55450	8.3	39660	5.6
丰台区	47127	8.4	34240	9.2
石景山区	56304	8.3	36789	8.9
海淀区	62325	7.6	44626	7.9
房山区	30656	9.2	19955	6.9
通州区	31397	9.1	22508	10.6
顺义区	28257	9.3	18231	9.9
昌平区	35306	9.1	25675	8.4
大兴区	33849	8.2	23402	10.2
门头沟区	39037	7.6	28364	9.1
怀柔区	28595	8.6	19569	12.2
平谷区	28367	8.5	18990	2.2
密云区	27259	8.3	18792	6.4
延庆区	26975	8.5	18202	10.1

3-54 城镇居民收支情况

单位：元

各　区	人均可支配收入		人均消费支出	
	2015	增长速度(%)	2015	增长速度(%)
全　市	**52859**	**8.9**	**36642**	**8.7**
东 城 区	61764	7.6	40865	5.7
西 城 区	67492	8.1	43595	1.0
朝 阳 区	55450	8.3	39660	5.6
丰 台 区	47127	8.4	34240	9.2
石景山区	56304	8.3	36789	8.9
海 淀 区	62325	7.6	44626	7.9
房 山 区	36317	9.1	22742	6.2
通 州 区	37608	9.2	26944	11.4
顺 义 区	33394	9.2	22174	9.5
昌 平 区	38794	9.1	27340	8.7
大 兴 区	40598	8.1	26798	9.9
门头沟区	42350	7.5	30012	8.3
怀 柔 区	33247	9.3	21720	10.5
平 谷 区	35117	8.5	22519	0.4
密 云 区	33878	8.1	22741	7.0
延 庆 区	35603	8.2	22882	9.6

注：按照国家统计局要求，自2015年起，北京按照改革后新口径发布全市和分城乡的居民收支数据，增长速度为同口径增速（下表同）。

3-55 农村居民收支情况

单位：元

各　区	人均可支配收入		人均消费支出	
	2015	增长速度(%)	2015	增长速度(%)
全　市	**20569**	**9.0**	**15811**	**8.8**
房山区	19161	9.2	14294	9.6
通州区	21648	9.0	15544	8.6
顺义区	22648	9.5	13926	10.7
昌平区	20115	9.1	18425	6.9
大兴区	17796	8.8	15322	11.7
门头沟区	20167	8.2	18980	17.8
怀柔区	19937	8.5	15567	18.3
平谷区	20147	8.5	14693	5.8
密云区	19183	9.2	13973	5.5
延庆区	18088	9.1	13382	10.8

注：2015年起我市按照城乡一体化新口径发布数据，农村居民人均纯收入调整为农村居民人均可支配收入。

3–56 普通中学学校基本情况

单位：人

各 区	普通中学校数(所)		普通中学招生数		普通中学毕业生数	
	2015	2014	2015	2014	2015	2014
全 市	**646**	**643**	**145895**	**157877**	**150511**	**147913**
首都功能核心区	**86**	**94**	**27226**	**28483**	**29229**	**29203**
东 城 区	43	43	12301	12777	12905	12636
西 城 区	43	51	14925	15706	16324	16567
城市功能拓展区	**242**	**238**	**61956**	**68142**	**59901**	**57540**
朝 阳 区	91	89	16818	18260	15270	14184
丰 台 区	46	45	9100	10301	8042	7944
石景山区	27	27	3933	4694	4517	4532
海 淀 区	78	77	32105	34887	32072	30880
城市发展新区	**215**	**210**	**40382**	**43150**	**42553**	**42209**
房 山 区	47	47	8099	8868	8517	8644
通 州 区	41	40	8536	8911	7796	7584
顺 义 区	32	30	8851	9446	8857	8952
昌 平 区	51	50	7076	7296	8586	7733
大 兴 区	44	43	7820	8629	8797	9296
生态涵养发展区	**103**	**101**	**16331**	**18102**	**18828**	**18961**
门头沟区	16	14	2292	2437	2264	2036
怀 柔 区	23	23	3265	3742	3312	3470
平 谷 区	20	20	3415	3772	4225	4461
密 云 区	23	23	4465	4805	5264	5369
延 庆 区	21	21	2894	3346	3763	3625

注：普通中学范围为普通高中和普通初中。

资料来源：北京市教育委员会。

3-56 续表

单位：人

各　区	普通中学在校学生数		普通中学教职工人数		普通中学专任教师人数	
	2015	2014	2015	2014	2015	2014
全　市	**452778**	**484343**	**83970**	**82224**	**63391**	**61043**
首都功能核心区	**84583**	**90913**	**14500**	**14694**	**11079**	**10933**
东 城 区	38122	40691	6504	6564	4754	4716
西 城 区	46461	50222	7996	8130	6325	6217
城市功能拓展区	**190409**	**202758**	**34024**	**31916**	**26788**	**24675**
朝 阳 区	51542	54270	12407	10905	10190	8816
丰 台 区	28000	30571	5424	5438	4097	4016
石景山区	13036	14715	2641	2597	2030	1968
海 淀 区	97831	103202	13552	12976	10471	9875
城市发展新区	**125816**	**134195**	**24050**	**23908**	**18144**	**18009**
房 山 区	25818	27406	4385	4553	3303	3373
通 州 区	25541	27166	4711	4654	3530	3434
顺 义 区	26785	27907	4792	4506	3569	3398
昌 平 区	22450	24521	5162	5201	3838	3925
大 兴 区	25222	27195	5000	4994	3904	3879
生态涵养发展区	**51970**	**56477**	**11396**	**11706**	**7380**	**7426**
门头沟区	6916	7191	1275	1266	907	888
怀 柔 区	10294	11140	2388	2424	1610	1614
平 谷 区	10942	11992	3161	3241	1691	1696
密 云 区	14113	15284	2376	2493	1708	1740
延 庆 区	9705	10870	2196	2282	1464	1488

3-57 小学教育基本情况

单位：人

各　区	小学校数(所)		小学招生数		小学毕业生数	
	2015	2014	2015	2014	2015	2014
全　市	**996**	**1040**	**145876**	**153249**	**103893**	**112819**
首都功能核心区	**123**	**124**	**22669**	**22061**	**14882**	**16281**
东 城 区	63	64	9595	9573	7093	7721
西 城 区	60	60	13074	12488	7789	8560
城市功能拓展区	**290**	**335**	**63819**	**71257**	**45746**	**49776**
朝 阳 区	86	122	21176	25745	14221	15309
丰 台 区	77	78	10505	12928	9435	10069
石景山区	30	31	3866	4402	3058	3486
海 淀 区	97	104	28272	28182	19032	20912
城市发展新区	**427**	**424**	**45372**	**45417**	**32910**	**34820**
房 山 区	108	106	8448	9391	6040	6603
通 州 区	84	83	10640	9709	7403	7465
顺 义 区	46	45	7508	7503	5238	5493
昌 平 区	91	91	7910	8177	7264	7678
大 兴 区	98	99	10866	10637	6965	7581
生态涵养发展区	**156**	**157**	**14016**	**14514**	**10355**	**11942**
门头沟区	22	23	2223	2180	1578	1836
怀 柔 区	24	24	2926	3043	2143	2533
平 谷 区	42	42	3007	3179	2194	2419
密 云 区	40	40	3761	3835	2755	3091
延 庆 区	28	28	2099	2277	1685	2063

资料来源：北京市教育委员会。

3-57 续表

单位：人

各　区	小学在校学生数		小学教职工人数		小学专任教师人数	
	2015	2014	2015	2014	2015	2014
全　市	**850321**	**821152**	**58308**	**58108**	**50053**	**49434**
首都功能核心区	**122224**	**115309**	**9800**	**9349**	**8476**	**7987**
东 城 区	52972	50845	4676	4604	3787	3719
西 城 区	69252	64464	5124	4745	4689	4268
城市功能拓展区	**381344**	**369603**	**21482**	**22233**	**19662**	**20202**
朝 阳 区	132877	128030	7253	8331	6795	7680
丰 台 区	69114	70432	4824	4786	4214	4133
石景山区	23780	23479	1534	1563	1353	1378
海 淀 区	155573	147662	7871	7553	7300	7011
城市发展新区	**266297**	**258522**	**18773**	**18151**	**15874**	**15232**
房 山 区	48192	46563	3696	3613	2961	2867
通 州 区	62141	60717	4092	4001	3630	3542
顺 义 区	42784	40994	3196	2948	2615	2396
昌 平 区	53910	54049	3715	3570	3156	3017
大 兴 区	59270	56199	4074	4019	3512	3410
生态涵养发展区	**80456**	**77718**	**8253**	**8375**	**6041**	**6013**
门头沟区	11747	11314	1140	1195	881	896
怀 柔 区	16983	16500	1565	1622	1080	1106
平 谷 区	17330	16686	2146	2185	1478	1469
密 云 区	22145	21319	2060	2023	1524	1482
延 庆 区	12251	11899	1342	1350	1078	1060

3-58 幼儿教育情况

单位：人

各　区	幼儿园数(所)		在园幼儿数		专任教师数	
	2015	2014	2015	2014	2015	2014
全　市	**1487**	**1426**	**394121**	**364954**	**34040**	**31692**
首都功能核心区	**120**	**118**	**31591**	**29891**	**3289**	**2996**
东 城 区	51	50	14464	13193	1473	1347
西 城 区	69	68	17127	16698	1816	1649
城市功能拓展区	**563**	**538**	**183537**	**174167**	**16197**	**15526**
朝 阳 区	214	203	66518	62329	6554	6314
丰 台 区	139	132	41724	40401	3521	3350
石景山区	50	48	14853	13409	1205	1176
海 淀 区	160	155	60442	58028	4917	4686
城市发展新区	**527**	**504**	**136070**	**121776**	**10984**	**9905**
房 山 区	104	103	30280	28878	2746	2706
通 州 区	138	136	28817	25455	2519	2153
顺 义 区	96	83	22749	19184	1461	1311
昌 平 区	112	111	25854	23294	2512	2198
大 兴 区	77	71	28370	24965	1746	1537
生态涵养发展区	**277**	**266**	**42923**	**39120**	**3570**	**3265**
门头沟区	29	28	5943	5241	528	475
怀 柔 区	63	52	9523	8642	761	663
平 谷 区	63	62	9098	8393	659	629
密 云 区	70	68	11316	10343	996	920
延 庆 区	52	56	7043	6501	626	578

数据来源：北京市教育委员会。

3–59 公共图书馆情况

各区	个数(个)		总藏数(万册、万件)		总流通人次(万人次)		书刊文献外借册次(万册次)	
	2015	2014	2015	2014	2015	2014	2015	2014
全　市	**25**	**25**	**5943**	**5601**	**1652**	**1544**	**1006**	**1061**
首都功能核心区	**5**	**5**	**322**	**305**	**234**	**191**	**208**	**205**
东 城 区	2	2	139	133	76	57	79	70
西 城 区	3	3	183	172	158	134	129	135
城市功能拓展区	**9**	**9**	**4843**	**4572**	**1098**	**1055**	**522**	**589**
朝 阳 区	3	3	1025	937	590	527	332	359
丰 台 区	2	2	96	88	41	47	47	40
石景山区	2	2	108	97	57	63	49	54
海 淀 区	2	2	3614	3450	410	418	94	136
城市发展新区	**6**	**6**	**420**	**393**	**221**	**205**	**172**	**170**
房 山 区	2	2	111	106	26	26	33	33
通 州 区	1	1	61	55	73	66	38	37
顺 义 区	1	1	88	85	35	35	32	31
昌 平 区	1	1	65	61	41	45	39	38
大 兴 区	1	1	95	86	46	33	30	31
生态涵养发展区	**5**	**5**	**358**	**331**	**99**	**93**	**104**	**97**
门头沟区	1	1	87	75	1	1	13	9
怀 柔 区	1	1	68	62	48	47	39	34
平 谷 区	1	1	85	84	21	16	17	18
密 云 区	1	1	69	66	12	13	17	18
延 庆 区	1	1	49	44	17	16	18	18

资料来源：北京市文化局、国家图书馆。

3-60 文物局系统内博物馆情况

各　区	个数(个)		综合性		历史性		艺术类		自然科技类		其他类	
	2015	2014	2015	2014	2015	2014	2015	2014	2015	2014	2015	2014
全　市	**40**	**41**	**11**	**11**	**17**	**17**	**5**	**6**	**2**	**2**	**5**	**5**
首都功能核心区	**15**	**15**	**3**	**3**	**8**	**8**	**2**	**2**	**1**	**1**	**1**	**1**
东 城 区	7	7	1	1	5	5	1	1				
西 城 区	8	8	2	2	3	3	1	1	1	1	1	1
城市功能拓展区	**11**	**12**	**1**	**1**	**4**	**4**	**3**	**4**	**1**	**1**	**2**	**2**
朝 阳 区	2	3					1	2			1	1
丰 台 区	2	2			1	1					1	1
石景山区	2	2			1	1			1	1		
海 淀 区	5	5	1	1	2	2	2	2				
城市发展新区	**7**	**7**	**3**	**3**	**3**	**3**					**1**	**1**
房 山 区	2	2			1	1					1	1
通 州 区	1	1	1	1								
顺 义 区	1	1			1	1						
昌 平 区	3	3	2	2	1	1						
大 兴 区												
生态涵养发展区	**7**	**7**	**4**	**4**	**2**	**2**					**1**	**1**
门头沟区	1	1	1	1								
怀 柔 区	1	1	1	1								
平 谷 区	1	1			1	1						
密 云 区	1	1	1	1								
延 庆 区	3	3	1	1	1	1					1	1

资料来源：北京市文物局。

3-60 续表

各区	文物藏品数(件)		#一级品		参观人次(千人次)		本年收入(万元)	
	2015	2014	2015	2014	2015	2014	2015	2014
全市	**1238524**	**1262296**	**729**	**689**	**12002**	**10224**	**99570**	**99836**
首都功能核心区	**1016771**	**1041795**	**391**	**392**	**3429**	**2807**	**28550**	**33001**
东城区	5627	5627	28	29	1902	1286	6263	5434
西城区	1011144	1036168	363	363	1527	1521	22287	27567
城市功能拓展区	**195796**	**194696**	**125**	**84**	**836**	**783**	**19485**	**19686**
朝阳区	86789	85688	15	15	106	222	10410	10526
丰台区	1534	1536	4	4	51	68	1174	917
石景山区	109	109			27	30	1852	541
海淀区	107364	107363	106	65	652	463	6049	7702
城市发展新区	**14384**	**14284**	**212**	**212**	**6916**	**5793**	**44852**	**41329**
房山区	7795	7795	15	15	306	188	8955	10773
通州区	1658	1658			10	20	1481	382
顺义区	28	28			400	383	498	775
昌平区	4903	4803	197	197	6200	5202	33918	29399
大兴区								
生态涵养发展区	**11573**	**11521**	**1**	**1**	**821**	**841**	**6683**	**5820**
门头沟区	3686	3686			45	45	839	407
怀柔区	1313	1311			4		419	426
平谷区	185	185			10	13	248	340
密云区	1765	1715			11	43	475	2521
延庆区	4624	4624	1	1	751	740	4702	2126

3-61 档案事业情况

各 区	档案馆个数(个)		建筑面积(平方米)		本年利用档案人次(人次)		本年利用资料人次(人次)	
	2015	2014	2015	2014	2015	2014	2015	2014
全 市	**18**	**18**	**99220**	**98220**	**207208**	**221359**	**643**	**449**
首都功能核心区	**3**	**3**	**20030**	**20030**	**49562**	**46513**	**9**	**9**
东 城 区	1	1	4915	4915	18359	16808	1	1
西 城 区	2	2	15115	15115	31203	29705	8	8
城市功能拓展区	**5**	**5**	**35246**	**35246**	**53208**	**52947**	**401**	**265**
朝 阳 区	1	1	2800	2800	22098	21835		
丰 台 区	2	2	22304	22304	19207	19732	248	157
石景山区	1	1	3572	3572	2095	2065	3	8
海 淀 区	1	1	6570	6570	9808	9315	150	100
城市发展新区	**5**	**5**	**19900**	**19900**	**52754**	**51175**	**54**	**48**
房 山 区	1	1	4731	4731	7773	7830	44	
通 州 区	1	1	2651	2651	21690	17240	10	10
顺 义 区	1	1	6750	6750	4012	4405		
昌 平 区	1	1	3800	3800	13961	12186		36
大 兴 区	1	1	1968	1968	5318	9514		2
生态涵养发展区	**5**	**5**	**24043**	**23043**	**51684**	**70724**	**179**	**127**
门头沟区	1	1	4651	4651	7266	6952	4	30
怀 柔 区	1	1	4000	3000	10886	10976	4	4
平 谷 区	1	1	4280	4280	18784	39542	137	63
密 云 区	1	1	5440	5440	10802	10528	26	21
延 庆 区	1	1	5672	5672	3946	2726	8	9

注：本年利用档案、资料人次数量，包括利用纸质和电子两种之和。

资料来源：北京市档案局。

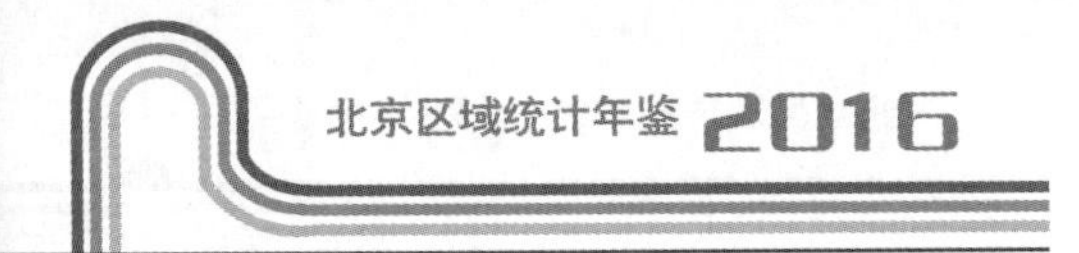

3-62 限额以上工业与信息传输、软件和信息技术服务业企业研究与试验发展（R&D）经费情况

单位：万元

各　区	工　业		信息传输、软件和信息技术服务业	
	2015	2014	2015	2014
全　市	**2440874.5**	**2335010.1**	**1181114.4**	**1121100.9**
首都功能核心区	**35906.8**	**43048.7**	**69553.8**	**59989.8**
东 城 区	11076.1	13745.3	1100.4	1283.7
西 城 区	24830.7	29303.4	68453.4	58706.1
城市功能拓展区	**951680.8**	**1124681.9**	**1098523.1**	**1050509.0**
朝 阳 区	168763.9	221639.2	375043.6	379522.4
丰 台 区	99249.6	110490.6	51323.6	41644.8
石景山区	32805.1	37140.9	15805.9	21085.3
海 淀 区	650862.2	755411.2	656350.0	608256.5
城市发展新区	**1344985.8**	**1050902.0**	**13037.5**	**10602.1**
房 山 区	36646.8	31298.3		166.4
通 州 区	95226.5	80181.6	396.3	263.8
顺 义 区	350216.9	247770.6	1013.4	
昌 平 区	249912.2	260783.2	8566.0	7557.5
大 兴 区	80189.0	77658.6	1122.4	1237.5
北京经济技术开发区	532794.4	353209.7	1939.4	1376.9
生态涵养发展区	**108301.1**	**116377.5**		
门头沟区	21213.4	18661.6		
怀 柔 区	51713.8	58873.2		
平 谷 区	7339.9	4992.9		
密 云 区	12822.0	17122.7		
延 庆 区	15212.0	16727.1		

3-63 技术合同成交情况(2015年)

各　区	合同数 (项)	成交总额 (万元)
全　市	**72272**	**34525662**
首都功能核心区	**8746**	**5797833**
东 城 区	2589	4217114
西 城 区	6157	1580719
城市功能拓展区	**58457**	**26423207**
朝 阳 区	6657	6496558
丰 台 区	3335	5074955
石景山区	1065	484139
海 淀 区	47400	14367555
城市发展新区	**4611**	**2160032**
房 山 区	151	30144
通 州 区	170	718200
顺 义 区	531	100248
昌 平 区	1586	635390
大 兴 区	2173	676049
生态涵养发展区	**458**	**144589**
门头沟区	21	5993
怀 柔 区	238	100194
平 谷 区	83	6055
密 云 区	61	20049
延 庆 区	55	12298

资料来源：北京技术市场管理办公室。

3-64 专利申请及授权情况(2015年)

单位：件

各 区	专利申请量	#发明专利	专利授权量	#发明专利
全 市	**156312**	**88930**	**94031**	**35308**
首都功能核心区				
东 城 区	9687	5102	6612	1913
西 城 区	22862	12839	14917	4105
城市功能拓展区				
朝 阳 区	26395	16197	16101	7880
丰 台 区	7924	3582	4871	1508
石景山区	2437	1166	2069	588
海 淀 区	59095	39970	31181	15618
城市发展新区				
房 山 区	1449	506	951	201
通 州 区	3900	817	2546	272
顺 义 区	3953	970	2610	236
昌 平 区	8822	4072	5640	1430
大 兴 区	7368	2896	4849	1279
生态涵养发展区				
门头沟区	300	95	235	55
怀 柔 区	884	314	558	109
平 谷 区	404	88	335	30
密 云 区	676	243	458	58
延 庆 区	139	71	84	21
其 他	**17**	**2**	**14**	**5**

资料来源：北京市知识产权局。

3-65 卫生机构数(2015年)

单位：个

各 区	卫生机构	#医院	#社区卫生服务中心(站)	#门诊部	#妇幼保健院(所、站)	#疾病预防控制中心(防疫站)	#专科疾病防治院(所、站)	#诊所、卫生所、医务室、护理站
全 市	**10425**	**701**	**1979**	**1070**	**19**	**30**	**25**	**3630**
首都功能核心区	**1216**	**113**	**161**	**154**	**4**	**11**	**6**	**726**
东 城 区	570	65	65	81	2	3	3	332
西 城 区	646	48	96	73	2	8	3	394
城市功能拓展区	**3181**	**338**	**693**	**692**	**4**	**6**	**6**	**1348**
朝 阳 区	1362	161	266	327	1	2	1	577
丰 台 区	554	70	173	107	1	1	1	171
石景山区	212	23	56	12	1	1	1	114
海 淀 区	1053	84	198	246	1	2	3	486
城市发展新区	**3987**	**182**	**797**	**210**	**6**	**7**	**6**	**1166**
房 山 区	984	34	218	34	2	2	2	155
通 州 区	611	21	89	52	1	1	1	90
顺 义 区	707	14	202	23	1	1	1	273
昌 平 区	907	71	136	61	1	1	1	363
大 兴 区	778	42	152	40	1	2	1	285
生态涵养发展区	**2022**	**49**	**328**	**14**	**5**	**6**	**7**	**390**
门头沟区	259	13	39	2	1	2	1	54
怀 柔 区	481	12	72	9	1	1	1	103
平 谷 区	437	7	153	1	1	1	2	62
密 云 区	589	14	44	1	1	1	2	114
延 庆 区	256	3	20	1	1	1	1	57

注：本表全市数据包含驻京部队医院情况，分区数据中不包含驻京部队医院，因此分区数据相加不等于全市。

资料来源：北京市卫生和计划生育委员会。

3-66 卫生机构人员及卫生条件

单位：人

各　区	卫生机构人员		#卫生技术人员		#执业(助理)医师		#注册护士	
	2015	2014	2015	2014	2015	2014	2015	2014
全　市	**321151**	**304990**	**256531**	**242923**	**96445**	**89590**	**114294**	**106167**
首都功能核心区	**75030**	**72416**	**60273**	**57419**	**21782**	**20760**	**25641**	**23768**
东 城 区	32825	32241	25449	24849	9790	9460	10303	9972
西 城 区	42205	40175	34824	32570	11992	11300	15338	13796
城市功能拓展区	**127967**	**122502**	**99480**	**95660**	**38006**	**36120**	**42758**	**40956**
朝 阳 区	59029	55641	45244	42840	17888	16572	19085	18189
丰 台 区	22331	21812	17523	17063	6509	6267	7664	7348
石景山区	9459	8724	7687	7111	2848	2687	3349	3077
海 淀 区	37148	36325	29026	28646	10761	10594	12660	12342
城市发展新区	**65182**	**60429**	**49438**	**45741**	**18836**	**17203**	**20092**	**18437**
房 山 区	12854	12400	9344	8873	3516	3316	3768	3578
通 州 区	11129	10246	8769	8081	3362	3034	3380	3092
顺 义 区	9947	8707	7441	6678	3127	2873	2693	2396
昌 平 区	17458	16200	13187	12063	4810	4302	5938	5302
大 兴 区	13794	12876	10697	10046	4021	3678	4313	4069
生态涵养发展区	**21026**	**20349**	**16249**	**15688**	**6608**	**6452**	**6135**	**5732**
门头沟区	4476	4376	3376	3282	1170	1120	1440	1388
怀 柔 区	4179	4112	3291	3235	1387	1406	1130	1106
平 谷 区	4720	4632	3678	3621	1530	1461	1479	1403
密 云 区	4697	4544	3590	3431	1580	1573	1204	1104
延 庆 区	2954	2685	2314	2119	941	892	882	731

注：本表全市数据除床位数外均包含驻京部队医院情况，分区数据不包含驻京部队医院，所以分区数据相加不等于全市。

资料来源：北京市卫生和计划生育委员会。

3-66 续表

各 区	卫生机构实有床位数（张）		#医 院		每千常住人口执业（助理）医师数（人）		每千常住人口注册护士数（人）		每千常住人口医院床位数（张）	
	2015	2014	2015	2014	2015	2014	2015	2014	2015	2014
全 市	**111555**	**109789**	104644	**102851**	**4.44**	**4.16**	**5.27**	**4.93**	**5.14**	**4.78**
首都功能核心区	**26650**	**26284**	**26435**	**26078**	**9.89**	**9.38**	**11.64**	**10.74**	**12.10**	**11.78**
东 城 区	11046	10930	10888	10774	10.82	10.38	11.38	10.95	12.21	11.83
西 城 区	15604	15354	15547	15304	9.24	8.68	11.82	10.60	12.02	11.75
城市功能拓展区	**45483**	**43914**	**43854**	**42210**	**3.58**	**3.42**	**4.02**	**3.88**	**4.29**	**4.00**
朝 阳 区	20075	19053	19382	18386	4.51	4.23	4.80	4.64	5.08	4.69
丰 台 区	9534	9347	9428	9207	2.80	2.72	3.30	3.19	4.10	4.00
石景山区	4636	4140	4576	4053	4.37	4.13	5.14	4.73	7.11	6.24
海 淀 区	11238	11374	10468	10564	2.91	2.88	3.43	3.36	3.04	2.87
城市发展新区	**30213**	**30457**	**26708**	**26988**	**2.70**	**2.51**	**2.88**	**2.69**	**4.33**	**3.94**
房 山 区	6362	6173	5608	5428	3.36	3.20	3.60	3.45	6.08	5.24
通 州 区	3494	3216	2669	2400	2.44	2.24	2.45	2.28	2.54	1.77
顺 义 区	3430	3283	2569	2516	3.13	2.86	2.75	2.39	3.36	2.51
昌 平 区	10147	11110	9819	10696	2.45	2.25	3.02	2.78	5.17	5.61
大 兴 区	6780	6675	6043	5948	2.57	2.38	2.76	2.63	4.34	3.85
生态涵养发展区	**9209**	**9134**	**7647**	**7575**	**3.46**	**3.39**	**3.22**	**3.01**	**4.83**	**3.98**
门头沟区	2858	2859	2413	2418	3.80	3.66	4.68	4.54	9.28	7.90
怀 柔 区	1683	1596	1456	1368	3.61	3.69	2.94	2.90	4.38	3.59
平 谷 区	2020	2001	1700	1681	3.62	3.45	3.50	3.32	4.78	3.97
密 云 区	1666	1696	1322	1352	3.30	3.29	2.51	2.31	3.48	2.83
延 庆 区	982	982	756	756	3.00	2.82	2.81	2.31	3.13	2.39

3-67 医院工作情况

各区	诊疗人次数(千人次)		#门诊		健康检查人次(千人次)	
	2015	2014	2015	2014	2015	2014
全市	**163497.9**	**157509.2**	**136284.0**	**132351.5**	**3446.0**	**3223.4**
首都功能核心区	**48965.0**	**48562.0**	**46413.5**	**45939.6**	**703.8**	**650.4**
东城区	20779.2	20516.1	19767.8	19473.5	357.0	266.9
西城区	28185.9	28045.9	26645.7	26466.1	346.8	383.4
城市功能拓展区	**59827.6**	**58544.9**	**55781.3**	**54294.5**	**1655.3**	**1550.8**
朝阳区	26987.9	26293.9	25044.4	24213.7	670.6	628.6
丰台区	10292.4	10223.6	9477.6	9421.0	252.8	223.0
石景山区	4116.9	3922.0	3890.1	3676.7	172.7	134.5
海淀区	18430.4	18105.4	17369.1	16983.2	559.2	564.7
城市发展新区	**26973.3**	**25545.0**	**24799.1**	**23238.2**	**713.5**	**677.9**
房山区	6650.0	6353.7	6256.6	5964.4	122.8	119.1
通州区	4743.5	4415.9	4263.0	3921.8	114.2	114.6
顺义区	4385.4	4051.8	4034.0	3684.5	178.5	154.0
昌平区	5955.7	5637.0	5459.6	5066.9	170.5	179.0
大兴区	5238.7	5086.6	4786.0	4600.7	127.5	111.2
生态涵养发展区	**10083.7**	**9701.7**	**9290.1**	**8879.2**	**373.4**	**344.4**
门头沟区	2057.6	1890.2	1926.0	1752.8	80.7	79.2
怀柔区	2037.3	1948.7	1847.7	1747.7	94.0	80.2
平谷区	2357.7	2294.9	2159.4	2099.0	53.3	57.1
密云区	2383.0	2298.2	2179.5	2080.4	76.6	63.6
延庆区	1248.1	1269.7	1177.4	1199.2	68.8	64.3

注：本表全市数据包含驻京部队医院情况，分区数据不包含驻京部队医院，所以分区数据相加不等于全市。

资料来源：北京市卫生和计划生育委员会。

3-67 续表

各区	平均开放病床数(张)		入院人数(千人次)	
	2015	2014	2015	2014
全　市	**101936.1**	**96941.9**	**2657.6**	**2562.3**
首都功能核心区	**26035.5**	**25400.7**	**915.5**	**889.7**
东城区	10850.5	10581.8	367.0	359.8
西城区	15185.0	14818.9	548.4	529.9
城市功能拓展区	**42449.9**	**40326.1**	**1133.5**	**1098.7**
朝阳区	18517.4	17797.5	526.9	515.9
丰台区	9249.6	8788.6	176.7	177.6
石景山区	4413.5	4002.0	89.0	84.7
海淀区	10269.5	9738.1	341.0	320.6
城市发展新区	**25877.0**	**23930.7**	**448.3**	**417.7**
房山区	5623.4	5296.4	117.1	111.1
通州区	2487.6	2281.0	64.5	63.8
顺义区	2378.2	2398.0	50.3	47.2
昌平区	9466.2	8302.2	84.5	69.0
大兴区	5921.7	5653.1	131.9	126.7
生态涵养发展区	**7573.7**	**7284.5**	**160.4**	**156.2**
门头沟区	2402.3	2417.9	30.2	29.4
怀柔区	1422.7	1301.7	31.0	29.3
平谷区	1684.4	1646.9	50.9	51.7
密云区	1308.3	1164.1	30.4	27.2
延庆区	756.0	753.9	17.9	18.6

3-68 社区卫生服务机构情况(2015年)

各　区	社区卫生服务机构专业技术人员数(人)	#全科医生	#社区护士	总诊疗人次数(千人次)	#门　诊	#急　诊
全　市	**26193**	**11631**	**7716**	**48901.9**	**46999.1**	**1303.5**
首都功能核心区	**2910**	**1318**	**1001**	5472.7	5409.2	9.3
东 城 区	1157	505	427	2288.1	2267.0	9.2
西 城 区	1753	813	574	3184.6	3142.3	0.1
城市功能拓展区	**11095**	**5074**	**3457**	**26032.3**	**25141.1**	**575.9**
朝 阳 区	4442	2070	1396	9655.7	9474.8	139.6
丰 台 区	2374	1044	669	5873.0	5698.1	155.8
石景山区	852	391	284	2019.5	1987.7	21.7
海 淀 区	3427	1569	1108	8484.1	7980.6	258.9
城市发展新区	**8420**	**3500**	**2313**	**11923.0**	**11502.9**	**343.7**
房 山 区	1347	611	297	2007.8	1969.2	29.7
通 州 区	1763	707	455	2273.3	2163.5	88.6
顺 义 区	1505	721	341	2132.5	2087.1	43.8
昌 平 区	1440	568	475	2436.5	2354.7	49.1
大 兴 区	2365	893	745	3072.8	2928.4	132.5
生态涵养发展区	**3768**	**1739**	**945**	**5473.9**	**4945.9**	**374.6**
门头沟区	553	215	180	512.7	484.6	4.8
怀 柔 区	682	320	158	877.0	814.4	18.5
平 谷 区	908	512	176	1208.4	1117.3	32.2
密 云 区	931	390	256	1836.9	1542.6	280.5
延 庆 区	694	302	175	1038.9	987.0	38.6

资料来源：北京市卫生和计划生育委员会。

3-69 北京地区社会保险情况(2015年)

单位：人

各　　区	参加基本养老保险人数	#参加基本养老保险职工人数	参加基本医疗保险人数	#参加基本医疗保险职工人数	参加失业保险人数
全　市	**14242483**	**11875108**	**14756583**	**12061493**	**10822872**
首都功能核心区	**3291350**	**2594556**	**3731633**	**2812752**	**2521738**
东 城 区	1375528	1110791	1598079	1235435	1074734
西 城 区	1915822	1483765	2133554	1577317	1447004
城市功能拓展区	**6792305**	**5772017**	**7381779**	**6164954**	**5320473**
朝 阳 区	3014209	2567186	3172466	2670598	2324851
丰 台 区	874206	680811	971201	735889	612644
石景山区	416162	293667	443568	313384	260515
海 淀 区	2487728	2230353	2794544	2445083	2122463
城市发展新区	**2701216**	**2377988**	**2708581**	**2330968**	**2050061**
房 山 区	351980	274615	373678	284226	259388
通 州 区	457888	396605	478951	407887	334042
顺 义 区	574753	518762	561484	496644	447467
昌 平 区	439809	374315	472754	395355	336416
大 兴 区	495258	437921	493033	423960	369087
北京经济技术开发区	381528	375770	328681	322896	303661
生态涵养发展区	**877925**	**732436**	**934590**	**752819**	**664226**
门头沟区	211320	152716	211655	146675	144567
怀 柔 区	202224	185289	207374	183797	167720
平 谷 区	189955	161713	203293	167475	142087
密 云 区	185710	161666	203734	170853	143587
延 庆 区	88716	71052	108534	84019	66265
其　他	**579687**	**398111**			**266374**

注：表中“其他”分组指社会保险代办机构。
资料来源：北京市人力资源和社会保障局。

3-70 新型农村合作医疗情况(2015年)

各　　区	参加新型农村合作医疗人数 (人)	新型农村合作医疗参合率 (%)
全　市	**2239353**	**99.30**
城市功能拓展区	**218936**	**99.33**
朝 阳 区	79553	99.74
丰 台 区	80313	99.65
海 淀 区	59070	98.36
城市发展新区	**1265790**	**98.98**
房 山 区	277144	98.80
通 州 区	297893	99.77
顺 义 区	250551	97.03
昌 平 区	166752	99.55
大 兴 区	273450	99.78
生态涵养发展区	**754627**	**99.78**
门头沟区	40828	99.76
怀 柔 区	118005	99.46
平 谷 区	179767	99.91
密 云 区	257443	99.96
延 庆 区	158584	99.60

资料来源：北京市卫生和计划生育委员会。

3-71 收养性单位、社区服务情况(2015年)

各 区	收养性单位数 (个)	收养性单位床位数 (张)	社区服务机构数 (个)	#社区服务中心数
全 市	**470**	**92244**	**11528**	**199**
市本级	**11**	**4026**	**209**	
首都功能核心区	**34**	**2902**	**1177**	**32**
东 城 区	9	929	459	17
西 城 区	25	1973	718	15
城市功能拓展区	**128**	**30657**	**3118**	**87**
朝 阳 区	45	12819	1087	38
丰 台 区	28	5490	676	16
石景山区	9	3103	360	9
海 淀 区	46	9245	995	24
城市发展新区	**166**	**34180**	**4076**	**61**
房 山 区	44	6741	1018	11
通 州 区	19	4518	668	7
顺 义 区	18	3128	1115	25
昌 平 区	53	13899	600	8
大 兴 区	32	5894	675	10
生态涵养发展区	**131**	**20509**	**2948**	**19**
门头沟区	13	1954	565	5
怀 柔 区	23	3200	848	3
平 谷 区	30	4945	366	6
密 云 区	30	4605	676	2
延 庆 区	35	5805	493	3

资料来源：北京市民政局。

3-72　社会组织情况(2015年)

单位：个

各　区	社会组织数
全　市	**9721**
市本级	**2788**
首都功能核心区	**1138**
东 城 区	558
西 城 区	580
城市功能拓展区	**2401**
朝 阳 区	827
丰 台 区	453
石景山区	263
海 淀 区	858
城市发展新区	**1968**
房 山 区	373
通 州 区	337
顺 义 区	341
昌 平 区	464
大 兴 区	453
生态涵养发展区	**1426**
门头沟区	203
怀 柔 区	439
平 谷 区	335
密 云 区	230
延 庆 区	219

注：社会组织包含社会团体、民办非企业单位、基金会。
资料来源：北京市民政局。

3-73 体育场地情况(2013年)

单位：个

各　区	体育场地数	#体育场	#体育馆	#游泳场馆	#各种训练房
全　市	**20075**	**131**	**70**	**590**	**2836**
首都功能核心区	**1756**	**10**	**6**	**104**	**367**
东 城 区	698	3	2	57	197
西 城 区	1058	7	4	47	170
城市功能拓展区	**6487**	**51**	**37**	**290**	**797**
朝 阳 区	2600	9	7	188	408
丰 台 区	1275	4	3	31	192
石景山区	213	2	5	12	27
海 淀 区	2399	36	22	59	170
城市发展新区	**8372**	**63**	**19**	**176**	**1350**
房 山 区	1545	9	4	11	86
通 州 区	950	14	5	18	53
顺 义 区	2285	10	5	51	567
昌 平 区	2143	10	5	72	465
大 兴 区	1449	20		24	179
生态涵养发展区	**3460**	**7**	**8**	**20**	**322**
门头沟区	464		1	3	63
怀 柔 区	757	2	1	6	90
平 谷 区	794	1	1	3	96
密 云 区	770	1	4	3	42
延 庆 区	675	3	1	5	31

注：本表数据为第六次全国体育场地普查数据（时点为2013年12月31日）。

资料来源：北京市体育局。

3–74 城乡居民最低生活保障人数

单位：人

各 区	城市居民最低生活保障人数		农村居民最低生活保障人数	
	2015	2014	2015	2014
全 市	**84860**	**89135**	**48850**	**51324**
市本级	**1673**	**1717**		
首都功能核心区	**31558**	**33770**		
东城区	12995	14332		
西城区	18563	19438		
城市功能拓展区	**35532**	**36140**	**1219**	**1310**
朝阳区	12439	12870	810	826
丰台区	9631	9672	276	299
石景山区	8068	8139		
海淀区	5394	5459	133	185
城市发展新区	**5654**	**5919**	**20082**	**21736**
房山区	1852	2017	6709	7719
通州区	1757	1843	5131	5167
顺义区	497	506	3956	4325
昌平区	777	794	1987	2052
大兴区	771	759	2299	2473
生态涵养发展区	**10443**	**11589**	**27549**	**28278**
门头沟区	6082	6992	1941	2135
怀柔区	726	859	4016	4366
平谷区	2056	2168	6177	6417
密云区	1114	1115	11132	10803
延庆区	465	455	4283	4557

资料来源：北京市民政局。

3–75　优抚及主要救助对象情况(2015年)

单位：人

各　区	抚恤补助优抚对象人数	定期抚恤人数	定期补助人数	伤残人数	社会救助对象人数
全　市	44391	1572	31107	11712	138161
市本级					**1673**
首都功能核心区	**2412**	**162**	**201**	**2049**	**31558**
东 城 区	921	67	59	795	12995
西 城 区	1491	95	142	1254	18563
城市功能拓展区	**10776**	**541**	**3815**	**6420**	**36860**
朝 阳 区	3409	117	1401	1891	13273
丰 台 区	2646	121	1212	1313	9936
石景山区	698	66	57	575	8068
海 淀 区	4023	237	1145	2641	5583
城市发展新区	**19663**	**444**	**17338**	**1881**	**8346**
房 山 区	4841	85	4304	452	9144
通 州 区	4007	79	3555	373	7074
顺 义 区	4721	131	4179	411	4633
昌 平 区	2715	105	2260	350	2870
大 兴 区	3379	44	3040	295	3247
生态涵养发展区	**11540**	**425**	**9753**	**1362**	**5829**
门头沟区	719	39	538	142	8346
怀 柔 区	2448	114	1986	348	5829
平 谷 区	2805	87	2416	302	8495
密 云 区	3173	115	2727	331	12928
延 庆 区	2395	70	2086	239	5504

资料来源：北京市民政局。

3-76 婚姻登记情况

各区	登记结婚人数(人)		初婚人数(人)		再婚人数(人)		#女性		离婚登记对数(对)	
	2015	2014	2015	2014	2015	2014	2015	2014	2015	2014
全市	**332036**	**340054**	**229546**	**253774**	**102490**	**86280**	**49274**	**41213**	**73000**	**56192**
市本级		**1702**		**1233**		**469**		**228**		**143**
首都功能核心区	**67956**	**69828**	**47512**	**52982**	**20444**	**16846**	**9657**	**7870**	**14376**	**11251**
东城区	27182	28278	19051	21405	8131	6873	3841	3205	6054	4851
西城区	40774	41550	28461	31577	12313	9973	5816	4665	8322	6400
城市功能拓展区	**144744**	**148824**	**98582**	**110317**	**46162**	**38507**	**21824**	**17956**	**33523**	**26012**
朝阳区	49440	49898	32210	35537	17230	14361	8188	6703	12683	9383
丰台区	23730	24772	15660	17445	8070	7327	3828	3453	5757	4958
石景山区	9328	9350	6116	6647	3212	2703	1535	1282	2087	1695
海淀区	62246	64804	44596	50688	17650	14116	8273	6518	12996	9976
城市发展新区	**82624**	**81968**	**57570**	**61292**	**25054**	**20676**	**12252**	**10184**	**17387**	**12854**
房山区	18586	19132	13246	14334	5340	4798	2659	2405	3824	2837
通州区	17436	17002	12011	12799	5425	4203	2618	2036	3416	2538
顺义区	16334	16052	11721	12322	4613	3730	2273	1847	3372	2371
昌平区	12872	12648	8714	9086	4158	3562	2003	1733	2854	2330
大兴区	17396	17134	11878	12751	5518	4383	2699	2163	3921	2778
生态涵养发展区	**36712**	**37732**	**25882**	**27950**	**10830**	**9782**	**5541**	**4975**	**7714**	**5932**
门头沟区	5224	5458	3546	3833	1678	1625	841	804	1113	985
怀柔区	5868	6412	4085	4764	1783	1648	906	827	1180	947
平谷区	10022	10024	7355	7707	2667	2317	1369	1184	2030	1485
密云区	8668	8986	5934	6434	2734	2552	1400	1301	2152	1515
延庆区	6930	6852	4962	5212	1968	1640	1025	859	1239	1000

注：离婚登记对数不含法院判离数。

资料来源：北京市民政局。

3-77 全市基层法律服务所主要工作情况

各 区	担任法律顾问（家）		代理诉讼事务（件）		代理非诉讼事务（件）		解答法律询问（人次）	
	2015	2014	2015	2014	2015	2014	2015	2014
全 市	**2271**	**2347**	**6747**	**3854**	**3004**	**2570**	**86426**	**53883**
首都功能核心区	**95**	**117**	**372**	**129**	**197**	**141**	**16450**	**7872**
东 城 区	55	69	145	54	97	99	2798	2547
西 城 区	40	48	227	75	100	42	13652	5325
城市功能拓展区	**422**	**534**	**928**	**730**	**354**	**314**	**15876**	**9733**
朝 阳 区	227	251	307	211	59	31	8726	7661
丰 台 区	136	169	197	223	163	163	1465	1162
石景山区	11	22	80	22	19	10	494	7
海 淀 区	48	92	344	274	113	110	5191	903
城市发展新区	**1237**	**1205**	**3877**	**1939**	**1644**	**1103**	**37041**	**21255**
房 山 区	34	13	435	20	121	42	1488	207
通 州 区	835	842	803	435	154	206	4859	3124
顺 义 区	171	171	1703	1244	1114	733	18062	13311
昌 平 区	168	150	815	141	225	103	8766	2266
大 兴 区	29	29	121	99	30	19	3866	2347
生态涵养发展区	**517**	**491**	**1570**	**1056**	**809**	**1012**	**17059**	**15023**
门头沟区	2	2					318	431
怀 柔 区			223	196			832	569
平 谷 区	19	57	318	133	81	72	1879	1224
密 云 区	70	52	423	368	23	42	4678	5896
延 庆 区	426	380	606	359	705	898	9352	6903

资料来源：北京市司法局。

3-78 全市公证处总办证量情况(2015年)

单位：件

各　区	总办证量	国内公证业务	涉外公证业务	涉港澳公证业务	涉台公证业务
全　市	**1077217**	**570486**	**500956**	**2810**	**2965**
首都功能核心区	**829962**	**452023**	**372733**	**2241**	**2965**
东 城 区	300513	114314	182888	1287	2024
西 城 区	529449	337709	189845	954	941
城市功能拓展区	**200394**	**84682**	**115190**	**522**	
朝 阳 区	23294	11313	11872	109	
丰 台 区	15745	6525	9198	22	
石景山区	14909	5530	9345	34	
海 淀 区	146446	61314	84775	357	
城市发展新区	**37569**	**26740**	**10782**	**47**	
房 山 区	7328	5298	2026	4	
通 州 区	15709	12447	3249	13	
顺 义 区	4040	2384	1634	22	
昌 平 区	2864	2030	833	1	
大 兴 区	7628	4581	3040	7	
生态涵养发展区	**9292**	**7041**	**2251**		
门头沟区	2041	1475	566		
怀 柔 区	3009	2357	652		
平 谷 区	2256	1631	625		
密 云 区	1715	1393	322		
延 庆 区	271	185	86		

资料来源：北京市司法局。

3-79 刑事案件立案及破案情况

单位：起

各 区	刑事案件立案数		刑事案件破案数	
	2015	2014	2015	2014
全 市	**174379**	**153334**	**115807**	**122383**
首都功能核心区	**20571**	**15740**	**14350**	**14323**
东 城 区	7466	5756	4513	4471
西 城 区	13105	9984	9837	9852
城市功能拓展区	**93570**	**81817**	**63996**	**64293**
朝 阳 区	38778	30700	25803	24734
丰 台 区	21660	19992	12837	13506
石景山区	3739	2696	2373	2673
海 淀 区	29393	28429	22983	23380
城市发展新区	**44251**	**38303**	**27048**	**30724**
房 山 区	8372	7297	4773	4138
通 州 区	9172	8324	5503	6522
顺 义 区	6390	6048	5732	5871
昌 平 区	9839	7381	5349	6740
大 兴 区	10478	9253	5691	7453
生态涵养发展区	**9199**	**9168**	**6936**	**8744**
门头沟区	1780	1818	1455	1688
怀 柔 区	1766	1859	1505	1998
平 谷 区	2437	2042	1746	1969
密 云 区	2121	2178	1270	1521
延 庆 区	1095	1271	960	1568
其 他	**6788**	**8306**	**3477**	**4299**

资料来源：北京市公安局。

3-80 火灾事故情况(2015年)

各　区	火灾事故起数 (起)	火灾事故死亡人数 (人)	火灾事故直接经济损失额 (万元)
全　市	**3769**	**48**	**6104.0**
首都功能核心区	**245**	**5**	**791.8**
东 城 区	133	4	293.0
西 城 区	112	1	498.7
城市功能拓展区	**1763**	**21**	**3017.4**
朝 阳 区	844	8	730.9
丰 台 区	273	3	595.2
石景山区	69	5	112.0
海 淀 区	577	5	1579.4
城市发展新区	**1264**	**21**	**1363.6**
房 山 区	172	2	174.0
通 州 区	364	3	137.7
顺 义 区	269	5	493.0
昌 平 区	290	8	247.5
大 兴 区	169	3	311.4
生态涵养发展区	**480**	**1**	**903.7**
门头沟区	33		23.7
怀 柔 区	64		207.8
平 谷 区	201	1	481.0
密 云 区	87		129.0
延 庆 区	95		62.2
其　他	**17**		**27.5**

资料来源：北京市公安局消防局。

3-81 交通事故情况(2015年)

各 区	交通事故起数(起)	交通事故死亡人数(人)	交通事故直接经济损失(万元)
全 市	**2639**	**921**	**2089.6**
首都功能核心区	**146**	**25**	**80.8**
东 城 区	93	12	17.3
西 城 区	53	13	63.5
城市功能拓展区	**857**	**296**	**644.0**
朝 阳 区	298	144	166.4
丰 台 区	271	63	146.7
石景山区	43	11	38.8
海 淀 区	245	78	292.0
城市发展新区	**1318**	**457**	**991.0**
房 山 区	142	98	82.4
通 州 区	391	95	285.0
顺 义 区	316	109	261.3
昌 平 区	236	105	160.5
大 兴 区	233	50	201.8
生态涵养发展区	**294**	**137**	**339.5**
门头沟区	46	13	44.0
怀 柔 区	32	28	39.9
平 谷 区	61	25	38.6
密 云 区	97	39	193.2
延 庆 区	58	32	23.9
其 他	**24**	**6**	**34.3**

资料来源：北京市公安局公安交通管理局。

3-82 生产安全情况(2015年)

各 区	生产安全事故数 (起)	生产安全死亡人数 (人)
全 市	**45**	**48**
首都功能核心区	**4**	**4**
东 城 区	1	1
西 城 区	3	3
城市功能拓展区	**22**	**24**
朝 阳 区	9	10
丰 台 区	1	2
石景山区	3	3
海 淀 区	9	9
城市发展新区	**9**	**10**
房 山 区	3	3
通 州 区	3	3
顺 义 区	1	1
昌 平 区		
大 兴 区	1	2
北京经济技术开发区	1	1
生态涵养发展区	**8**	**8**
门头沟区	2	2
怀 柔 区	3	3
平 谷 区	1	1
密 云 区	1	1
延 庆 区	1	1
其 他	**2**	**2**

资料来源：北京市安全生产监督管理局。

3-83 污水处理情况(2015年)

各 区	污水处理厂(站)数(座)	污水排放量(万立方米)	污水处理量(万立方米)
全 市	**50**	**164217**	**144453**
城六区	**17**	**106930**	**104205**
城市发展新区	**27**	**45853**	**31753**
房 山 区	7	8959	6650
通 州 区	4	9000	5860
顺 义 区	4	6567	5164
昌 平 区	6	9679	5136
大 兴 区	4	7727	5022
北京经济技术开发区	2	3921	3921
生态涵养发展区	**6**	**11434**	**8496**
门头沟区	2	1666	1115
怀 柔 区	1	2976	2262
平 谷 区	1	3031	2324
密 云 区	1	2151	1525
延 庆 区	1	1610	1270

资料来源：北京市水务局。

3-84 环境基本情况(2015年)

各　区	二氧化硫(SO_2)年均浓度值(微克/立方米)	二氧化氮(NO_2)年均浓度值(微克/立方米)	可吸入颗粒物年均浓度值(微克/立方米)	细颗粒物(PM2.5)年均浓度值(微克/立方米)	林木绿化率(%)
全　市	**13.5**	**50.0**	**101.5**	**80.6**	**59.0**
首都功能核心区					
东 城 区	13.8	51.2	103.4	84.3	19.1
西 城 区	14.5	54.0	105.8	83.0	14.6
城市功能拓展区					
朝 阳 区	15.5	59.4	106.4	83.4	24.9
丰 台 区	14.3	51.5	115.6	86.7	39.7
石景山区	13.5	50.3	113.0	83.5	40.6
海 淀 区	15.2	56.1	102.9	80.0	40.6
城市发展新区					
房 山 区	15.6	56.0	112.2	96.2	59.9
通 州 区	20.1	55.7	122.4	92.5	32.4
顺 义 区	11.0	43.3	93.9	81.4	35.6
昌 平 区	12.1	42.7	93.3	70.6	66.7
大 兴 区	18.3	55.1	119.2	96.4	29.5
生态涵养发展区					
门头沟区	11.0	41.2	97.3	77.0	65.9
怀 柔 区	9.2	29.1	84.6	70.1	78.9
平 谷 区	13.3	33.2	100.3	78.8	71.3
密 云 区	11.9	34.3	87.6	67.8	72.5
延 庆 区	11.7	30.8	80.3	61.0	70.0

资料来源：北京市环境保护局、北京市园林绿化局提供。

3-85 垃圾处理情况(2015年)

各　区	垃圾无害化处理场(厂)个数(个)	生活垃圾转运站个数(个)	生活垃圾无害化处理量(万吨)	生活垃圾无害化处理率(按垃圾清运量计算)(%)
全　市	**29**	**9**	**788.73**	**99.80**
首都功能核心区			**110.89**	
东 城 区			47.51	100.00
西 城 区			63.38	100.00
城市功能拓展区	**6**	**6**	**396.50**	
朝 阳 区	3	2	176.53	100.00
丰 台 区	1	2	97.06	100.00
石景山区		1	19.32	100.00
海 淀 区	2	1	103.59	100.00
城市发展新区	**12**	**2**	**222.51**	
房 山 区	3	1	24.79	100.00
通 州 区	3	1	26.74	99.00
顺 义 区	1		33.85	98.95
昌 平 区	2		62.91	99.43
大 兴 区	3		74.22	99.88
生态涵养发展区	**11**	**1**	**58.83**	
门头沟区	3	1	8.78	100.00
怀 柔 区	2		16.26	97.07
平 谷 区	2		11.81	100.00
密 云 区	1		15.78	100.00
延 庆 区	3		6.2	99.52

资料来源：北京市市政市容管理委员会。

2016
北京区域统计年鉴

BEIJING AREA
STATISTICAL YEARBOOK

山区平原概览

简要说明

一、本章资料的主要内容

本章主要反映按地势划分的山区、平原乡镇的基本情况（面积、人口、从业人员等），农村经济（财政、农业生产、畜牧业等），乡镇企业发展，观光民俗旅游和农村居民收支等主要指标情况。

二、本章资料的统计范围

山区的统计范围为 82 个山区乡镇，平原的统计范围为 100 个平原乡镇。

三、本章资料的数据来源

农村居民收支出数据由国家统计局北京调查总队居民收支调查处提供，其他数据由北京市统计局农村统计处及国家统计局北京调查总队农业调查处提供。

4-1 山区乡镇基本情况及主要经济指标

项　　目		2015	2014	增长速度(%)
基本情况				
总面积	(公顷)	1048381	1048545	-0.02
总人口	(人)	1608775	1588804	1.3
#农业人口	(人)	940374	955166	-1.5
从业人员	(人)	878041	864442	1.6
第一产业	(人)	251825	255644	-1.5
第二产业	(人)	234717	233747	0.4
第三产业	(人)	391499	375051	4.4
享受低保人数	(人)	30844	31292	-1.4
山区经济				
一般公共预算收入	(万元)	594870	630710	-5.7
一般公共预算支出	(万元)	819320	816536	0.3
农林牧渔业总产值	(万元)	1088834	1145946	-5.0
粮食播种面积	(公顷)	42322	46646	-9.3
粮食产量	(吨)	211730	166267	27.3
果园面积	(公顷)	40226	40461	-0.6
干鲜果品产量	(吨)	456505	468978	-2.7
家禽出栏数	(万只)	2861	3321	-13.8
生猪出栏数	(头)	804490	805196	-0.1
企业情况				
企业个数	(个)	11579	12021	-3.7
企业总收入	(万元)	7229569	7701259	-6.1
企业利润总额	(万元)	372300	339487	9.7
民俗旅游情况				
民俗旅游接待人数	(人次)	19786790	17927032	10.4
民俗旅游从业人员	(人)	20434	19913	2.6
民俗旅游总收入	(万元)	120576	106057	13.7

注：本表统计范围为82个山区乡镇。

4-2 山区农民收入支出情况

单位：元

项　　目	2015	增长速度(%)
农村居民人均可支配收入	**18649**	**8.7**
工资性收入	13371	10.1
经营净收入	2574	7.7
第一产业	604	-33.8
第二产业	202	159.0
第三产业	1769	26.5
财产净收入	515	-24.0
转移净收入	2189	12.6
农村居民人均消费支出	**15168**	**8.0**
食品烟酒支出	3685	8.0
衣着支出	796	-1.4
居住支出	4645	5.2
生活用品及服务支出	927	-16.9
交通和通信支出	2317	28.1
教育、文化和娱乐支出	1233	-4.2
医疗保健支出	1401	40.2
其他用品及服务支出	164	-16.3

注：自2015年起，我市按照城乡居民一体化新口径发布数据，农村居民人均纯收入调整为农村居民人均可支配收入（下同）。

4-3 平原乡镇基本情况及主要经济指标

项　　目		2015	2014	增长速度(%)
基本情况				
总面积	(公顷)	483430	481281	0.45
总人口	(人)	7217084	7204979	0.2
#农业人口	(人)	1370135	1479799	-7.4
从业人员	(人)	4077438	4120607	-1.0
第一产业	(人)	266799	283352	-5.8
第二产业	(人)	1243916	1260476	-1.3
第三产业	(人)	2566723	2576779	-0.4
享受低保人数	(人)	18446	19153	-3.7
平原经济				
一般公共预算收入	(万元)	2518372	2212566	13.8
一般公共预算支出	(万元)	2555655	1977590	29.2
农林牧渔业总产值	(万元)	1970575	2201258	-10.5
粮食播种面积	(公顷)	61643	72990	-15.5
粮食产量	(吨)	392812	445283	-11.8
果园面积	(公顷)	16038	16089	-0.3
干鲜果品产量	(吨)	250496	268198	-6.6
家禽出栏数	(万只)	1939	2450	-20.9
生猪出栏数	(头)	1895650	2098206	-9.7
企业情况				
企业个数	(个)	87115	85021	2.5
企业总收入	(万元)	84497045	85075099	-0.7
企业利润总额	(万元)	3116916	3551184	-12.2
民俗旅游情况				
民俗旅游接待人数	(人次)	1609883	1215134	32.5
民俗旅游从业人员	(人)	1879	1580	18.9
民俗旅游总收入	(万元)	7974	6486	22.9

注：本表范围为100个平原乡镇。

4-4 平原农民收入支出情况

单位：元

项　　目	2015	增长速度(%)
农村居民人均可支配收入	**21236**	**9.3**
工资性收入	16228	8.5
经营净收入	1745	4.0
第一产业	522	15.7
第二产业	45	-75.7
第三产业	1178	12.9
财产净收入	1443	67.0
转移净收入	1820	-5.8
农村居民人均消费支出	**16118**	**9.4**
食品烟酒支出	4631	8.4
衣着支出	1073	12.4
居住支出	4654	6.9
生活用品及服务支出	1026	6.8
交通和通信支出	2093	14.7
教育、文化和娱乐支出	1116	9.6
医疗保健支出	1318	17.3
其他用品及服务支出	207	-8.0

第五章

开发区

简要说明

一、本章资料的主要内容

本章资料包括3家国家级开发区及16家北京市级开发区的规划面积、产值、利润、从业人员等主要指标情况。

二、本章资料的数据来源

本章资料主要由北京市统计局中关村统计处提供，5—2表由北京经济技术开发区统计局、调查队提供。

三、本章资料的统计范围情况

本章资料包括3家国家级开发区（北京经济技术开发区、中关村国家自主创新示范区，其中包含17个园区、北京天竺综合保税区）和16家北京市级开发区的主要情况。

2012年底，国务院批复了中关村示范区空间规模和布局调整的方案，从2013年起，中关村国家自主创新示范区中部分园区的空间规模和布局进行了扩大调整，其中，昌平园和西城园规划面积变化较大，平谷园、门头沟园、房山园、顺义园、密云园、怀柔园和延庆园7个园区纳入中关村国家自主创新示范区统计范围。

北京市开发区情况框架图

<table>
<tr><td rowspan="35">开发区</td><td rowspan="19">国家级（3个）</td><td>北京经济技术开发区</td></tr>
<tr><td>中关村国家自主创新示范区</td></tr>
<tr><td>　中关村国家自主创新示范区海淀园</td></tr>
<tr><td>　中关村国家自主创新示范区丰台园</td></tr>
<tr><td>　中关村国家自主创新示范区昌平园</td></tr>
<tr><td>　中关村国家自主创新示范区朝阳园</td></tr>
<tr><td>　中关村国家自主创新示范区亦庄园</td></tr>
<tr><td>　中关村国家自主创新示范区西城园</td></tr>
<tr><td>　中关村国家自主创新示范区东城园</td></tr>
<tr><td>　中关村国家自主创新示范区石景山园</td></tr>
<tr><td>　中关村国家自主创新示范区通州园</td></tr>
<tr><td>　中关村国家自主创新示范区大兴园</td></tr>
<tr><td>　中关村国家自主创新示范区平谷园</td></tr>
<tr><td>　中关村国家自主创新示范区门头沟园</td></tr>
<tr><td>　中关村国家自主创新示范区房山园</td></tr>
<tr><td>　中关村国家自主创新示范区顺义园</td></tr>
<tr><td>　中关村国家自主创新示范区密云园</td></tr>
<tr><td>　中关村国家自主创新示范区怀柔园</td></tr>
<tr><td>　中关村国家自主创新示范区延庆园</td></tr>
<tr><td>北京天竺综合保税区</td></tr>
<tr><td rowspan="16">市级（16个）</td><td>北京石龙经济开发区</td></tr>
<tr><td>北京良乡经济开发区</td></tr>
<tr><td>北京大兴经济开发区</td></tr>
<tr><td>北京通州经济开发区</td></tr>
<tr><td>北京雁栖经济开发区</td></tr>
<tr><td>北京兴谷经济开发区</td></tr>
<tr><td>北京密云经济开发区</td></tr>
<tr><td>北京林河经济开发区</td></tr>
<tr><td>北京天竺空港经济开发区</td></tr>
<tr><td>北京八达岭经济开发区</td></tr>
<tr><td>北京永乐经济开发区</td></tr>
<tr><td>北京延庆经济开发区</td></tr>
<tr><td>北京昌平小汤山工业园区</td></tr>
<tr><td>北京采育经济开发区</td></tr>
<tr><td>北京房山工业园区</td></tr>
<tr><td>北京马坊工业园区</td></tr>
</table>

注：开发区情况截止到2015年末。

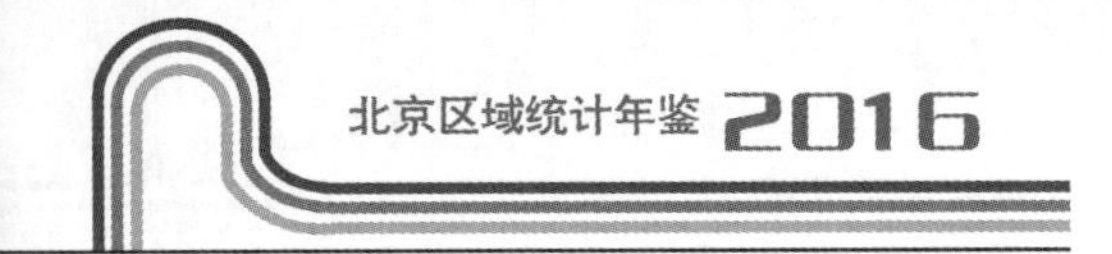

5-1 开发区基本情况(2015年)

项 目		国家级	市 级
开发区个数	(个)	3	16
区规划总面积	(公顷)	45395.9	9252.6
累计已开发土地面积	(公顷)	30324.4	6488.1
累计已供应土地面积	(公顷)	27934.9	5255.1
累计已建成城镇建设用地面积	(公顷)	24595.5	5151.9
累计招商项目企业个数	(个)	52574	18888
累计招商项目总投资	(亿元)	18194.1	3254.1
累计招商项目注册资本	(亿元)	16108.4	2265.2
#三资企业	(亿元)	2267.1	332.6
累计招商项目合同外资金额	(亿美元)	291.1	54.2
累计招商项目外商实际投资	(亿美元)	225.3	60.3
固定资产投资	(亿元)	925.5	169.5
总收入	(亿元)	43785.1	4907.0
工业总产值(当年价格)	(亿元)	9802.3	1335.9
工业销售产值(当年价格)	(亿元)	9215.4	1316.1
利润总额	(亿元)	3492.8	250.5
应缴税金	(亿元)	2081.8	178.6

注：1.本表中的开发区包括北京市级及国家级开发区情况。
2.表内“累计”指自开始至年末的累计数。
3.本表“总收入”、“工业总产值(当年价格)”、“工业销售产值”(当年价格)、“利润总额”和“应缴税金”数据的统计范围为注册在开发区内的规模(限额)以上法人单位。

5-2 北京经济技术开发区主要指标

项 目		2015	2014
规划面积	(公顷)	4680.0	4680.0
累计征用土地面积	(公顷)	4924.0	4924.0
工业总产值（现价）	(亿元)	2555.5	2421.0
#高新技术产业	(亿元)	2333.2	2201.7
销售(营业)收入	(亿元)	6670.7	5589.9
利润总额	(亿元)	384.6	249.2
进出口总值	(亿美元)	146.6	190.0
出 口	(亿美元)	52.6	88.6
进 口	(亿美元)	94.0	101.4
公共财政预算收入	(亿元)	134.9	120.0
公共财政预算支出	(亿元)	145.4	112.1
批准企业个数	(个)	3197	2736
入区企业投资额	(亿美元)	192.6	119.5
注册资本	(亿美元)	169.7	113.5
合同外资金额	(亿美元)	9.2	5.0
实际利用外资	(亿美元)	3.0	6.4
固定资产投资	(亿元)	397.6	391.0
从业人员期末人数	(人)	314059	286133
从业人员工资总额	(万元)	3140220	2885362

注：工业总产值(现价)、销售(营业)收入和利润总额指标的统计范围是规模(限额)以上法人单位（下同）。

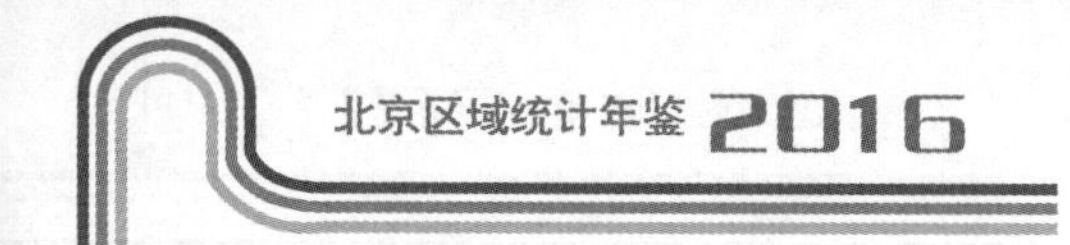

5-3 中关村国家自主创新示范区主要指标

项　　目		2015	2014
规划总面积	(公顷)	42799.5	38610.9
累计已开发土地面积	(公顷)	28779.0	25278.5
累计已供应土地面积	(公顷)	23700.4	10642.8
累计已建成城镇建设用地	(公顷)	23367.4	19663.8
投产(开业)企业个数	(个)	18535	15645
#高新技术企业	(个)	10060	7048
#工业企业	(个)	3343	3095
#三资企业	(个)	1556	1521
总投资	(万元)	24968057	13542076
#工业企业	(万元)	2166211	1812903
#三资企业	(万元)	2806869	714391
注册资本	(万元)	21199844	12637165
合同外资金额	(万美元)	229304	67129
外商实际投资	(万美元)	191606	46872
工业总产值(现价)	(万元)	95616998	92890055
工业销售产值(现价)	(万元)	89724276	91019671
#出口交货值	(万元)	7201007	9632387
总收入	(万元)	408119156	360575733
#技术收入	(万元)	66235839	48376649
利润总额	(万元)	34045288	30315111
#高新技术企业	(万元)	18528057	15873093
应缴税金总额	(万元)	20381399	14205317
固定资产投资	(万元)	6721912	6677894
从业人员期末人数	(人)	2316372	2010448

5-3 续表1 海淀园主要指标

项　　目		2015	2014
规划总面积	(公顷)	17430.6	13242.2
累计已开发土地面积	(公顷)	13764.1	10683.9
累计已供应土地面积	(公顷)	13624.6	697.8
累计已建成城镇建设用地	(公顷)	13324.3	9986.2
投产(开业)企业个数	(个)	9073	8007
#高新技术企业	(个)	5529	3846
#工业企业	(个)	804	847
#三资企业	(个)	728	767
总投资	(万元)	12330810	3461511
#工业企业	(万元)	483650	74826
#三资企业	(万元)	1808867	100649
注册资本	(万元)	8600855	2720052
合同外资金额	(万美元)	174460	26000
外商实际投资	(万美元)	132256	16300
工业总产值(现价)	(万元)	22707130	22342518
工业销售产值(现价)	(万元)	21842414	21437494
#出口交货值	(万元)	902202	929276
总收入	(万元)	163573321	144494589
#技术收入	(万元)	35209303	26208911
利润总额	(万元)	11807509	11422645
#高新技术企业	(万元)	7598023	7467219
应缴税金总额	(万元)	6450901	4781396
固定资产投资	(万元)	1368417	972816
从业人员期末人数	(人)	1013888	857707

5–3 续表2 丰台园主要指标

项目		2015	2014
规划总面积	(公顷)	1763.0	1763.0
累计已开发土地面积	(公顷)	330.7	289.0
累计已供应土地面积	(公顷)	237.4	200.0
累计已建成城镇建设用地	(公顷)	181.7	166.6
投产(开业)企业个数	(个)	1828	1492
#高新技术企业	(个)	559	425
#工业企业	(个)	276	279
#三资企业	(个)	66	68
总投资	(万元)	3682037	2374066
#工业企业	(万元)		
#三资企业	(万元)		
注册资本	(万元)	3682037	2374066
合同外资金额	(万美元)		
外商实际投资	(万美元)		
工业总产值(现价)	(万元)	2854958	3564117
工业销售产值(现价)	(万元)	2865592	3505079
#出口交货值	(万元)	104258	131381
总收入	(万元)	40041748	36993851
#技术收入	(万元)	4684564	3385683
利润总额	(万元)	2992449	2193685
#高新技术企业	(万元)	1190912	676936
应缴税金总额	(万元)	1285076	945779
固定资产投资	(万元)	831000	739349
从业人员期末人数	(人)	170191	161818

5-3 续表3 昌平园主要指标

项　　　目		2015	2014
规划总面积	(公顷)	5140.0	5140.0
累计已开发土地面积	(公顷)	2209.7	2068.9
累计已供应土地面积	(公顷)	2017.4	1952.9
累计已建成城镇建设用地	(公顷)	1868.6	1719.7
投产(开业)企业个数	(个)	2338	2106
#高新技术企业	(个)	636	538
#工业企业	(个)	704	692
#三资企业	(个)	143	146
总投资	(万元)	2365741	3539284
#工业企业	(万元)	120161	9476
#三资企业	(万元)	31447	189286
注册资本	(万元)	2354316	3503536
合同外资金额	(万美元)	1665	11097
外商实际投资	(万美元)	1665	11097
工业总产值(现价)	(万元)	10726402	11204506
工业销售产值(现价)	(万元)	7978727	11121348
#出口交货值	(万元)	517316	568896
总收入	(万元)	33816229	31836041
#技术收入	(万元)	1881241	1530773
利润总额	(万元)	2590676	2663048
#高新技术企业	(万元)	1028872	1033055
应缴税金总额	(万元)	1466006	1244964
固定资产投资	(万元)	298368	275038
从业人员期末人数	(人)	151753	150260

5-3 续表4 朝阳园主要指标

项　　目		2015	2014
规划总面积	(公顷)	2610.0	2610.0
累计已开发土地面积	(公顷)	1471.9	1471.9
累计已供应土地面积	(公顷)	1447.1	1447.1
累计已建成城镇建设用地	(公顷)	1036.6	1240.0
投产(开业)企业个数	(个)	1447	1061
#高新技术企业	(个)	820	502
#工业企业	(个)	189	182
#三资企业	(个)	185	156
总投资	(万元)	970271	430725
#工业企业	(万元)		
#三资企业	(万元)	192532	31980
注册资本	(万元)	970271	430725
合同外资金额	(万美元)	12272	3675
外商实际投资	(万美元)	12272	3675
工业总产值(现价)	(万元)	5817104	6890535
工业销售产值(现价)	(万元)	4186074	6797345
#出口交货值	(万元)	328826	449439
总收入	(万元)	42256585	40901144
#技术收入	(万元)	9608343	7139594
利润总额	(万元)	4474515	4903686
#高新技术企业	(万元)	2415142	2185556
应缴税金总额	(万元)	4284879	2167284
固定资产投资	(万元)	300000	340000
从业人员期末人数	(人)	224159	204408

5-3 续表5 亦庄园主要指标

项 目		2015	2014
规划总面积	(公顷)	2678.0	2678.0
累计已开发土地面积	(公顷)	2678.0	2678.0
累计已供应土地面积	(公顷)		
累计已建成城镇建设用地	(公顷)	2678.0	2678.0
投产(开业)企业个数	(个)	739	666
#高新技术企业	(个)	465	384
#工业企业	(个)	282	271
#三资企业	(个)	174	174
总投资	(万元)	1527859	404877
#工业企业	(万元)	912612	86045
#三资企业	(万元)	529096	225360
注册资本	(万元)	1277413	205875
合同外资金额	(万美元)	24434	12475
外商实际投资	(万美元)	18465	6513
工业总产值(现价)	(万元)	23332392	22016633
工业销售产值(现价)	(万元)	22916189	21653294
#出口交货值	(万元)	4032573	6259796
总收入	(万元)	38810670	37222959
#技术收入	(万元)	2282735	2263453
利润总额	(万元)	3182688	2334553
#高新技术企业	(万元)	1716702	1375418
应缴税金总额	(万元)	2796828	1975149
固定资产投资	(万元)	1577409	1324696
从业人员期末人数	(人)	214820	191575

5-3 续表6 西城园主要指标

项目		2015	2014
规划总面积	(公顷)	1000.0	1000.0
累计已开发土地面积	(公顷)	1000.0	1000.0
累计已供应土地面积	(公顷)	1000.0	1000.0
累计已建成城镇建设用地	(公顷)		
投产(开业)企业个数	(个)	529	471
#高新技术企业	(个)	326	237
#工业企业	(个)	55	55
#三资企业	(个)	20	20
总投资	(万元)	1140992	578279
#工业企业	(万元)	19450	503500
#三资企业	(万元)	7000	1045
注册资本	(万元)	1140992	578279
合同外资金额	(万美元)	1094	171
外商实际投资	(万美元)	1094	171
工业总产值(现价)	(万元)	10283961	10041779
工业销售产值(现价)	(万元)	10289590	10032215
#出口交货值	(万元)	33679	52644
总收入	(万元)	25751554	18747680
#技术收入	(万元)	2345340	1710129
利润总额	(万元)	2451345	1987501
#高新技术企业	(万元)	954706	704849
应缴税金总额	(万元)	967331	962016
固定资产投资	(万元)	32750	114223
从业人员期末人数	(人)	96676	81813

5-3 续表7 东城园主要指标

项　　目		2015	2014
规划总面积	(公顷)	603.0	603.0
累计已开发土地面积	(公顷)	288.8	288.8
累计已供应土地面积	(公顷)		
累计已建成城镇建设用地	(公顷)	288.8	288.8
投产(开业)企业个数	(个)	334	285
#高新技术企业	(个)	202	163
#工业企业	(个)	17	17
#三资企业	(个)	28	24
总投资	(万元)	980620	363788
#工业企业	(万元)		
#三资企业	(万元)		8530
注册资本	(万元)	980620	363788
合同外资金额	(万美元)		1615
外商实际投资	(万美元)		1346
工业总产值(现价)	(万元)	216268	288736
工业销售产值(现价)	(万元)	224933	288040
#出口交货值	(万元)	9100	11227
总收入	(万元)	16703702	15019392
#技术收入	(万元)	3983022	3485012
利润总额	(万元)	1827994	1464787
#高新技术企业	(万元)	656658	521991
应缴税金总额	(万元)	874023	591154
固定资产投资	(万元)	269492	862227
从业人员期末人数	(人)	78695	65415

5-3 续表8 石景山园主要指标

项　　目		2015	2014
规划总面积	(公顷)	1334.0	1334.0
累计已开发土地面积	(公顷)	127.6	127.6
累计已供应土地面积	(公顷)	58.3	41.0
累计已建成城镇建设用地	(公顷)	127.6	127.6
投产(开业)企业个数	(个)	795	640
#高新技术企业	(个)	333	233
#工业企业	(个)	78	75
#三资企业	(个)	46	40
总投资	(万元)	57326	1063474
#工业企业	(万元)		
#三资企业	(万元)		1
注册资本	(万元)	64468	1063474
合同外资金额	(万美元)		
外商实际投资	(万美元)		
工业总产值(现价)	(万元)	772446	834910
工业销售产值(现价)	(万元)	770614	872150
#出口交货值	(万元)	91434	103623
总收入	(万元)	16324566	15259599
#技术收入	(万元)	2423135	1900703
利润总额	(万元)	2437407	1675324
#高新技术企业	(万元)	679029	343127
应缴税金总额	(万元)	688464	501685
固定资产投资	(万元)	54532	14847
从业人员期末人数	(人)	76004	80232

5-3 续表9 通州园主要指标

项　　目		2015	2014
规划总面积	(公顷)	3434.6	3434.5
累计已开发土地面积	(公顷)	2387.2	2158.2
累计已供应土地面积	(公顷)	1910.4	2007.6
累计已建成城镇建设用地	(公顷)	1709.8	1508.8
投产(开业)企业个数	(个)	331	164
#高新技术企业	(个)	285	132
#工业企业	(个)	224	131
#三资企业	(个)	34	24
总投资	(万元)	457656	181863
#工业企业	(万元)	67245	158363
#三资企业	(万元)	11	1000
注册资本	(万元)	457656	181863
合同外资金额	(万美元)	11	162
外商实际投资	(万美元)	11	162
工业总产值(现价)	(万元)	2927444	2808378
工业销售产值(现价)	(万元)	2895863	2770596
#出口交货值	(万元)	199686	270292
总收入	(万元)	5976446	3835649
#技术收入	(万元)	1141727	81259
利润总额	(万元)	449299	328829
#高新技术企业	(万元)	417001	321088
应缴税金总额	(万元)	265301	184346
固定资产投资	(万元)	963840	1255349
从业人员期末人数	(人)	48746	37273

5-3 续表10 大兴园主要指标

项　　目		2015	2014
规划总面积	(公顷)	1124.7	1124.7
累计已开发土地面积	(公顷)	710.2	710.2
累计已供应土地面积	(公顷)	559.0	472.8
累计已建成城镇建设用地	(公顷)	298.2	297.6
投产(开业)企业个数	(个)	281	204
#高新技术企业	(个)	243	161
#工业企业	(个)	202	156
#三资企业	(个)	20	19
总投资	(万元)	26495	15391
#工业企业	(万元)	26495	15391
#三资企业	(万元)		
注册资本	(万元)	25500	15000
合同外资金额	(万美元)		
外商实际投资	(万美元)		
工业总产值(现价)	(万元)	2927961	2373941
工业销售产值(现价)	(万元)	2774583	2190680
#出口交货值	(万元)	65110	85038
总收入	(万元)	4079480	2633186
#技术收入	(万元)	300780	187646
利润总额	(万元)	284148	209013
#高新技术企业	(万元)	269070	205868
应缴税金总额	(万元)	217792	154816
固定资产投资	(万元)	200999	211764
从业人员期末人数	(人)	39946	33080

5-3 续表11 平谷园主要指标

项　　目		2015	2014
规划总面积	(公顷)	508.0	508.0
累计已开发土地面积	(公顷)	329.0	329.0
累计已供应土地面积	(公顷)	103.4	103.4
累计已建成城镇建设用地	(公顷)	85.2	85.2
投产(开业)企业个数	(个)	86	63
#高新技术企业	(个)	56	42
#工业企业	(个)	47	38
#三资企业	(个)	11	8
总投资	(万元)	42553	54669
#工业企业	(万元)	4200	
#三资企业	(万元)	5000	
注册资本	(万元)	42553	54669
合同外资金额	(万美元)	272	
外商实际投资	(万美元)	272	
工业总产值(现价)	(万元)	645160	529990
工业销售产值(现价)	(万元)	616834	508749
#出口交货值	(万元)	40318	33005
总收入	(万元)	997035	800251
#技术收入	(万元)	37889	35582
利润总额	(万元)	54303	42508
#高新技术企业	(万元)	21399	8382
应缴税金总额	(万元)	50039	40118
固定资产投资	(万元)	45720	4676
从业人员期末人数	(人)	11935	10603

5-3 续表12 门头沟园主要指标

项　　目		2015	2014
规划总面积	(公顷)	189.0	189.0
累计已开发土地面积	(公顷)	120.0	120.0
累计已供应土地面积	(公顷)	120.0	120.0
累计已建成城镇建设用地	(公顷)		120.0
投产(开业)企业个数	(个)	100	80
#高新技术企业	(个)	76	61
#工业企业	(个)	41	40
#三资企业	(个)	3	4
总投资	(万元)	64539	41538
#工业企业	(万元)		28540
#三资企业	(万元)		
注册资本	(万元)	64539	41538
合同外资金额	(万美元)		
外商实际投资	(万美元)		
工业总产值(现价)	(万元)	773146	892920
工业销售产值(现价)	(万元)	700622	746860
#出口交货值	(万元)	205419	162739
总收入	(万元)	1309775	1039420
#技术收入	(万元)	102331	100435
利润总额	(万元)	75658	71244
#高新技术企业	(万元)	122678	142730
应缴税金总额	(万元)	102434	102765
固定资产投资	(万元)	29616	8409
从业人员期末人数	(人)	20220	22157

5-3 续表13 房山园主要指标

项　　目		2015	2014
规划总面积	(公顷)	1573.0	1573.0
累计已开发土地面积	(公顷)	1214.0	1205.4
累计已供应土地面积	(公顷)	1038.4	1013.7
累计已建成城镇建设用地	(公顷)	695.4	550.2
投产(开业)企业个数	(个)	122	59
#高新技术企业	(个)	102	50
#工业企业	(个)	75	46
#三资企业	(个)	7	7
总投资	(万元)	3824	8175
#工业企业	(万元)	3824	5427
#三资企业	(万元)	324	
注册资本	(万元)	260370	256297
合同外资金额	(万美元)		
外商实际投资	(万美元)		1376
工业总产值(现价)	(万元)	1521239	1424888
工业销售产值(现价)	(万元)	1542820	1373134
#出口交货值	(万元)	81819	30717
总收入	(万元)	2183593	1932637
#技术收入	(万元)	47194	23677
利润总额	(万元)	118698	15902
#高新技术企业	(万元)	130151	48909
应缴税金总额	(万元)	103709	79421
固定资产投资	(万元)	409200	383042
从业人员期末人数	(人)	24991	21333

5-3 续表14 顺义园主要指标

项 目		2015	2014
规划总面积	(公顷)	1208.5	1208.5
累计已开发土地面积	(公顷)	912.4	912.1
累计已供应土地面积	(公顷)	562.5	574.8
累计已建成城镇建设用地	(公顷)	402.4	224.3
投产(开业)企业个数	(个)	227	134
#高新技术企业	(个)	199	115
#工业企业	(个)	158	102
#三资企业	(个)	44	28
总投资	(万元)	1075825	885748
#工业企业	(万元)	418574	815460
#三资企业	(万元)	226582	134230
注册资本	(万元)	1037882	774450
合同外资金额	(万美元)	15096	9963
外商实际投资	(万美元)	23598	4242
工业总产值(现价)	(万元)	6920880	4838616
工业销售产值(现价)	(万元)	6946018	4917224
#出口交货值	(万元)	426409	408465
总收入	(万元)	10397049	5652372
#技术收入	(万元)	1700644	117097
利润总额	(万元)	869070	572725
#高新技术企业	(万元)	1029822	542517
应缴税金总额	(万元)	484746	251532
固定资产投资	(万元)	164004	74182
从业人员期末人数	(人)	96682	55364

5-3 续表15 密云园主要指标

项目		2015	2014
规划总面积	(公顷)	1000.8	1000.8
累计已开发土地面积	(公顷)	699.3	699.3
累计已供应土地面积	(公顷)	607.0	597.0
累计已建成城镇建设用地	(公顷)	462.4	462.4
投产(开业)企业个数	(个)	118	77
#高新技术企业	(个)	88	58
#工业企业	(个)	73	62
#三资企业	(个)	14	12
总投资	(万元)	49500	68600
#工业企业	(万元)	29000	53600
#三资企业	(万元)	6000	20000
注册资本	(万元)	209801	54528
合同外资金额	(万美元)		1711
外商实际投资	(万美元)	1973	1711
工业总产值(现价)	(万元)	1283867	1167037
工业销售产值(现价)	(万元)	1291468	1155079
#出口交货值	(万元)	100563	87432
总收入	(万元)	1901008	1649237
#技术收入	(万元)	38837	22042
利润总额	(万元)	156583	170646
#高新技术企业	(万元)	76185	44592
应缴税金总额	(万元)	114143	90627
固定资产投资	(万元)	32356	28639
从业人员期末人数	(人)	16188	13632

5-3 续表16 怀柔园主要指标

项　　目		2015	2014
规划总面积	(公顷)	711.0	711.0
累计已开发土地面积	(公顷)	266.3	266.3
累计已供应土地面积	(公顷)	165.3	165.3
累计已建成城镇建设用地	(公顷)	17.9	17.9
投产(开业)企业个数	(个)	140	101
#高新技术企业	(个)	107	74
#工业企业	(个)	92	76
#三资企业	(个)	28	21
总投资	(万元)	189300	56510
#工业企业	(万元)	78300	53510
#三资企业	(万元)		
注册资本	(万元)	13880	9000
合同外资金额	(万美元)		
外商实际投资	(万美元)		
工业总产值(现价)	(万元)	1509394	1253348
工业销售产值(现价)	(万元)	1492701	1244784
#出口交货值	(万元)	46521	32273
总收入	(万元)	2898388	1903318
#技术收入	(万元)	223103	177371
利润总额	(万元)	195862	198533
#高新技术企业	(万元)	147875	186732
应缴税金总额	(万元)	183617	103227
固定资产投资	(万元)	119213	51352
从业人员期末人数	(人)	24943	18570

5-3 续表17 延庆园主要指标

项　　目		2015	2014
规划总面积	（公顷）	491.2	491.2
累计已开发土地面积	（公顷）	270.0	270.0
累计已供应土地面积	（公顷）	249.6	249.6
累计已建成城镇建设用地	（公顷）	190.6	190.6
投产（开业）企业个数	（个）	47	35
#高新技术企业	（个）	34	27
#工业企业	（个）	26	26
#三资企业	（个）	5	3
总投资	（万元）	2710	13578
#工业企业	（万元）	2700	8765
#三资企业	（万元）	10	2311
注册资本	（万元）	16691	10025
合同外资金额	（万美元）		260
外商实际投资	（万美元）		280
工业总产值（现价）	（万元）	397246	417204
工业销售产值（现价）	（万元）	389234	405603
#出口交货值	（万元）	15773	16145
总收入	（万元）	1098007	654410
#技术收入	（万元）	225652	7283
利润总额	（万元）	77083	60481
#高新技术企业	（万元）	73832	64126
应缴税金总额	（万元）	46112	29041
固定资产投资	（万元）	24996	17285
从业人员期末人数	（人）	6535	5208

5-4 北京天竺综合保税区主要指标

项目		2015	2014
规划总面积	(公顷)	594.4	594.4
累计已开发土地面积	(公顷)	523.4	349.5
累计已供应土地面积	(公顷)	348.0	320.5
累计已建成城镇建设用地	(公顷)	206.2	178.8
投产(开业)企业个数	(个)	44	32
#高新技术企业	(个)	3	3
#工业企业	(个)	6	7
#三资企业	(个)	16	12
总投资	(万元)	1010376	436900
#工业企业	(万元)		
#三资企业	(万元)	60000	
注册资本	(万元)	284031	321800
合同外资金额	(万美元)	9375	
外商实际投资	(万美元)	9375	
工业总产值(现价)	(万元)	185940	155139
工业销售产值(现价)	(万元)	179594	163326
#出口交货值	(万元)	177016	160505
总收入	(万元)	1834793	1419041
#技术收入	(万元)		
利润总额	(万元)	220051	88975
#高新技术企业	(万元)	35152	25861
应缴税金总额	(万元)	86406	52427
固定资产投资	(万元)	134000	98000
从业人员平均人数	(人)	20217	21762

注：1.北京天竺综合保税区为国家级综合保税区，范围包括北京天竺出口加工区和北京空港保税物流中心。
2.2015年“投产(开业)企业个数”、“工业总产值”、“工业销售产值”、“总收入”、“利润总额”、“应缴税金总额”、“从业人员平均人数”的统计范围为注册在开发区内的规模(限额)以上法人单位。

5-5 北京市级开发区主要指标(2015年)

项目	规划总面积(公顷)	累计已开发土地面积(公顷)	累计已供应土地面积(公顷)	累计已建成城镇建设用地(公顷)	投产(开业)企业个数(个)	总投资(万元)	总收入(万元)	利润总额(万元)	从业人员平均人数(人)
市级开发区合计	**9252.6**	**6488.1**	**5255.1**	**5151.9**	**1621**	**8963146**	**49070250**	**2505266**	**345789**
北京石龙经济开发区	189.0	120.0	120.0		504	783000	7913192	-292861	57598
北京良乡经济开发区	240.9	136.1	132.7	110.7	127	324	2020028	-697	11099
北京大兴经济开发区	414.8	289.9	278.0	257.8	105		2266631	27183	24892
北京通州经济开发区	1947.6	772.6	752.4	637.3	61	13800	1177231	312591	13869
北京雁栖经济开发区	1096.0	942.4	712.9	659.5	143	189300	3685540	283542	30756
北京兴谷经济开发区	503.2	571.7	409.0	586.0	69		2245375	96420	18491
北京密云经济开发区	1249.5	1249.5	1000.4	910.0	194	188600	3347449	154222	31655
北京林河经济开发区	416.0	385.0	260.0	349.0	34	3193	1829856	62869	30119
北京天竺空港经济开发区	660.0	660.0	449.0	402.1	138	73858	20184970	1618795	94393
北京八达岭经济开发区	480.8	318.6	209.6	295.1	84	2700	1411368	209749	13897
北京永乐经济开发区	459.8	219.3	137.1	137.1	6		72441	9004	603
北京延庆经济开发区	418.6	173.2	143.0	221.0	98	7658436	1235541	25842	7242
北京昌平小汤山工业园区	257.3	14.3	23.5	45.3	1		4457	4	44
北京采育经济开发区	355.0	327.1	319.7	306.9	23		1175579	38002	7307
北京房山工业园区	218.5	159.5	159.5	122.8	14	41135	208566	-37451	1171
北京马坊工业园区	345.6	149.0	148.4	111.5	20	8800	292025	-1949	2653

注：本表“投产(开业)企业个数”、“总收入”、“利润总额”和“从业人员平均人数”的统计范围为注册在开发区内的规模(限额)以上法人单位。

2016
北京区域统计年鉴

第六章

BEIJING AREA
STATISTICAL YEARBOOK

六大高端产业功能区

简要说明

一、本章资料的主要内容

本章资料主要反映六大高端产业功能区主要指标数据。

按统计制度规定，六大高端产业功能区中的中关村国家自主创新示范区按注册地统计，其他功能区都按经营地统计，因此，示范区与其他 5 个功能区的单位有重复，在核算六大高端产业功能区合计时剔除了重复部分，所以分功能区数据相加不等于功能区合计。

二、本章资料的数据来源

本章资料由北京市统计局、国家统计局北京调查总队根据相关资料整理提供。

6-1 六大高端产业功能区规模以上法人单位主要财务指标（2008-2015年）

单位：亿元

项目	2008	2009	2010	2011	2012	2013	2014	2015
六大高端产业功能区资产总计	**231482.3**	**282433.8**	**326671.7**	**379132.6**	**439140.9**	**551156.0**	**631584.0**	**753426.6**
（剔除重复部分）								
中关村国家自主创新示范区	12049.7	16812.7	20085.8	25903.4	35287.8	46156.4	58737.7	73131.4
金融街	204394.6	247446.0	279566.7	321315.1	366544.0	462465.0	520272.5	620991.5
北京商务中心区	6103.4	8291.6	14929.8	18299.4	22017.7	26715.9	32455.1	39212.2
北京经济技术开发区	2179.2	2812.3	3691.0	4606.8	4863.5	5460.3	6364.2	7227.3
临空经济区	3700.3	4133.8	4831.1	5279.7	5741.2	6325.1	7930.5	7940.9
奥林匹克中心区	4585.8	5528.5	6577.4	6951.9	8643.9	9727.4	11958.6	12860.2
六大高端产业功能区收入合计	**21641.5**	**24518.6**	**31499.2**	**37609.0**	**45451.8**	**51567.1**	**58432.2**	**63979.0**
（剔除重复部分）								
中关村国家自主创新示范区	9945.8	12747.1	15587.7	19035.7	24283.4	29655.8	35154.6	39516.6
金融街	5440.8	5627.1	6454.8	7096.3	8109.6	8093.2	8895.2	10764.0
北京商务中心区	2345.8	2480.6	4338.7	4985.4	5854.5	7018.3	7278.1	7018.3
北京经济技术开发区	2985.5	3241.3	3738.1	4136.4	4328.3	4787.3	5589.9	6670.1
临空经济区	2096.6	2234.4	3029.3	3488.0	3619.3	3790.8	4774.4	3986.6
奥林匹克中心区	1259.1	1465.0	2287.2	2624.6	2876.0	3041.1	2692.0	2618.8
六大高端产业功能区利润总额	**2582.4**	**3112.7**	**4037.5**	**5341.4**	**6292.5**	**6941.2**	**8302.3**	**10863.7**
（剔除重复部分）								
中关村国家自主创新示范区	757.1	1137.3	1319.4	1533.1	1755.3	2247.5	3014.0	3443.3
金融街	1536.7	1449.1	1833.9	2762.1	3433.6	3513.3	3740.5	5701.8
北京商务中心区	166.9	199.2	451.7	472.6	556.5	707.2	1010.6	1134.4
北京经济技术开发区	274.4	282.1	329.3	339.7	212.2	276.5	249.2	384.6
临空经济区	-13.9	154.7	265.2	317.9	257.3	281.9	385.6	412.9
奥林匹克中心区	90.9	167.2	174.2	228.9	286.1	199.7	199.9	195.5

注：自2010年起，北京商务中心区的数据为东扩后的数据。

6-2 六大高端产业功能区规模以上法人单位主要财务指标（2015年）

项　　目	法人单位数（个）	资产总计（亿元）	收入合计（亿元）	利润总额（亿元）
六大高端产业功能区合计	**11215**	**753426.6**	**63979.0**	**10863.7**
（剔除重复部分）				
中关村国家自主创新示范区	6870	73131.4	39516.6	3443.3
#工　业	1758	15446.0	9958.7	764.3
信息传输、软件和信息技术服务业	2155	9663.3	5540.6	732.8
科学研究和技术服务业	1391	11850.8	5390.0	415.6
金融街	689	620991.5	10764.0	5701.8
#金融业	221	582041.7	7870.4	3971.1
批发和零售业	50	2185.4	1408.4	7.9
信息传输、软件和信息技术服务业	25	19004.7	471.1	1398.2
北京商务中心区	1780	39212.2	7018.3	1134.4
#租赁和商务服务业	589	6240.3	1260.9	180.7
批发和零售业	242	3095.5	2949.9	99.9
金融业	206	25124.0	1591.1	744.3
北京经济技术开发区	775	7227.3	6670.1	384.6
#工　业	280	3269.3	2680.0	239.6
批发和零售业	145	904.4	3109.7	44.5
科学研究和技术服务业	78	323.0	135.3	8.3
临空经济区	811	7940.9	3986.6	412.9
#工　业	112	947.7	1573.8	137.4
交通运输、仓储和邮政业	146	2844.7	1461.7	134.0
租赁和商务服务业	58	1637.3	127.2	66.0
奥林匹克中心区	921	12860.2	2618.8	195.5
#工　业	17	367.8	135.3	10.7
批发和零售业	176	3374.5	1373.9	20.5
交通运输、仓储和邮政业	11	288.6	115.1	74.4

注：本表行业划分执行《国民经济行业分类》（GB/T 4754-2011）标准。

2016
北京区域统计年鉴

BEIJING AREA
STATISTICAL YEARBOOK

四大功能区

简要说明

一、本章资料的主要内容

本章主要反映首都功能核心区、城市功能拓展区、城市发展新区、生态涵养发展区，近几年在人口、地区生产总值、财政、房地产开发、工业、商业、利用外资和旅游等领域的主要经济指标情况。

二、本章资料的数据来源

本章数据由北京市统计局、国家统计局北京调查总队根据相关资料整理取得。

7-1 首都功能核心区主要指标(2008-2015年)

项 目		2008	2009	2010	2011	2012	2013	2014	2015
户籍人口	(万人)	227.4	228.7	230.1	232.5	235.3	238.2	240.9	242.6
常住人口	(万人)	212.1	215.7	216.2	215.0	219.5	221.2	221.3	220.3
#常住外来人口	(万人)	41.9	48.0	54.7	53.4	54.5	55.4	54.0	51.7
地区生产总值	(亿元)	2666.8	2937.9	3281.3	3700.5	4043.6	4447.3	4785.3	5128.2
地方财政收入	(亿元)	286.6	293.3	318.8	405.0	509.6	501.0	562.5	622.4
地方财政支出	(亿元)	255.8	297.7	377.0	409.2	481.2	480.4	564.6	750.5
全社会固定资产投资	(亿元)	591.0	522.2	362.4	362.5	381.0	408.1	455.9	481.2
规模以上工业总产值	(亿元)	598.6	646.0	753.3	883.4	942.7	1006.7	1127.4	1270.2
建筑业总产值	(亿元)	469.7	571.4	739.6	956.0	1005.9	1081.5	1174.5	1137.0
社会消费品零售总额	(亿元)	924.6	1048.8	1211.4	1401.8	1547.1	1656.5	1775.9	1898.5
实际利用外商直接投资额	(万美元)	121959	139728	115126	109453	124282	116194	94415	86274
入境旅游者人数	(万人次)	153.9	143.0	157.2	165.9	164.0	151.7	144.4	143.2
小学在校学生数	(万人)	9.53	9.47	9.56	9.97	10.24	10.98	11.53	12.22
普通中学在校学生数	(万人)	10.80	10.30	9.92	9.72	9.59	9.45	9.09	8.46
幼儿园在园幼儿数	(人)	22751	24812	27051	28003	28583	29107	29891	31591
卫生机构数	(个)	1053	1065	1073	1163	1144	1159	1196	1216
卫生机构床位数	(张)	22864	22956	23925	23853	24591	25510	26284	26650

注：社会消费品零售总额按产业在地原则核算（下同）。

7-2 首都功能核心区基本情况

项目		2015	2014	占全市比重(%)		增长速度(%)
				2015	2014	
土地面积	(平方公里)	92.4	92.4	0.6	0.6	
户籍人口	(万人)	242.6	240.9	18.0	18.1	0.7
常住人口	(万人)	220.3	221.3	10.1	10.3	-0.5
#常住外来人口	(万人)	51.7	54.0	6.3	6.6	-4.3
常住人口密度	(人/平方公里)	23845	23953			
地区生产总值	(亿元)	5128.2	4785.3	22.3	22.4	7.2
第二产业增加值	(亿元)	373.8	368.0	8.2	8.1	1.6
第三产业增加值	(亿元)	4754.4	4417.2	25.9	26.6	7.6
地方财政收入	(亿元)	622.4	562.5	9.1	7.8	10.7
地方财政支出	(亿元)	750.5	564.6	9.3	7.9	32.9
全社会固定资产投资	(亿元)	481.2	455.9	6.0	6.0	5.5
房地产开发投资	(亿元)	208.2	244.4	4.9	6.2	-14.8
商品房施工面积	(万平方米)	335.4	319.5	2.6	2.3	5.0
商品房竣工面积	(万平方米)	134.0	72.8	5.1	2.4	84.0
商品房销售面积	(万平方米)	36.0	7.2	2.3	0.5	401.1
规模以上工业总产值	(亿元)	1270.2	1127.4	7.3	6.1	12.7
社会消费品零售总额	(亿元)	1898.5	1775.9	18.4	18.4	6.9
实际利用外商直接投资额	(万美元)	86274	94415	6.6	10.4	-8.6
入境旅游者人数	(万人次)	143.2	144.4	34.1	33.8	-0.9
星级饭店个数	(个)	138	144	26.1	24.8	-4.2

注：地区生产总值增速按现价计算(下同)。

7-3 城市功能拓展区主要指标(2008-2015年)

项　　目		2008	2009	2010	2011	2012	2013	2014	2015
户籍人口	(万人)	531.0	542.2	550.7	563.3	574.9	585.4	593.4	598.8
常住人口	(万人)	882.6	916.2	955.4	986.4	1008.2	1032.2	1055.0	1062.5
#常住外来人口	(万人)	300.0	336.0	379.1	400.0	413.0	426.0	436.4	437.4
地区生产总值	(亿元)	5264.6	5703.3	6606.0	7615.3	8408.8	9362.2	10119.9	10853.7
地方财政收入	(亿元)	354.5	413.4	491.6	644.0	934.9	1080.1	1412.8	1663.1
地方财政支出	(亿元)	417.4	497.0	649.8	904.1	992.1	1232.0	1530.7	2077.2
全社会固定资产投资	(亿元)	1872.4	2120.0	2456.9	2486.2	2689.3	2906.7	3073.5	3172.7
农林牧渔业总产值	(亿元)	11.4	11.6	11.1	10.9	13.7	13.7	12.7	10.7
规模以上工业总产值	(亿元)	2874.7	2920.8	3447.4	3419.7	3418.4	3496.6	3893.7	3619.4
建筑业总产值	(亿元)	1718.0	2104.4	2769.9	3126.1	3394.4	3828.9	4239.4	4458.3
社会消费品零售总额	(亿元)	2862.4	3293.9	3797.3	4236.3	4725.2	5117.1	5517.7	5882.9
实际利用外商直接投资额	(万美元)	347090	368687	395982	421030	494678	529621	604833	1079022
入境旅游者人数	(万人次)	195.3	235.0	279.8	304.8	288.2	256.1	245.1	240.0
小学在校学生数	(万人)	28.69	28.58	28.99	30.63	31.74	35.20	36.96	38.13
普通中学在校学生数	(万人)	19.91	19.64	19.50	19.63	20.17	20.52	20.28	19.04
幼儿园在园幼儿数	(人)	111165	120954	136649	154756	163886	169090	174167	183537
卫生机构数	(个)	2718	2804	2773	2863	2938	3072	3136	3181
卫生机构床位数	(张)	33021	36366	36946	37563	39719	41742	43914	45483

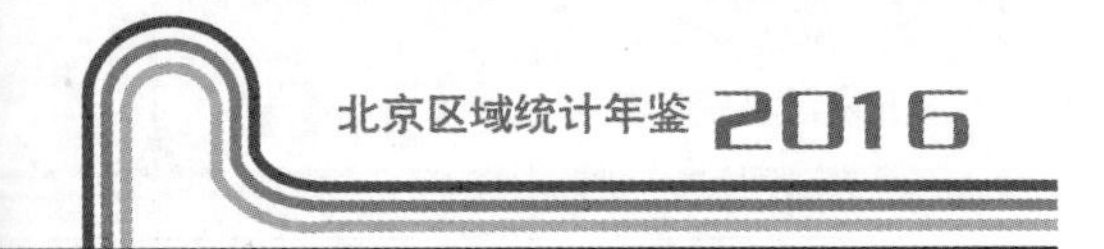

7-4 城市功能拓展区基本情况

项目		2015	2014	占全市比重(%) 2015	占全市比重(%) 2014	增长速度(%)
土地面积	(平方公里)	1275.9	1275.9	7.8	7.8	
户籍人口	(万人)	598.8	593.4	44.5	44.5	0.9
常住人口	(万人)	1062.5	1055.0	49.0	49.0	0.7
#常住外来人口	(万人)	437.4	436.4	53.2	53.3	0.2
常住人口密度	(人/平方公里)	8327	8268			
地区生产总值	(亿元)	10853.7	10119.9	47.2	47.4	7.3
第一产业增加值	(亿元)	3.6	4.2	2.6	2.6	-14.0
第二产业增加值	(亿元)	1315.1	1310.4	29.0	28.8	0.4
第三产业增加值	(亿元)	9535.0	8805.3	52.0	53.0	8.3
地方财政收入	(亿元)	1663.1	1412.8	24.4	19.6	17.7
地方财政支出	(亿元)	2077.1	1530.7	25.7	21.4	35.7
全社会固定资产投资	(亿元)	3172.7	3073.5	39.7	40.6	3.2
房地产开发投资	(亿元)	1687.0	1416.3	39.9	36.2	19.1
商品房施工面积	(万平方米)	4728.4	5317.3	36.1	39.0	-11.1
商品房竣工面积	(万平方米)	692.2	1251.7	26.3	41.0	-44.7
商品房销售面积	(万平方米)	394.0	428.2	25.3	29.3	-8.0
规模以上工业总产值	(亿元)	3619.4	3893.7	20.7	21.1	-7.0
社会消费品零售总额	(亿元)	5882.9	5517.7	56.9	57.2	6.6
实际利用外商直接投资额	(万美元)	1079022	604833	83.0	66.9	78.4
入境旅游者人数	(万人次)	240.0	245.1	57.1	57.3	-2.1
星级饭店个数	(个)	212	230	40.2	39.6	-7.8

7-5 城市发展新区主要指标(2008-2015年)

项目		2008	2009	2010	2011	2012	2013	2014	2015
户籍人口	(万人)	308.7	311.7	314.6	319.2	323.9	328.8	334.5	339.0
常住人口	(万人)	492.5	541.7	603.2	629.9	653.0	671.5	684.9	696.9
#常住外来人口	(万人)	174.1	202.8	240.0	257.7	275.1	289.6	296.9	302.2
地区生产总值	(亿元)	2070.1	2468.7	2994.5	3419.5	3728.8	4143.6	4491.6	4939.8
地方财政收入	(亿元)	205.3	340.8	888.9	649.7	550.2	923.9	1401.4	957.2
地方财政支出	(亿元)	345.2	544.3	1008.6	935.1	927.6	1297.5	1681.5	1761.6
全社会固定资产投资	(亿元)	1077.2	1805.8	2216.0	2504.6	2725.3	2947.4	3188.1	3588.3
农林牧渔业总产值	(亿元)	194.3	199.6	206.0	227.0	246.3	263.4	267.8	226.4
规模以上工业总产值	(亿元)	5537.2	5809.0	7065.2	7520.9	7879.3	8698.0	8958.6	8335.3
建筑业总产值	(亿元)	704.3	1145.3	1403.6	1607.7	1801.6	2158.6	2364.5	2423.7
社会消费品零售总额	(亿元)	680.4	834.3	1080.8	1287.3	1511.9	1718.5	1927.3	2102.8
实际利用外商直接投资额	(万美元)	119550	86012	107725	140409	151746	140400	187191	126343
入境旅游者人数	(万人次)	27.2	33.2	51.4	47.9	47.0	39.1	36.0	34.8
小学在校学生数	(万人)	19.19	18.78	19.22	20.01	22.51	25.20	25.85	26.63
普通中学在校学生数	(万人)	15.56	14.71	14.29	13.72	13.88	13.91	13.42	12.58
幼儿园在园幼儿数	(人)	64674	71619	80139	90881	99203	110689	121776	136070
卫生机构数	(个)	2040	2046	2001	3661	3777	3816	3882	3987
卫生机构床位数	(张)	22421	22686	23725	24672	26959	27841	30457	30213

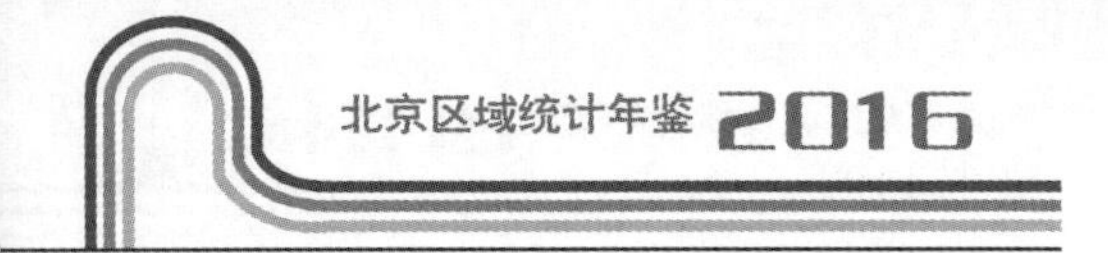

7-6 城市发展新区基本情况

项目		2015	2014	占全市比重(%)		增长速度(%)
				2015	2014	
土地面积	(平方公里)	6295.6	6295.6	38.4	38.4	
户籍人口	(万人)	339.0	334.5	25.2	25.1	1.3
常住人口	(万人)	696.9	684.9	32.1	31.8	1.8
#常住外来人口	(万人)	302.2	296.9	36.7	36.3	1.8
常住人口密度	(人/平方公里)	1107	1088			
地区生产总值	(亿元)	4839.8	4491.6	21.0	21.1	7.8
第一产业增加值	(亿元)	85.1	99.1	60.7	62.3	-14.2
第二产业增加值	(亿元)	2324.5	2246.7	51.2	49.4	3.5
第三产业增加值	(亿元)	2430.2	2145.7	13.3	12.9	13.3
地方财政收入	(亿元)	957.2	1401.4	14.0	19.4	-31.7
地方财政支出	(亿元)	1761.6	1681.5	21.8	23.5	4.8
全社会固定资产投资	(亿元)	3588.3	3188.1	44.9	42.2	12.6
房地产开发投资	(亿元)	1988.1	1852.8	47.0	47.4	7.3
商品房施工面积	(万平方米)	6883.4	6909.2	52.6	50.6	-0.4
商品房竣工面积	(万平方米)	1532.2	1519.0	58.2	49.7	0.9
商品房销售面积	(万平方米)	927.7	873.3	59.7	59.9	6.2
规模以上工业总产值	(亿元)	8335.3	8958.6	47.8	48.5	-7.0
社会消费品零售总额	(亿元)	2102.8	1927.3	20.3	20.0	9.1
观光农业收入	(万元)	98370	95852	37.4	38.5	2.6
星级饭店个数	(个)	108	127	20.5	21.9	-15.0

7-7　生态涵养发展区主要指标(2008-2015年)

项　目		2008	2009	2010	2011	2012	2013	2014	2015
户籍人口	(万人)	162.7	163.2	162.4	162.9	163.4	163.9	164.6	164.7
常住人口	(万人)	183.8	186.4	186.4	187.3	188.6	189.9	190.4	190.8
#常住外来人口	(万人)	25.1	27.4	30.7	31.1	31.2	31.7	31.4	31.3
地区生产总值	(亿元)	450.2	494.2	561.5	647.0	714.7	785.6	848.3	909.4
地方财政收入	(亿元)	63.1	69.9	122.8	153.6	133.5	219.3	395.6	252.2
地方财政支出	(亿元)	193.8	265.9	356.7	401.1	432.0	586.1	706.4	675.0
全社会固定资产投资	(亿元)	308.1	410.4	458.3	557.2	667.2	769.9	844.7	748.7
农林牧渔业总产值	(亿元)	98.2	103.4	109.9	124.5	134.7	143.8	137.9	129.3
规模以上工业总产值	(亿元)	663.2	795.0	976.6	1077.1	1091.5	1234.6	1283.4	1121.1
建筑业总产值	(亿元)	174.2	238.6	282.9	356.5	386.4	390.6	431.4	417.7
社会消费品零售总额	(亿元)	178.1	210.4	250.9	296.9	339.3	380.0	417.1	453.8
实际利用外商直接投资额	(万美元)	19573	17667	17525	34555	33454	66203	17646	7996
入境旅游者人数	(万人次)	2.6	1.4	1.7	1.8	1.7	3.2	1.9	2.0
小学在校学生数	(万人)	8.54	7.88	7.55	7.44	7.38	7.55	7.77	8.05
普通中学在校学生数	(万人)	8.16	7.59	7.12	6.66	6.26	5.94	5.65	5.20
幼儿园在园幼儿数	(人)	28091	30393	33155	37777	39852	39795	39120	42923
卫生机构数	(个)	712	688	692	2012	2100	2079	2036	2022
卫生机构床位数	(张)	7890	8092	8275	8647	8898	8941	9134	9209

7-8 生态涵养发展区基本情况

项目		2015	2014	占全市比重(%)		增长速度(%)
				2015	2014	
土地面积	(平方公里)	8746.7	8746.7	53.3	53.3	
户籍人口	(万人)	164.7	164.6	12.2	12.3	0.1
常住人口	(万人)	190.8	190.4	8.8	8.8	0.2
#常住外来人口	(万人)	31.3	31.4	3.8	3.8	-0.3
常住人口密度	(人/平方公里)	218	218			
地区生产总值	(亿元)	909.4	848.3	4.0	4.0	7.2
第一产业增加值	(亿元)	50.8	55.1	36.2	34.6	-7.8
第二产业增加值	(亿元)	422.1	411.4	9.3	9.1	2.6
第三产业增加值	(亿元)	436.4	381.8	2.4	2.3	14.3
地方财政收入	(亿元)	252.2	395.6	3.7	5.5	-36.3
地方财政支出	(亿元)	675.0	706.4	8.4	9.9	-4.5
全社会固定资产投资	(亿元)	748.7	844.7	9.4	11.2	-11.4
房地产开发投资	(亿元)	343.1	397.8	8.1	10.2	-13.8
商品房施工面积	(万平方米)	1147.8	1095.6	8.8	8.0	4.8
商品房竣工面积	(万平方米)	273.1	210.6	10.4	6.9	29.7
商品房销售面积	(万平方米)	197.1	150.3	12.7	10.3	31.2
规模以上工业总产值	(亿元)	1121.1	1283.4	6.4	7.0	-12.6
社会消费品零售总额	(亿元)	453.8	417.1	4.4	4.3	8.8
民俗旅游总收入	(万元)	107015	93761	83.2	83.3	14.1
星级饭店个数	(个)	70	80	13.3	13.8	-12.5

四大直辖市经济社会发展比较

简要说明

一、本章资料的主要内容

本章资料主要反映2015年北京、天津、上海、重庆四个直辖市的自然资源（面积、气象等），经济发展（地区生产总值、投资、财政、价格、商业、进出口、利用外资、金融、旅游等），社会领域（人口、就业、教育、文化、卫生等）的主要指标数据。

二、本章资料的数据来源

北京市相关资料由北京市统计局、国家统计局北京调查总队根据相关资料整理提供，天津、上海、重庆的数据分别摘自2016年出版的《天津统计年鉴》、《上海统计年鉴》、《重庆统计年鉴》。

8-1 京津沪渝主要指标比较(2015年)
——自然情况

项 目		北 京	天 津	上 海	重 庆
土地面积	(平方公里)	16411	11917	6341	82403
平均气温	(摄氏度)	13.7	13.6	17.1	19.6
平均相对湿度	(%)	55	58	74	75
降水量	(毫米)	458.6	563.8	1649.1	1448.7
日照时数	(小时/年)	2420	2324	1494	1130
湿地面积	(千公顷)	48.1	295.6	464.6	207.2
自然保护区个数	(个)	20	8	4	58
自然保护区面积	(万公顷)	13.79	9.06	13.60	85.68

8-2 京津沪渝主要指标比较(2015年)

——经 济

项 目		北 京	天 津	上 海	重 庆
地区生产总值	(亿元)	23014.6	16538.2	25123.5	15717.3
第一产业	(亿元)	140.2	208.8	109.8	1150.2
第二产业	(亿元)	4542.6	7704.2	7991.0	7069.4
第三产业	(亿元)	18331.7	8625.2	17022.6	7497.8
地区生产总值构成	(%)	100.0	100.0	100.0	100.0
第一产业	(%)	0.6	1.3	0.4	7.3
第二产业	(%)	19.7	46.5	31.8	45.0
第三产业	(%)	79.7	52.2	67.8	47.7
人均地区生产总值	(元)	106497	107960	103795	52321
全社会固定资产投资	(亿元)	7990.9	13065.2	6352.7	15480.3
#城镇固定资产投资	(亿元)	7267.0	12359.0		15480.3
#房地产开发投资	(亿元)	4226.3	1871.6	3468.9	3751.3
一般公共预算收入	(亿元)	4723.9	2667.1	5519.5	2154.8
一般公共预算支出	(亿元)	5737.7	3232.4	6191.6	3792.0
居民消费价格总指数(以上年=100)	(%)	101.8	101.7	102.4	101.3
城镇单位在岗职工工资总额	(亿元)	8225.2	2278.0	8318.6	2373.9
城镇单位在岗职工平均工资	(元)	113073	81486	71268	62091
城镇登记失业率	(%)	1.39	3.50	4.10	3.60
社会消费品零售总额	(亿元)	10338.0	5257.3	10131.5	6424.0
地区进出口总值	(亿美元)	3194.2	1143.5	4517.3	744.8
实际利用外商直接投资	(亿美元)	130.0	211.3	184.6	107.7
接待入境旅游者人数	(万人次)	420.0	326.0	800.2	282.5
金融机构(含外资)本外币存款余额	(亿元)	128573.0	28149.4	103760.6	28778.8

注：上海城镇单位在岗职工工资总额为城镇单位就业人员工资总额。

8-3 京津沪渝主要指标比较(2015年)

——社 会

项 目		北 京	天 津	上 海	重 庆
常住人口	(万人)	2170.5	1547.0	2415.3	3016.6
户籍人口	(万人)	1345.2	1026.9	1443.0	3371.8
从业人员	(万人)	1186.1	896.8	1361.5	1707.4
第一产业	(万人)	50.3	66.2	46.0	526.5
第二产业	(万人)	200.8	320.2	459.7	473.7
第三产业	(万人)	935.0	510.5	855.8	707.2
普通高等学校在校学生数	(万人)	59.3	51.3	51.2	76.7
普通中学在校学生数	(万人)	58.7	54.0	57.1	158.4
小学在校学生数	(万人)	85.0	60.2	79.9	207.3
科技活动人员	(万人)	74.7	24.1	44.8	9.8
研究与试验发展经费支出	(亿元)	1384.0	510.2	936.1	247.0
公共图书馆图书总藏量	(万册)	5943.0	1697.0	7568.2	1303.8
电影放映场次	(万场次)	198.1	73.4	190.2	
登记结婚对数	(万对)	16.6	10.1	14.2	29.3
离婚登记对数	(万对)	8.2	5.1	6.7	12.0
城镇居民人均住房面积	(平方米)	31.69	20.67	18.10	36.16
农村居民人均住房面积	(平方米)	43.03			52.17
城镇(市)居民人均可支配收入	(元)	52859	34101	52962	27329
农村居民人均可支配收入	(元)	20569	18482	23205	10505
医院个数	(个)	701	401	338	631
医院床位数	(万张)	10.46	5.56	10.35	12.40
卫生机构拥有执业医师人数	(万人)	9.64	3.59	6.31	6.10
城市绿化覆盖率	(%)	48.4	36.4	38.5	40.0

注：1. 城镇居民人均住房面积指标的北京数据为建筑面积，天津数据为城市居民人均住宅建筑面积，上海数据为居住面积，重庆数据为常住居民人均住房建筑面积。

2. 农村居民人均住房面积指标的重庆数据为常住居民人均住房建筑面积。

2016
北京区域统计年鉴

BEIJING AREA
STATISTICAL YEARBOOK

全国主要经济区域

简要说明

一、本章资料的主要内容

本章资料包括2015年全国、京津冀地区、长江三角洲地区、珠江三角洲地区主要情况，内容涵盖了人口、就业、产业、经济发展、人民生活等方面。

二、本章资料的数据来源

本章中北京市相关资料由北京市统计局、国家统计局北京调查总队根据相关资料整理提供，全国、天津、河北、上海、江苏、浙江、广东六省市数据分别摘自 2016 年出版的《中国统计年鉴》、《天津统计年鉴》、《河北经济年鉴》、《上海统计年鉴》、《江苏统计年鉴》、《浙江统计年鉴》、《广东统计年鉴》。

9-1 三大经济区域主要城市指标对比
——土地、人口

地 区	土地面积(平方公里)	常住人口(万人)			户籍人口(万人)		
		2015	2014	增长速度(%)	2015	2014	增长速度(%)
全 国	**9600000**	**137462**	**136782**	**0.5**			
京津冀地区							
北 京	16411	2170.5	2151.6	0.9	1345.2	1333.4	0.9
天 津	11917	1547.0	1516.8	2.0	1026.9	1016.7	1.0
河 北	187693	7424.9	7383.8	0.6	7649.8	7592.7	0.8
石家庄	15848	1070.2	1061.6	0.8	1028.8	1024.9	0.4
唐 山	13472	780.1	776.8	0.4	755.0	753.2	0.2
秦皇岛	7523	307.3	306.5	0.3	295.6	295.1	0.2
邯 郸	12062	943.3	937.4	0.6	1049.7	1029.5	2.0
邢 台	12486	729.4	725.6	0.5	780.4	772.9	1.0
保 定	20584	1155.2	1149.0	0.5	1202.2	1196.6	0.5
张家口	36873	442.2	442.1	0.0	469.0	468.6	0.1
承 德	39548	353.0	352.7	0.1	382.3	380.7	0.4
沧 州	14053	744.3	737.5	0.9	774.4	768.4	0.8
廊 坊	6429	456.3	452.2	0.9	460.1	450.4	2.2
衡 水	8815	443.5	442.3	0.3	452.3	452.6	-0.1
长江三角洲地区							
上 海	6341	2415.3	2425.7	-0.4	1443.0	1438.7	0.3
江 苏	107200	7976.3	7960.1	0.2	7717.6	7684.7	0.4
浙 江	105500	5539.0	5508.0	0.6	4873.3	4859.2	0.3
珠江三角洲地区							
广 州	7249	1350.1	1308.1	3.2	854.2	842.4	1.4
深 圳	1997	1137.9	1077.9	5.6	369.6	346.6	6.6
珠 海	1732	163.4	161.4	1.2	112.5	110.2	2.0
佛 山	3798	743.1	735.1	1.1	389.0	385.6	0.9
惠 州	11346	475.6	472.7	0.6	357.1	348.5	2.5
东 莞	2460	825.4	834.3	-1.1	195.0	191.4	1.9
中 山	1784	321.0	319.3	0.5	158.7	156.1	1.7
江 门	9505	452.0	451.1	0.2	391.4	393.4	-0.5
肇 庆	14891	406.0	403.6	0.6	438.3	433.7	1.0

9-2 三大经济区域主要城市指标对比
——地区生产总值

单位：亿元

地区	地区生产总值			第一产业		
	2015	2014	增长速度(%)	2015	2014	增长速度(%)
全国	**685505.8**	**643974.0**	**6.9**	**60870.5**	**58343.5**	**3.9**
京津冀地区						
北京	23014.6	21330.8	6.9	140.2	159.0	-10.8
天津	16538.2	15726.9	9.3	208.8	199.9	2.5
河北	29806.1	29421.2	6.8	3439.5	3447.5	2.6
石家庄	5440.6	5170.3	7.5	494.4	487.5	2.3
唐山	6103.1	6225.3	5.6	569.1	558.7	2.8
秦皇岛	1250.4	1200.0	5.5	177.6	174.7	2.8
邯郸	3145.4	3080.0	6.8	402.8	403.1	2.4
邢台	1764.7	1646.9	6.0	275.6	273.4	3.2
保定	3300.6	3035.2	7.1	433.5	425.4	3.2
张家口	1363.5	1349.0	5.8	243.7	239.6	3.3
承德	1358.7	1342.6	5.5	235.6	225.7	2.9
沧州	3320.6	3133.4	7.7	319.4	317.7	1.9
廊坊	2473.9	2176.0	8.8	206.2	205.5	0.7
衡水	1220.0	1149.1	7.6	168.9	166.5	2.3
长江三角洲地区						
上海	25123.5	23567.7	6.9	109.8	124.3	-13.6
江苏	70116.4	65088.3	8.5	3986.1	3634.3	3.3
浙江	42886.5	40173.0	8.0	1832.9	1777.2	1.5
珠江三角洲地区						
广州	18100.4	16706.9	8.4	226.8	218.7	2.2
深圳	17502.9	16001.8	8.9	6.7	5.6	4.8
珠海	2025.4	1867.2	10.0	45.1	43.9	…
佛山	8003.9	7441.6	8.5	136.5	133.8	1.5
惠州	3140.0	3000.4	9.0	151.5	141.1	4.3
东莞	6275.1	5881.3	8.0	21.0	20.4	1.9
中山	3010.0	2823.0	8.4	66.5	67.0	-0.4
江门	2240.0	2082.8	8.4	174.5	168.0	3.2
肇庆	1970.0	1845.1	8.2	288.3	270.2	3.9

注：1.地区生产总值及分产业增加值的绝对值按现价计算，增长速度按可比价格计算。

2.人均地区生产总值按常住人口计算。

9-2 续表

单位：亿元

地区	第二产业			第三产业			人均地区生产总值(元)		
	2015	2014	增长速度(%)	2015	2014	增长速度(%)	2015	2014	增长速度(%)
全国	**280560.3**	**277571.8**	**6.1**	**344075.0**	**308058.6**	**8.3**	**49992**	**47203**	**6.4**
京津冀地区									
北京	4542.6	4544.8	3.3	18331.7	16627.0	8.1	106497	99995	5.5
天津	7704.2	7731.9	9.2	8625.2	7795.2	9.6	107960	105231	6.6
河北	14386.9	15012.9	4.7	11979.8	10960.8	11.2	40255	39984	6.1
石家庄	2452.4	2417.5	5.8	2493.8	2265.2	10.5	51043	48970	6.5
唐山	3364.5	3595.2	4.9	2169.5	2071.4	7.5	78398	80450	4.9
秦皇岛	445.1	449.2	4.9	627.7	576.1	6.6	40746	39282	5.0
邯郸	1483.4	1543.5	4.8	1259.3	1133.4	11.2	33450	32943	6.1
邢台	793.7	780.1	4.3	695.5	593.5	11.0	24256	22758	5.5
保定	1645.7	1563.2	5.2	1221.4	1046.7	11.7	28648	26501	6.5
张家口	545.6	575.4	4.6	574.3	533.9	8.1	30840	30540	5.7
承德	636.4	671.0	4.5	486.7	445.8	8.1	38505	38128	5.3
沧州	1646.4	1628.3	6.8	1354.8	1187.4	10.0	44819	42676	6.7
廊坊	1102.4	1045.7	6.3	1165.3	924.8	13.8	54460	48407	7.6
衡水	563.1	549.9	5.2	488.0	432.7	12.7	27543	26022	7.2
长江三角洲地区									
上海	7991.0	8167.7	1.2	17022.6	15275.7	10.6	103795	97370	6.9
江苏	32044.5	30854.5	8.3	34085.9	30599.5	9.4	87995	81874	8.3
浙江	19711.7	19175.1	5.3	21341.9	19220.8	11.3	77644	73002	7.6
珠江三角洲地区									
广州	5726.1	5591.0	6.8	12147.5	10897.2	9.4	136188	128478	6.0
深圳	7207.9	6812.0	7.3	10288.3	9184.2	10.1	157985	149495	5.2
珠海	1007.3	938.7	10.3	973.0	884.6	10.2	124706	116537	8.6
佛山	4839.5	4602.2	7.5	3028.0	2705.7	10.7	108299	101617	7.5
惠州	1726.1	1697.0	9.6	1262.4	1162.3	8.6	66231	63657	8.4
东莞	2922.1	2794.4	6.1	3332.0	3066.6	10.2	75616	70605	8.4
中山	1632.7	1560.8	7.6	1310.9	1195.3	10.2	94030	88682	7.8
江门	1084.7	1021.6	8.6	980.8	893.1	8.9	49608	46237	8.1
肇庆	990.2	923.6	9.6	691.5	651.3	7.8	48670	45795	7.7

9-3　三大经济区域主要城市指标对比
——财政、金融

单位：亿元

地　区	一般公共预算收入			一般公共预算支出		
	2015	2014	增长速度(%)	2015	2014	增长速度(%)
全　国	**83002.0**	**75876.6**	**9.4**	**150335.6**	**129215.5**	**16.3**
京津冀地区						
北　京	4723.9	4027.2	17.3	5737.7	4524.7	26.8
天　津	2667.1	2390.4	11.6	3232.4	2884.7	12.1
河　北	2649.2	2446.6	8.3	5632.2	4677.3	20.4
石家庄	375.1	343.5	9.2	682.4	566.5	20.5
唐　山	335.0	323.7	3.5	592.3	524.7	12.9
秦皇岛	114.4	113.7	0.6	228.3	212.0	7.7
邯　郸	190.6	183.2	4.1	515.6	404.7	27.4
邢　台	102.7	95.7	7.3	373.7	294.6	26.8
保　定	212.9	192.5	10.6	566.8	457.6	23.9
张家口	133.4	125.8	6.1	390.3	329.7	18.4
承　德	97.3	107.6	-9.6	292.5	265.5	10.2
沧　州	210.9	189.7	11.2	484.8	381.3	27.2
廊　坊	303.4	250.5	21.1	481.9	302.5	59.3
衡　水	88.5	79.7	11.0	268.9	242.6	10.9
长江三角洲地区						
上　海	5519.5	4871.8	13.3	6191.6	5182.7	19.5
江　苏	8028.6	7233.1	11.0	9687.6	8472.5	14.3
浙　江	4809.9	4122.0	16.7	6646.0	5159.6	28.8
珠江三角洲地区						
广　州	1349.5	1243.1	8.6	1727.7	1436.2	20.3
深　圳	2726.9	2082.7	30.9	3521.7	2166.2	62.6
珠　海	270.0	224.3	20.4	388.8	275.9	40.9
佛　山	557.6	501.2	11.2	799.9	525.0	52.4
惠　州	340.0	300.7	13.1	486.1	373.0	30.3
东　莞	518.0	455.2	13.8	581.2	457.7	27.0
中　山	287.5	251.7	14.2	355.4	261.5	35.9
江　门	199.0	177.2	12.3	292.9	236.1	24.1
肇　庆	143.4	139.1	3.0	267.7	241.7	10.8

注：1.全国一般公共预算收支为31个省(市、自治区)合计数。

2.全国、北京、上海、河北省及其各市为金融机构住户存款余额、江苏省、浙江省为金融机构人民币住户存款余额；天津、广东各市为中资金融机构人民币住户存款余额。

9-3 续表

单位：亿元

地区	中资金融机构人民币存款余额			中资金融机构人民币贷款余额			住户存款余额		
	2015	2014	增长速度(%)	2015	2014	增长速度(%)	2015	2014	增长速度(%)
全国	**1357022**	**1138645**	**19.2**	**939540**	**816770**	**15.0**	**546078.0**	**485261.3**	
京津冀地区									
北京	121878.9	93326.0	30.6	49530.8	44438.8	11.5	27703.9	24004.4	
天津	26754.3	23484.5	13.9	24104.9	21189.3	13.8	8721.5	7863.6	10.9
河北	48550.9	43454.9	11.7	32151.4	27593.8	16.5	29116.7	26207.4	11.1
石家庄	10674.7	9124.6	17.0	8800.0	5098.9	72.6	4928.9	4389.1	12.3
唐山	7456.8	6766.9	10.2	4779.4	4278.6	11.7	4466.2	3990.5	11.9
秦皇岛	2390.8	2252.9	6.1	1500.4	1421.8	5.5	1558.9	1430.4	9.0
邯郸	4139.5	3747.6	10.5	2803.8	2364.8	18.6	2707.2	2251.7	20.2
邢台	2936.9	2669.3	10.0	1759.2	1548.1	13.6	2110.0	1848.7	14.1
保定	5495.3	4987.0	10.2	2590.9	2244.2	15.5	3743.8	3379.9	10.8
张家口	2346.0	2113.8	11.0	1679.8	1493.2	12.5	1594.9	1398.6	14.0
承德	1932.9	1755.5	10.1	1496.0	1297.0	15.3	1274.5	1139.8	11.8
沧州	3823.8	3438.9	11.2	2132.4	1843.1	15.7	2641.4	2312.8	14.2
廊坊	4918.4	3862.5	27.3	3325.4	2527.3	31.6	2377.4	2066.3	15.1
衡水	2435.8	2106.7	15.6	1284.2	1073.6	19.6	1713.5	1464.2	17.0
长江三角洲地区									
上海	92711.0	64659.9	43.4	45150.3	40375.8	11.8	23384.7	20963.0	11.6
江苏	107873.0	93735.6	15.1	78866.3	69572.7	13.4	40563.0	36580.6	10.9
浙江	87393.3	77145.4	13.3	74070.2	68566.3	8.0	34218.6	30666.4	11.6
珠江三角洲地区									
广州	40732.0	33215.3	22.6	25540.4	22154.4	15.3	13236.3	12498.7	5.9
深圳	51806.2	32497.7	59.4	27130.0	22671.1	19.7	9429.4	9410.6	0.2
珠海	5058.5	4260.2	18.7	2828.4	2292.3	23.4	1297.0	1390.9	-6.8
佛山	11435.4	10838.7	5.5	7749.7	7362.9	5.3	6170.9	5752.4	7.3
惠州	3598.2	3124.9	15.1	2442.0	2152.0	13.5	1717.1	1639.5	4.7
东莞	9685.9	9020.3	7.4	5756.0	5284.4	8.9	4587.9	4598.8	-0.2
中山	4113.7	3909.0	5.2	2765.2	2435.8	13.5	2082.3	2036.8	2.2
江门	3624.2	3454.4	4.9	2095.7	1869.7	12.1	2228.7	2173.7	2.5
肇庆	1756.4	1649.7	6.5	1253.3	1140.5	9.9	1151.5	1066.3	8.0

9-4 三大经济区域主要城市指标对比

——投资、消费

单位：亿元

地区	全社会固定资产投资						社会消费品零售总额		
				#房地产开发					
	2015	2014	增长速度(%)	2015	2014	增长速度(%)	2015	2014	增长速度(%)
全国	**561999.8**	**512020.7**	**9.8**	**95978.8**	**95035.6**	**1.0**	**300930.8**	**271896.1**	**10.7**
京津冀地区									
北京	7990.9	7562.3	5.7	4226.3	3911.3	8.1	10338.0	9638.0	7.3
天津	13065.2	11654.1	12.1	1871.6	1699.7	10.1	5257.3	4738.7	10.9
河北	29448.3	26671.9	10.4	4285.3	4059.7	5.6	12990.7	11820.5	9.9
石家庄	5727.5	5109.5	12.1	986.3	1025.3	-3.8	2693.0	2451.8	9.8
唐山	4619.6	4213.2	9.6	568.7	609.3	-6.7	2147.9	1957.1	9.7
秦皇岛	892.4	808.7	10.4	257.2	268.8	-4.3	633.8	577.6	9.7
邯郸	3526.6	3174.1	11.1	341.3	377.1	-9.5	1364.5	1242.4	9.8
邢台	1886.6	1708.7	10.4	182.0	151.8	19.9	875.3	796.2	9.9
保定	2754.0	2472.2	11.4	538.8	456.3	18.1	1652.7	1501.8	10.0
张家口	1574.2	1422.6	10.7	211.7	176.4	20.0	618.1	562.2	9.9
承德	1535.1	1427.1	7.6	131.5	139.1	-5.5	490.8	446.8	9.8
沧州	3169.9	2788.6	13.7	238.1	201.9	17.9	1109.1	1007.9	10.0
廊坊	2166.8	1882.2	15.1	670.9	522.2	28.5	796.4	723.7	10.0
衡水	1129.5	987.4	14.4	158.9	131.4	20.9	609.0	553.0	10.1
长江三角洲地区									
上海	6352.7	6016.4	5.6	3468.9	3206.5	8.2	10131.5	9303.5	8.9
江苏	46246.9	41938.7	10.3	8153.7	8240.2	-1.1	25876.8	23458.1	10.3
浙江	26664.7	23554.8	13.2	7111.9	7262.4	-2.1	19784.7	17835.3	10.9
珠江三角洲地区									
广州	5406.0	4889.5	10.6	2137.6	1816.2	17.7	7988.0	7144.5	11.8
深圳	3298.3	2717.4	21.4	1331.0	1069.5	24.5	5017.8	4919.0	2.0
珠海	1305.1	1135.0	15.0	524.1	388.3	35.0	915.2	815.7	12.2
佛山	3035.5	2612.4	16.2	945.4	832.7	13.5	2705.2	2400.6	12.7
惠州	1863.9	1606.7	16.0	610.5	667.3	-8.5	1070.7	968.7	10.5
东莞	1446.5	1427.1	1.4	575.2	588.1	-2.2	2184.7	1942.3	12.5
中山	1055.4	903.7	16.8	481.0	429.7	12.0	1086.7	981.8	10.7
江门	1307.9	1111.6	17.7	311.0	313.0	-0.6	1034.3	923.4	12.0
肇庆	1330.0	1138.7	16.8	159.8	188.9	-15.4	648.4	559.9	15.8

注：浙江省、珠江三角洲地区的固定资产投资不含农户数据。

9-5 三大经济区域主要城市指标对比
——对外经济贸易

单位：亿美元

地区	地方出口值			地方进口值			实际利用外商直接投资		
	2015	2014	增长速度(%)	2015	2014	增长速度(%)	2015	2014	增长速度(%)
全　国	**22734.7**	**23422.9**	**-2.9**	**16795.6**	**19592.3**	**-14.3**	**1262.7**	**1195.6**	**5.6**
京津冀地区									
北　京	546.7	623.4	-12.3	2647.5	3532.0	-25.0	130.0	90.4	43.8
天　津	511.8	526.0	-2.7	631.6	813.2	-22.3	211.3	188.7	12.0
河　北	329.4	357.1	-7.8	185.4	241.7	-23.3	61.8	63.7	-3.1
石家庄	73.2	77.9	-6.0	48.1	65.1	-26.1	9.0	8.2	9.8
唐　山	85.2	87.7	-2.9	53.9	79.9	-32.5	12.3	13.6	-9.7
秦皇岛	29.8	28.5	4.3	16.3	14.6	11.5	5.3	6.1	-13.2
邯　郸	17.5	16.6	5.5	12.2	19.2	-36.5	7.9	8.8	-9.9
邢　台	13.3	15.6	-15.0	4.5	5.2	-13.0	1.5	4.7	-68.8
保　定	34.2	42.7	-19.7	13.2	13.6	-2.8	4.3	5.7	-24.3
张家口	4.3	3.5	23.6	2.4	1.7	38.3	3.2	3.2	-0.5
承　德	3.8	5.2	-26.6	0.2	1.2	-86.6	1.2	1.4	-19.6
沧　州	21.4	23.4	-8.5	6.1	7.6	-19.6	4.0	3.3	21.7
廊　坊	23.4	24.7	-4.9	25.1	28.3	-11.1	6.7	6.6	1.4
衡　水	23.2	31.3	-26.1	3.5	5.3	-35.2	1.6	2.2	-23.4
长江三角洲地区									
上　海	1969.7	2102.8	-6.3	2547.6	2563.5	-0.6	184.6	181.7	1.6
江　苏	3386.7	3418.7	-0.9	2069.5	2218.9	-6.7	242.8	281.7	-13.8
浙　江	2763.3	2733.3	1.1	704.5	817.2	-13.8	169.6	158.0	7.4
珠江三角洲地区									
广　州	811.7	727.1	11.6	526.9	578.7	-8.9	54.2	51.1	6.1
深　圳	2640.4	2843.6	-7.1	1784.2	2033.8	-12.3	65.0	58.0	11.9
珠　海	288.1	290.2	-0.7	188.3	259.4	-27.4	21.8	19.3	12.8
佛　山	482.1	467.2	3.2	175.1	220.9	-20.7	23.8	26.6	-10.5
惠　州	347.8	363.3	-4.3	195.8	230.8	-15.2	11.0	19.7	-43.8
东　莞	1036.1	970.7	6.7	639.3	654.3	-2.3	53.2	45.3	17.5
中　山	280.1	278.8	0.5	75.9	90.8	-16.4	4.6	6.8	-32.9
江　门	153.7	150.9	1.9	44.6	52.9	-15.7	8.8	8.5	3.0
肇　庆	47.7	46.1	3.5	34.4	32.2	6.7	13.9	13.3	4.6

注：各地区进出口数据按经营单位所在地统计。

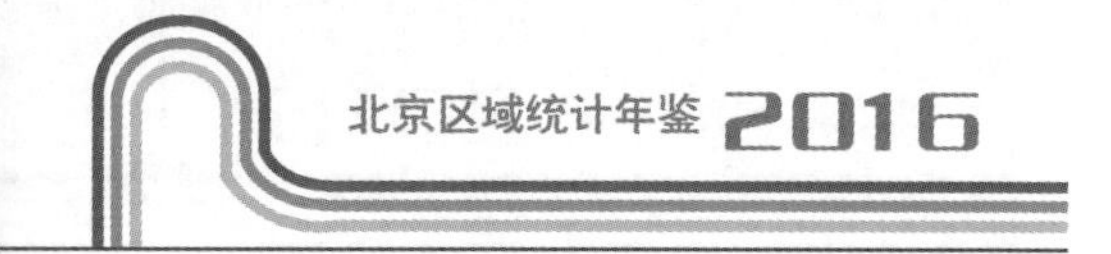

9-6 三大经济区域主要城市指标对比
——旅 游

地 区	入境旅游者人数(万人次)			旅游创汇(亿美元)		
	2015	2014	增长速度(%)	2015	2014	增长速度(%)
全 国	**13382.0**	**12849.8**	**4.1**	**1136.5**	**569.1**	
京津冀地区						
北 京	420.0	427.5	-1.7	46.1	46.1	0.0
天 津	326.0	296.2	10.1	33.0	29.9	10.2
河 北	138.2	132.9	4.0	6.2	5.3	16.3
石家庄	18.6	17.5	6.4	0.9	0.7	35.5
唐 山	9.5	8.7	8.7	0.5	0.6	-20.7
秦皇岛	28.4	29.9	-4.9	1.8	1.5	20.6
邯 郸	5.1	4.1	26.0	0.2	0.2	34.4
邢 台	2.4	1.9	27.0	0.1	0.1	8.8
保 定	15.0	14.2	5.3	0.5	0.8	-31.1
张家口	10.6	9.2	15.8	0.3	0.2	22.6
承 德	31.2	30.7	1.6	1.2	1.0	29.8
沧 州	2.7	2.6	3.9	0.1	0.1	3.2
廊 坊	13.7	13.2	3.9	0.5	0.3	102.8
衡 水	1.1	1.0	2.8	0.02	0.03	-15.2
长江三角洲地区						
上 海	800.2	791.3	1.1	59.6	57.1	4.5
江 苏	305.0	297.1	2.7	35.3	30.3	16.3
浙 江	1012.0	931.0	8.7	67.9	57.5	18.0
珠江三角洲地区						
广 州	803.6	783.3	2.6	57.0	54.8	4.0
深 圳	1218.7	1182.6	3.1	49.7	45.7	8.8
珠 海	309.5	291.3	6.2	9.6	9.2	4.5
佛 山	137.5	137.1	0.3	13.8	13.3	3.1
惠 州	222.6	214.9	3.6	8.8	8.6	3.3
东 莞	254.6	273.3	-6.9	15.8	15.7	0.2
中 山	59.8	60.2	-0.7	3.0	4.8	-38.0
江 门	195.1	178.7	9.2	9.7	8.4	14.9
肇 庆	49.6	49.1	1.1	3.2	2.8	14.9

注：2015年全国“旅游创汇”补充完善了停留时间为3—12个月的入境游客花费和游客在华短期旅居的花费，与以前年度不可比。

9-7　三大经济区域主要城市指标对比
——物　价

单位：%

地　区	居民消费价格指数		工业生产者出厂价格指数		工业生产者购进价格指数	
	2015	2014	2015	2014	2015	2014
全　国	**101.4**	**102.0**	**94.8**	**98.1**	**93.9**	**97.8**
京津冀地区						
北　京	101.8	101.6	96.9	99.1	93.7	98.8
天　津	101.7	101.9	90.3	96.3	92.4	97.1
河　北	100.9	101.7	89.1	95.2	90.3	95.6
石家庄	101.0	102.0		98.4		97.5
唐　山	101.0	101.9		92.6		
秦皇岛	101.1	102.3		95.9		
邯　郸	101.9	102.1		92.4		
邢　台	101.0	101.7		93.9		
保　定	101.0	101.5		98.6		
张家口	100.7	101.7		91.8		
承　德	101.4	101.3		90.2		
沧　州	101.4	102.4		99.3		
廊　坊	100.4	101.5		96.1		
衡　水	100.9	101.7		98.4		
长江三角洲地区						
上　海	102.4	102.7	96.1	98.9	90.6	95.9
江　苏	101.7	102.2	95.3	98.3	92.1	97.0
浙　江	101.4	102.1	96.4	98.8	94.5	98.2
珠江三角洲地区						
广　州	101.7	102.3	96.8	98.2		
深　圳	102.2	102.0	97.6	99.1		
珠　海	101.7	103.1	96.9	98.5		
佛　山	101.6	102.3	97.2	98.8		
惠　州	101.9	102.1	92.5	97.5		
东　莞	101.4	102.3	98.2	99.0		
中　山	100.8	102.2	98.0	99.4		
江　门	101.8	102.7	97.8	99.4		
肇　庆	100.8	102.7	96.3	98.5		

9-8 三大经济区域主要城市指标对比

——从业人员

单位：万人

地 区	从业人员			第一产业		
	2015	2014	增长速度(%)	2015	2014	增长速度(%)
全 国	**77451**	**77253**	**0.3**	**21929**	**22790**	**-3.8**
京津冀地区						
北 京	1186.1	1156.7	2.5	50.3	52.4	-4.0
天 津	896.8	877.2	2.2	66.2	68.0	-2.7
河 北	4212.5	4202.7	0.2	1387.8	1398.9	-0.8
长江三角洲地区						
上 海	1361.5	1365.6	-0.3	46.0	44.8	2.7
江 苏	4758.5	4760.8	0.0	875.6	918.8	-4.7
浙 江	3733.7	3714.2	0.5	492.7	501.7	-1.8
珠江三角洲地区						
广 州	811.0	784.8	3.3	62.9	60.4	4.0
深 圳	906.1	899.7	0.7	0.1	0.1	4.1
珠 海	108.9	108.8	0.1	7.3	6.0	21.3
佛 山	438.4	438.1	0.1	21.6	21.6	0.2
惠 州	281.5	280.6	0.3	50.1	50.8	-1.3
东 莞	653.4	660.5	-1.1	6.1	5.7	7.2
中 山	210.5	211.8	-0.6	9.8	10.0	-1.6
江 门	242.9	243.2	-0.1	79.0	80.9	-2.3
肇 庆	218.4	217.8	0.3	112.2	114.0	-1.6

9-8 续表

单位：万人

地区	第二产业			第三产业		
	2015	2014	增长速度(%)	2015	2014	增长速度(%)
全 国	**22693**	**23099**	**-1.8**	**32839**	**31364**	**4.7**
京津冀地区						
北 京	200.8	209.9	-4.3	935.0	894.4	4.5
天 津	320.2	341.5	-6.3	510.5	467.7	9.1
河 北	1437.4	1437.8	0.0	1387.2	1366.0	1.6
长江三角洲地区						
上 海	459.7	476.9	-3.6	855.8	844.0	1.4
江 苏	2046.2	2047.2	0.0	1836.8	1794.8	2.3
浙 江	1804.3	1846.3	-2.3	1436.7	1366.1	5.2
珠江三角洲地区						
广 州	286.9	283.8	1.1	461.2	440.6	4.7
深 圳	422.6	431.9	-2.2	483.4	467.6	3.4
珠 海	54.7	55.4	-1.3	46.9	47.3	-1.0
佛 山	253.2	257.2	-1.6	163.6	159.3	2.7
惠 州	139.8	141.3	-1.1	91.6	88.5	3.5
东 莞	445.8	450.9	-1.1	201.5	203.9	-1.1
中 山	140.0	142.3	-1.6	60.7	59.5	2.1
江 门	95.9	96.2	-0.3	68.0	66.2	2.7
肇 庆	54.8	53.9	1.6	51.5	49.9	3.2

9-9 三大经济区域主要城市指标对比
——生活质量

地 区	城镇单位在岗职工年末人数(万人)			城镇单位在岗职工平均工资(元)		
	2015	2014	增长速度(%)	2015	2014	增长速度(%)
全 国	**18062.5**	**18277.8**	**-1.2**	**63241**	**57361**	**10.3**
京津冀地区						
北 京	724.8	708.8	2.3	113073	103400	9.4
天 津	278.2	279.1	-0.3	81486	73839	10.4
河 北	599.8	614.0	-2.3	52409	46239	13.3
石家庄	96.0	95.8	0.2	54441	48273	12.8
唐 山	85.1	89.9	-5.3	55565	51052	8.8
秦皇岛	31.2	32.3	-3.3	56397	51593	9.3
邯 郸	71.4	74.4	-4.1	46550	41219	12.9
邢 台	41.9	42.9	-2.3	46944	41199	13.9
保 定	91.5	92.8	-1.4	50394	43086	17.0
张家口	35.3	35.8	-1.5	48892	41469	17.9
承 德	27.4	27.9	-1.9	49071	44281	10.8
沧 州	48.2	49.4	-2.4	54779	47181	16.1
廊 坊	43.6	44.3	-1.7	63426	55536	14.2
衡 水	28.2	28.5	-0.8	47088	41011	14.8
长江三角洲地区						
上 海	637.2	648.9	-1.8	109279	100623	8.6
江 苏	1467.5	1512.8	-3.0	67200	61783	8.8
浙 江	1027.5	1051.0	-2.2	66668	61572	8.3
珠江三角洲地区						
广 州	304.1	308.9	-1.6	81171	74245	9.3
深 圳	447.4	448.9	-0.3	81034	72651	11.5
珠 海	71.2	72.2	-1.3	67958	62729	8.3
佛 山	167.4	171.4	-2.3	61810	55679	11.0
惠 州	88.3	89.3	-1.1	58607	53576	9.4
东 莞	226.8	234.3	-3.2	53221	47600	11.8
中 山	81.1	87.3	-7.1	58776	53123	10.6
江 门	55.6	57.1	-2.6	54106	48168	12.3
肇 庆	41.1	40.0	2.8	54469	49045	11.1

注：1.全国、河北省及其各市、上海、浙江省在岗职工人数为城镇单位就业人员数。

2.河北省及其各市的城镇单位在岗职工平均工资为城镇单位就业人员平均工资。

9-9 续表

地　区	城镇居民人均可支配收入(元)			农村居民人均可支配收入(元)		
	2015	2014	增长速度(%)	2015	2014	增长速度(%)
全　国	**31195**	**28844**	**8.2**	**11422**	**10489**	**8.9**
京津冀地区						
北　京	52859	43910	8.9	20569	20226	9.0
天　津	34101	31506	8.2	18482	17014	8.6
河　北	26152	24141	8.3	11051	10186	8.5
石家庄	28168	25996	8.4	11442	10691	7.0
唐　山	31272	28891	8.2	13935	12867	8.3
秦皇岛	28158	26053	8.1	10782	9964	8.2
邯　郸	24630	22699	8.5	11247	10343	8.7
邢　台	21895	20007	9.4	9152	8342	9.7
保　定	23663	21673	9.2	10558	9704	8.8
张家口	23841	21651	10.1	8341	7462	11.8
承　德	22885	20983	9.1	7923	7163	10.6
沧　州	26350	24174	9.0	10389	9442	10.0
廊　坊	31925	29416	8.5	13159	12115	8.6
衡　水	21615	19614	10.2	9030	8104	11.4
长江三角洲地区						
上　海	52962	47710	11.0	23205	21192	9.5
江　苏	37173	34346	8.2	16257	14958	8.7
浙　江	43714	40393	8.2	21125	19373	9.0
珠江三角洲地区						
广　州	46735	42955	8.8	19323	17663	9.4
深　圳	44633	40948	9.0			
珠　海	38322	35287	8.6	20510	18395	11.5
佛　山	39757	36555	8.8	22063	20094	9.8
惠　州	30057	27300	10.1	15830	14364	10.2
东　莞	39793	36764	8.2	24225	22327	8.5
中　山	37254	34304	8.6	24405	22166	10.1
江　门	27117	24976	8.6	13817	12746	8.4
肇　庆	23746	21726	9.3	13982	12642	10.6

第十章

北京与全国对比

简要说明

一、本章资料的主要内容

本章资料主要反映北京与全国主要指标数据对比和北京各项指标占全国比重情况，内容涵盖了产业发展、财政、金融、旅游、对外贸易、人口、就业、收入、教育、婚姻、城市建设等经济领域。

二、本章资料的数据来源

本章北京市相关资料由北京市统计局、国家统计局北京调查总队根据相关资料整理提供，全国数据摘自2016年出版的《中国统计年鉴》。

10-1 北京与全国主要指标对比
——经 济

项 目		2015			2014		
		北 京	全 国	北京占全国(%)	北 京	全 国	北京占全国(%)
地区生产总值	(亿元)	23014.6	685505.8	3.4	21330.8	643974.0	3.3
第一产业	(亿元)	140.2	60870.5	0.2	159.0	58343.5	0.3
第二产业	(亿元)	4542.6	280560.3	1.6	4544.8	277571.8	1.6
第三产业	(亿元)	18331.7	344075.0	5.3	16627.0	308058.6	5.4
人均地区生产总值	(元)	106497	49992		99995	47203	
一般公共预算收入	(亿元)	4723.9	83002.0	5.7	4027.2	75876.6	5.3
一般公共预算支出	(亿元)	5737.7	150335.6	3.8	4524.7	129215.5	3.5
全社会固定资产投资	(亿元)	7990.9	561999.8	1.4	7562.3	512020.7	1.5
社会消费品零售总额	(亿元)	10338.0	300930.8	3.4	9638.0	271896.1	3.5
海关出口值	(亿美元)	546.7	22734.7	2.4	623.4	23422.9	2.7
海关进口值	(亿美元)	2647.5	16795.6	15.8	3532.0	19592.3	18.0
外商直接投资项目数	(个)	1386	26575	5.2	1318	23778	5.5
实际利用外商直接投资	(亿美元)	130.0	1262.7	10.3	90.4	1195.6	7.6
入境旅游人数	(万人次)	420.0	13382.0	3.1	427.5	12849.8	3.3
金融机构(含外资)人民币存款余额	(亿元)	128573.0	1357021.6	9.5	95370.5	1138644.6	8.4
住户存款余额	(亿元)	22703.9	546078.0	4.2	24158.4	485261.3	5.0
金融机构(含外资)人民币贷款余额	(亿元)	58559.4	939540.2	6.2	45458.7	816770.0	5.6

注：1. 部分数据取自《北京统计年鉴》、《中国统计年鉴》。

2. 全国一般公共预算收支为全国31个省（市、自治区）合计数。

3. 实施研发支出核算方法改革后，国家统计局对全国各年度GDP数据进行了系统修订。

10-2 北京与全国主要指标对比
——社 会

项 目		2015			2014		
		北 京	全 国	北京占全国(%)	北 京	全 国	北京占全国(%)
年底人口数(年末常住人口)	(万人)	2170.5	137462	1.6	2151.6	136782	1.6
城镇人口	(万人)	1877.7	77116	2.4	1859.0	74916	2.5
乡村人口	(万人)	292.8	60346	0.5	292.6	61866	0.5
从业人员	(万人)	1186.1	77451	1.5	1156.7	77253	1.5
城镇居民人均可支配收入	(元)	52859	31195		43910	28844	
农村居民人均可支配收入	(元)	20569	11422		20226	10489	
登记结婚对数	(万对)	16.6	1224.7	1.4	17.0	1306.7	1.3
登记离婚对数	(万对)	8.2	384.1	2.1	7.6	295.7	2.6
普通高等学校在校学生数	(万人)	59.3	2625.3	2.3	59.5	2547.7	2.3
普通中学在校学生数	(万人)	58.7	8383.3	0.7	65.1	6785.1	1.0
小学在校学生数	(万人)	85.0	9692.2	0.9	82.1	9451.1	0.9
城市排水管道长度	(万公里)	1.6	54.0	2.9	1.4	51.1	2.8
客运出租小轿车	(万辆)	6.8	109.2	6.3	6.8	107.4	6.3

注：全国城乡居民收入为城乡一体化住户收支与生活状况调查数据。

2016

北京区域统计年鉴

附录

BEIJING AREA STATISTICAL YEARBOOK

指标解释

附录：指标解释

（一）法人情况

法人单位 指有权拥有资产、承担负债，并独立从事社会经济活动（或与其他单位进行交易）的组织。法人单位应同时具备以下条件：（1）依法成立，有自己的名称、组织机构和场所，能够独立承担民事责任；（2）独立拥有（或授权使用）资产或者经费，承担负债，有权与其他单位签订合同；（3）具有包括资产负债表在内的账户，或者能够根据需要编制账户。

单产业法人 指仅包含一个产业活动单位的法人单位，该法人单位同时也是一个产业活动单位。

多产业法人 指由两个及以上产业活动单位组成的法人单位，这些产业活动单位接受法人单位的管理和控制。

（二）人口和就业

户籍人口 指公民依照《中华人民共和国户口登记条例》已在其经常居住地的公安户籍管理机关登记了常住户口的人。

常住人口 指在某地区实际居住半年以上的人口。

常住外来人口 指不具有本市户籍户口，来自北京市行政区划以外的省、自治区、直辖市，且在京居住半年以上的人口。

从业人员 指在各级国家机关、党政机关、社会团体及企业、事业单位中工作，取得工资或其他形式的劳动报酬的全部人员，包括在岗职工、聘用的离退休人员，在单位中工作的港澳台及外籍人员、兼职人员、借用的外单位人员和第二职业者，不包括本单位的不在岗职工。

在岗职工 指在本单位工作并由单位支付工资的人员，以及有工作岗位，但由于学习、病伤产假（6个月以内）等原因暂未工作，仍由单位支付工资的人员。

在岗职工工资总额 指单位在报告期内直接支付给本单位在岗职工的劳动报酬总额，包括基础工资、职务工资、级别工资、工龄工资、计件工资、奖金、各种津贴和补贴、交通补贴、洗理费、书报费、旅游费、过节费、伙食补助、住房补贴、住房提租补贴、由单位从个人工资中直接为其代扣或代缴的个人所得税、房水电费、住房公积金、社会保险基金个人缴纳部分等。

在岗职工平均工资 指企业、事业、机关等单位的在岗职工在一定时期内的人均劳动报酬，它表明一定时期在岗职工工资收入的高低程度，是反映在岗职工工资水平的主要指标。

（三）国民经济核算

地区生产总值 指按市场价格计算的地区生产总值的简称，它是一个地区所有常住单位在一定时期内生产活动的最终成果。地区生产总值有三种表现形式：价值形态、收入形态和产品形态。从价值形态看，它是所有常住单位在一定时期内所生产的全部货物和服务价值超过同期投入的全部非固定资产货物和服务价值的差额，即所有常住单位的增加值之和；从收入形态看，它是所有常住单位在一定时期内所创造并分配给常住单位和非常住单位的初次分配收入之和；从产品形态看，它是最终使用的货物和服务减去进口货物和服务。在实际核算中，地区生产总值的三种表现形态表现为三种计算方法：生产法、收入法和支出法，三种方法分别从不同的方面反映地区生产总值及其构成。

三次产业 根据社会生产活动历史发展的顺序对产业结构的划分，产品直接取自自然界的部门称为第一产业，对初级产品进行再加工的部门称为第二产业，为生产和消费提供各种服务的部门称为第三产业。这是世界上通用的产业结构分类，但各国的划分不尽一致。我国 2011 年版国民经济行业分类标准：

第一产业：农、林、牧、渔业（不含农、林、牧、渔服务业）。

第二产业：采矿业（不含开采辅助活动），制造业（不含金属制品、机械和设备修理业），电力、热力、燃气及水生产和供应业，建筑业。

第三产业：除第一产业、第二产业以外的其他行业。

（四）财政和税收

地方财政收入 指国家财政参与社会产品分配所得的收入，是实现国家职能的财力保证，包括地方公共财政预算收入、政府性基金预算收入和国有资本经营预算收入。

一般公共预算收入 通过一定的形式和程序，由各级财政部门组织并纳入预算管理的各项收入。

政府性基金预算收入 按规定收取，转入，或通过当年财政安排，由财政管理并具有指定用途的政府性基金预算收入等。

国有资本经营预算 指国家以所有者身份取得国有资本收益，并对所得收益进行分配而发生的各项收支预算，是政府预算的重要组成部分。

税收收入 包括增值税、营业税、企业所得税、个人所得税、资源税、城市维护建设税、房产税、印花税、城镇土地使用税、土地增值税、车船税、耕地占用税、契税等。

地方财政支出 指以国家为主体，以财政的事权为依据进行的一种财政资金分配活动，集中反映了国家的职能活动范围及其所发生的耗费，包括地方公共财政预算支出和基金预算支出。

一般公共预算支出 指各级财政部门对集中的一般预算收入有计划地分配和使用而安排的支出。

一般公共服务支出 指政府提供基本公共管理与服务的支出，包括人大事务、政协事务、政府办公厅（室）及相关机构事务、发展与改革事务、统计信息事务、财政事务、税收事务、审计事务、海关事务、人力资源事务、纪检监察事务、人口与计划生育事务、 商贸事务、知识产权事务、工商行政管理事务、国土资源事务、 海洋管理事务、 测绘事务、地震事务、气象事务、民族事务、宗教事务、港澳台侨事务、档案事务、共产党事务、民主党派事务及工商联事务、群众团体事务、彩票事务等。

教育支出 指政府教育事务支出，包括教育行政管理、学前教育、小学教育、初中教育、普通高中教育、普通高等教育、初等职业教育、中专教育、技校教育、职业高中教育、高等职业教育、广播电视教育、留学生教育、特殊教育、干部继续教育、教育机关服务等。

科学技术支出 指用于科学技术方面的支出，包括科学技术管理事务、基础研究、应用研究、技术研究与开发、科技条件与服务、社会科学、科学技术普及、科技交流与合作等。

社会保障和就业支出 指政府在社会保障与就业方面的支出，包括社会保障和就业管理事务、民政管理事务、财政对社会保险基金的补助、补充全国社会保障基金、行政事业单位离退休、企业改革补助、就业补助、抚恤、退役安置、社会福利、残疾人事业、城市居民最低生活保障、其他城镇社会救济、农村社会救济、自然灾害生活救助、红十字事务等。

医疗卫生与计划生育支出 指政府医疗卫生与计划生育管理方面的支出。

节能环保支出 指政府环境保护支出，包括环境保护管理事务支出、环境监测与监察支出、污染治理支出、自然生态保护支出、天然林保护工程支出、退耕还林支出、风沙荒漠治理支出、退牧还草支出、已垦草原退耕还草、能源节约利用、污染减排、可再生能源和资源综合利用等支出。

交通运输支出 指政府交通运输和邮政业方面的支出，包括公路运输支出、水路运输支出、铁路运输支出、民用航空运输支出、邮政业支出等。

城乡社区事务支出 指政府城乡社区事务支出，包括城乡社区管理事务支出、城乡社区规划与管理支出、城乡社区公共设施支出、城乡社区住宅支出、城乡社区环境卫生支出、建设市场管理与监督支出等。

农林水事务支出 指政府农林水事务支出，包括农业支出、林业支出、水利支出、扶贫支出、农业综合开发支出等。

税费收入 指由各级地方税务局征缴的各项税收收入和罚没收入，包括营业税、企业所得税、个人所得税、资源税、房产税、契税、城市维护建设税等。

营业税 是对在中华人民共和国境内提供应税劳务、转让无形资产或者销售不动产的单位和个人，就其取得营业额征收的一种税。

（五）投资和建筑业

全社会固定资产投资 包括城镇固定资产投资（含房地产开发投资）和农村固定资产投资。

城镇固定资产投资 指城镇各种登记注册类型的企业、事业、行政单位及个体户进行的计划总投资在 500 万元及以上的建设项目投资；镇及镇以上各级政府及主管部门直接领导、管理的建设项目和企事业单位的投资均为城镇固定资产投资。

农村固定资产投资 农村投资统计以投资项目建设地址所在的地域为界定农村投资统计的范围，即农村投资是指各种投资主体建设的建设项目地址在农村区域范围内的、以满足农村居民生产、生活需要为主要目的的各种投资活动。农村固定资产投资包括农户和非农户固定资产投资。

房地产开发投资 指从本年 1 月 1 日起至本年最后一天止完成的全部用于房屋建设工程和土地开发工程的投资额，以及公益性建筑和土地购置费等投资。

房屋施工面积 指报告期内施工的全部房屋建筑面积。包括本期新开工的面积和上年开工跨入本期继续施工房屋面积，以及上期已停建在本期恢复施工的房屋面积。本期竣工和本期施工后又停建、缓建的房屋面积仍包括在施工面积中，多层建筑应填各层建筑面积之和。

房屋竣工面积 指报告期内房屋建筑按照设计要求已全部完工，达到住人和使用条件，经验收鉴定合格（或达到竣工验收标准），可正式移交使用的各栋房屋建筑面积的总和。

建筑业总产值 以货币表现的建筑业企业在一定时期内生产的建筑产品和服务的总和，包括建筑工程产值、安装工程产值、其他产值三部分内容。

年末从业人员 指年末最后一日 24 小时在本单位工作，并取得工资或其他形式劳动报酬的人员数。该指标为时点指标不包括最后一日当天及以前与单位解除劳动合同关系的人员，是在岗职工、劳务派遣人员及其他从业人员之和。

利润总额 指企业在一定会计期间的经营成果，是生产经营过程中各种收入扣除各种耗费后的盈余，反映企业在报告期内实现的亏盈总额。

（六）能源、环境

能源消费总量 指一定地域（行政或地理区域）内，国民经济各行业和居民家庭在一定时期所消费的各种能源的总和。能源消费总量包括终端能源消费量、能源加工转换损失量、能源运输和管理过程的损失量三部分。

生活垃圾无害化处理量 指报告期内简易处理场和各种垃圾无害化处理场（厂）处理垃圾的总量。垃圾简易处理量指垃圾简易填埋场所处理的垃圾总量，垃圾无害化处理量指垃圾无害化处理场（厂）所处理的垃圾总量。

生活垃圾无害化处理率 指报告期垃圾无害化处理量与垃圾产生量的比率。在统计时，如果生活垃圾产生量不易取得，可用清运量代替。

污水处理量 指污水处理厂和处理装置实际处理的污水量，包括物理处理量、生物处理量和化学处理量。

（七）农　　业

农林牧渔业总产值 以货币表现的农林牧渔业的全部产品总量和对农林牧渔业生产活动进行的各种支持性服务活动的价值。

农作物播种面积 指实际播种或移植有农作物的面积。凡是实际种植有农作物的面积，不论种植在耕地上还是种植在非耕地上，均包括在农作物播种面积中。在播种季节基本结束后，因遭灾重新改种和补种的农作物面积，也包括在内。

设施农业 指以工厂化生产方式，建造人工设施，改变气候条件，提高农作物抵御自然灾害的能力，改良生物特性，使作物实现错季或反季节生产，达到农作物均衡生产的目的。

农业机械总动力 指主要用于农、林、牧、渔业的各种动力机械的动力总和，包括耕作机械、排灌机械、收获机械、农用运输机械、植物保护机械、牧业机械、渔业机械和其他农用机械（内燃机按引擎马力折成瓦（特）计算，电动机按功率折成瓦（特）计算）。不包括专门用于乡、镇、村、组办工业、基本建设、非农业运输、科学实验和教学等非农业生产方面用的动力机械与作业机械。

农村用电量 指本年度内，扣除在农村中的国有经济工业交通、基建等单位的用电量以后的农村生产和生活的全年用电总量（计量单位千瓦小时，按全年累计数统计），即包括国家电网供电，也包括农村自办电站供电量。

农用化肥施用量 指本年度内实际用于农业生产的化学肥料数量，包括氮肥、磷肥、钾肥和复合肥。施用量要求按折纯量计算数量，即各类化学肥料的实际施用数量按其含氮、五氧化二磷、氧化钾的比例折成百分之百计算。

乡镇及行政村常住户数 指长期（一年以上）居住在乡镇（不包括城关镇）行政管理区域内的住户，还包括居住在城关镇所辖行政村范围内的农村住户。户口不在本地而在本地居住一年及以上的住户也包括在本地农村住户内；有本地户口，但举家外出谋生一年以上的住户，无论是否保留承包耕地都不包括在本地农村住户范围内，不包括乡村地区内的国有经济的机关、团体、学校、企业、事业单位的集体户。

乡镇及行政村常住人口 指乡村地区常住居民户数中的常住人口数，即经常在家或在家居住6个月以上，而且经济和生活与本户连成一体的人口。外出从业人员在外居住时间虽然在6个月以上，但收入主要带回家中，经济与本户连为一体，仍视为家庭常住人口；在家居住，生活和本户连成一体的国家职工、退休人员也为家庭常住人口。但是现役军人、中专及以上（走读生除外）的在校学生、常年在外（不包括探亲、看病等）且已有稳定的职业与居住场所的外出从业人员，不应当作家庭常住人口。

乡镇及行政村从业人员　指全部乡镇及行政村人口中 16 岁以上实际参加生产经营活动并取得实物或货币收入的人员，既包括劳动年龄内经常参加劳动的人员，也包括超过劳动年龄但经常参加劳动的人员，但不包括户口在家的在外学生、现役军人和丧失劳动能力的人，也不包括待业人员和家务劳动者。从业人员按从事主业时间最长（时间相同按收入）分为农业从业人员，工业从业人员，建筑业从业人员，交通运输仓储及邮政业从业人员，信息传输、计算机服务和软件业，批发与零售业从业人员，住宿和餐饮业从业人员及其他从业人员。

（八）工　　业

工业总产值　指工业企业在报告期内生产的以货币形式表现的工业最终产品和提供工业劳务活动的总价值量，包括在本企业内不再进行加工，经检验、包装入库（规定不需包装的产品除外）的成品价值，对外加工费收入，自制半成品、在制品期末期初差额价值。工业总产值采用“工厂法”计算，即以工业企业作为一个整体，按企业生产活动的最终成果来计算。

轻工业　指主要提供生活消费品和制作手工工具的工业。按其所使用的原料不同，可分为两大类：（1）以农业为原料的轻工业，是指直接或间接以农产品为基本原料的轻工业，主要包括食品制造、饮料制造、烟草加工、纺织、缝纫、皮革和毛皮制作、造纸以及印刷等工业。（2）以非农产品为原料的轻工业，是指以工业品为原料的轻工业，主要包括文教体育用品、化学药品制造、合成纤维制造、日用化学制品、日用玻璃制品、日用金属制品、手工工具制造、医疗器械制造、文化和办公用机械制造等工业。

重工业　指为国民经济各部门提供物质技术基础的主要生产资料的工业，按其生产性质和产品用途，可以分为下列三类：（1）采掘（伐）工业。指对自然资源的开采，包括石油开采、煤炭开采、金属矿开采、非金属矿开采和木材采伐等工业。（2）原材料工业。指向国民经济各部门提供基本材料、动力和燃料的工业，包括金属冶炼及加工、炼焦及焦炭化学、化工原料、水泥、人造板以及电力、石油和煤炭加工等工业。（3）加工工业。指对工业原材料进行再加工制造的工业，包括装备国民经济各部门的机械设备制造工业、金属结构、水泥制品等工业，以及为农业提供的生产资料如化肥、农药等工业。

工业销售产值　以货币形式表现的，工业企业在报告期内销售的本企业生产的工业产品或提供工业性劳务价值的总价值量。包括企业在报告期内实际销售（包括本期生产和非本期生产）的全部成品、半成品的总价值，报告期内完成的对外承接的工业品加工的加工费收入，对外工业品修理作业可获取的加工费收入和对内非工业部门提供的加工修理、设备安装等收入。已销售的成品、半成品不论是本期生产的，还是非本期生产的，只要是本期销售出去的均包括在内。企业为本单位基本建设部门、生活福利部门等提供的产品和工业性作业及自制设备也应视同销售，这部分也应作为销售统计。

资产总计　指企业过去的交易或者事项形成的、由企业拥有或者控制的、预期会给企业带来经济利益的资源。资产一般按流动性分为流动资产和非流动资产，其中流动资产可分为货币资金、交易性金融资产、应收票据、应收账款、预付款项、其他应收款、存货等；非流动资产可分为长期股权投资、固定资产、无形资产及其他非流动资产等。

负债合计 指企业过去的交易或者事项形成的、预期会导致经济利益流出企业的现时义务。负债一般按偿还期长短分为流动负债和非流动负债。

所有者权益合计 指企业资产扣除负债后由所有者享有的剩余权益。公司的所有者权益又称股东权益。包括实收资本、资本公积、盈余公积、未分配利润等。

主营业务收入 指企业确认的销售商品、提供劳务等主营业务的收入。

利润总额 指企业在一定会计期间的经营成果，是生产经营过程中各种收入扣除各种耗费后的盈余，反映企业在报告期内实现的亏盈总额。

应交增值税 指企业按税法规定，从事货物销售或提供加工、修理修配劳务以及进出口货物实现的增值额，企业在报告期内应交纳的税金。应交增值税不含期初末抵扣税额。

（九）商　　业

社会消费品零售总额 指企业（单位、个体户）通过交易直接售给个人、社会集团非生产、非经营用的实物商品金额，以及提供餐饮服务所取得的收入金额。个人包括城乡居民和入境人员，社会集团包括机关、社会团体、部队、学校、企事业单位、居委会或村委会等。

批发和零售业单位 指在流通环节主要从事商品批发活动和零售活动的单位。

商品购进额 指从本企业（单位）以外的单位和个人购进（包括从国外直接进口）作为转卖或加工后转卖的商品金额（含增值税）。本指标反映批发和零售业从国内外市场上购进商品的总量。

商品销售额 指对本企业以外的单位和个人出售的商品金额（包括售给本单位消费用的商品，含增值税）。本指标反映批发和零售业在国内市场上销售商品以及出口商品的总量。

餐饮业企业 指在一定场所，专门从事对食物进行现场烹饪、调制，并出售给顾客主要供现场消费服务活动的企业。如各种饭馆、中西餐厅、酒馆、茶馆和火车餐车、车站食堂、飞机场餐厅等。

住宿业企业 指有偿为顾客提供临时住宿服务活动的单位，如旅游饭店、宾馆、酒店和旅馆、旅店等。

（十）对外贸易

进出口总值 指实际进、出我国海关并能引起我国境内物质资源增加或减少的进出口货物总金额，包括我国境内法人和其他组织以一般贸易、易货贸易、加工贸易、补偿贸易、寄售代销贸易等方式进出口的货物、租赁期一年及以上的租赁进出口货物、边境小额贸易货物、国际援助物资或捐赠品、保税区和保税仓库进出口货物等的金额合计。进出口总值是观察一个国家在对外贸易方面的总规模。我国规定出口货物按离岸价格统计，进口货物按到岸价格统计。

实际利用外商直接投资额 指批准的合同外资金额的实际执行数，外国投资者根据批准外商投资企业的合同（章程）的规定实际缴付的出资额和企业投资总额内外国投资者以自己的境外自有资金实际直接向企业提供的贷款。

（十一）旅　　游

入境旅游者 指来中国（大陆）观光、度假、探亲访友、就医疗养、购物、参加会议或从事经济、文化、体育、宗教活动，且在中国（大陆）的旅游住宿设施内至少停留一夜的外国人、港澳台同胞等游客。入境旅游者不包括以下人员：（1）应邀来华访问的政府部长以上官员及其随行人员；（2）外国驻华使领馆官员、外交人员以及随行的家庭服务人员和受赡养者；（3）常住中国（大陆）一年以上的外国专家、留学生、记者、商务机构人员等；（4）乘坐国际航班过境不需要通过护照检查进入中国（大陆）口岸的中转旅客；（5）边境地区往来的边民；（6）回大陆定居的港澳台同胞；（7）已在中国（大陆）定居的外国人和原已出境又返回在中国（大陆）定居的外国侨民；（8）归国的中国（大陆）出国人员。

（十二）价格指数

居民消费价格指数　指度量消费商品及服务项目价格水平随着时间而变动的相对数，反映居民家庭购买的消费品及服务价格水平的变动情况。居民消费价格指数变动率通常被用来作为反映通货膨胀（或紧缩）程度的指标。

工业生产者出厂价格指数　指反映全部工业产品出厂价格总水平变动程度的相对数，包括工业企业售给商业、外贸、物资部门的产品，还包括售给工业和其他部门的生产资料以及直接售给居民的生活消费品。通过工业生产价格指数能观察工业产品出厂价格变动对工业总产值的影响。

工业生产者购进价格指数　指反映全部工业原材料、燃料、动力购进价格总水平变动程度的相对数，用以观察和研究工业企业原材料价格变动对生产的影响，以及企业对原材料涨价的消化能力和承受能力，为制定价格政策提供依据。

（十三）城乡居民收支

可支配收入　指调查户在调查期内获得的、可用于最终消费支出和储蓄的总和，即调查户可以用来自由支配的收入。可支配收入既包含现金，也包括实物收入。按照收入的来源，可支配收入包含四项，分别为：工资性收入、经营净收入、财产净收入和转移净收入。

消费支出　指调查户用于满足家庭日常生活消费需要的全部支出，包括用于消费品的支出和用于服务性消费的支出。根据用途不同，消费支出可划分为食品烟酒、衣着、居住、生活用品及服务、交通和通信、教育文化娱乐服务、医疗保健、其他用品及服务八大类。

（十四）教　育

毕业生数　指上学年度内具有学籍的学生学完教学计划规定的全部课程，考试及格，取得毕业证书，实际毕业的学生数。不包括结业生和肄业生数。

招生数　指新学年开始时，按照国家计划实际招收入学的新生数，不包括留级生和复读学生数。

在校学生数　指学年初开学以后，具有学籍的注册学生数。

教职工数　指在学校(机构)工作并由学校(机构)支付工资的教职工人数。教职工数包括校本部教职工、科研机构人员、校办企业职工、其他附设机构人员。

专任教师　指具有教师资格，专职从事教学工作的人员。

（十五）文化、科技

公共图书馆藏书 指各级文化部门举办的面向社会服务的独立的图书馆（不包括文化馆的图书室，也不包括文化系统以外的图书馆）藏书数量。

专利申请量 指企业在报告年度内向专利行政部门提出专利申请并被受理的件数。

专利授权量 指企业在报告年度内获得专利行政部门授权的专利的件数。

（十六）卫生、体育

卫生机构 指从卫生行政部门取得《医疗机构执业许可证》，或从民政、工商行政、机构编制管理部门取得法人单位登记证书，为社会提供医疗保健、疾病控制、卫生监督服务或从事医学科研和医学在职培训等工作的单位。

卫生技术人员 指由卫生机构支付工资的全部固定职工和合同制职工中现任职务为卫生技术工作的专业人员，不包括从事管理工作的人员。

执业医师和注册护士 指领取医师执业证书和注册护士证书的人员，不包括从事管理工作的医师和护士。

体育场地 指专门用于体育训练、比赛和健身活动的，有一定投资的公益性或经营性体育建筑设施，包括必要的附属功能用房。

（十七）社会福利

优抚对象 依照法律和政策的规定，享受国家、社会和群众抚恤优待的人员，包括中国人民解放军（包括中国人民武装警察部队）现役军人、革命伤残人员、复员退伍军人、革命烈士家属、因公牺牲军人家属、病故军人家属、现役军人家属。

社会救助对象总人数 指在报告期末生活在当地规定的最低生活保障线以下的家庭人员及国家规定由民政部门救济的特殊人员和上世纪60年代精简退职老职工救济人员等。

城市居民最低生活保障人数 指报告期末家庭平均收入在当地规定的最低生活保障线以下的城镇居民数，包括“三无”对象、失业人员和在职、下岗、退休人员等。

农村居民最低生活保障人数 指报告期末在建立农村最低生活保障制度的地区，得到当地政府或集体给予最低生活保障的农业人口家庭人数。

参加基本养老保险人数 指报告期末按照国家法律、法规和有关政策规定参加基本养老保险并在社保经办机构已建立缴费记录档案的职工人数，包括中断缴费但未终止养老保险关系的职工人数和参加基本养老保险的离休、退休和退职人员的人数，不包括只登记未建立缴费记录档案的人数。

参加基本医疗保险人数 指报告期末按国家有关规定参加基本医疗保险的人数，包括参加保险的职工人数和退休人员数。

参加失业保险人数 指报告期末按照国家法律、法规和有关政策规定参加了失业保险的城镇企业事业单位的职工及地方政府规定参加失业保险的其他人员的人数；参加失业保险人数为参加失业保险的职工人数。

参加农村新型合作医疗人数 指截止报告期末乡镇已参加农村新型合作医疗的总人数。农村新型合作医疗制度是由政府组织、引导、支持，农民自愿参加，集体、个人和政府多方筹资，以大病统筹为主的农民医疗互助共济制度。

社区服务机构数 指报告期末社区服务站、社区服务中心、其他社区服务设施的总和。

（十八）开发区

已开发土地面积 指在规划范围内达到“七通一平”标准的，具备进行房屋建筑物施工或出让条件的土地面积。

已供应土地面积 指开发区内通过各种方式获得土地使用权的土地面积，包括出让、划拨、租赁等。

总收入 指企业全年的生产产品销售收入、技术性收入和与本企业产品相关的商品的销售收入、其它收入等各种收入的总和，等于主营业务收入加上其他业务收入。总收入应按不含增值税的价格计算，不包括补贴收入、营业外收入、投资收益。

总投资 指批准的合同（章程）规定的投资总额。

注册资本 指为设立经营企业在工商行政管理机关注册的资本总额。

合同外资金额 指批准的合同（章程）中，外商和港、澳、台商的出资额。

外商实际投资 指按合同规定的外方和港、澳、台方以现金、实物、工业产权及专有技术的计价实缴资本投资额。

工业总产值 指工业企业在报告期内生产的以货币形式表现的工业最终产品和提供工业劳务活动的总价值量。

工业销售产值 指以货币形式表现的，工业企业在报告期内销售的本企业生产的工业产品或提供工业性劳务价值的总价值量。

出口交货值 指工业企业自营（委托）出口（包括销往香港、澳门、台湾地区）或交给外贸部门出口的产品价值，以及外商来样、来料加工、来件装配和补偿贸易等生产的产品价值。

应缴税金总额 指企业按国家规定应向税务机关缴纳各种税金的总额。主要包括应交增值税、应交所得税、营业税金及附加、管理费用中的税金等。